SMの思想史

戦後日本における
支配と暴力をめぐる
夢と欲望

河原梓水
Kawahara Azumi

青弓社

SMの思想史——戦後日本における支配と暴力をめぐる夢と欲望

目次

補論2　作家の実名②沼正三（倉田卓次）　294
――『家畜人ヤプー』騒動解読

装丁——神田昇和

凡例

［1］引用文中の旧漢字は新漢字に改め、旧仮名遣いは原文どおりに表記している。ルビは適宜省略した。

［2］引用文中の（略）は省略を表す。

［3］引用文中の／は改行を表す。

［4］引用文中の引用者による補足は〔　〕で示している。

［5］引用に際しては、書名は『　』に、新聞・雑誌名、記事の題名は「　」で統一している。

［6］本書で主に取り上げる雑誌「奇譚クラブ」「ＫＫ通信」「人間探究」「あまとりあ」「風俗草紙」「風俗科学」「風俗クラブ」「風俗双紙」「裏窓」「風俗奇譚」の十誌は、序章に書誌の詳細をまとめている。また、誌名が本文に頻出するため、本文や注の書誌では十誌の出版社名を省略している。

はじめに

本書は、日本において、支配や暴力、もしくはその両方をエロティックに夢見、欲望した人々が、戦後という時代に練り上げた思想・文化について論ずるものである。一九五〇年代から六〇年代初頭にかけて、「奇譚クラブ」という読者投稿誌でなされた議論、掲載作品に着目し、戦後の文化運動や近代化論との関係を踏まえて論ずる。具体的には、吾妻新、沼正三、土路草一、古川裕子という四人の作家／思想家を取り上げる。

「奇譚クラブ」は、サディズム、マゾヒズム、フェティシズム、同性愛や異性装など、当時精神疾患として病理化され、さらには潜在犯罪者として強くスティグマ化されていたセクシュアリティの持ち主を読者・執筆者とする月刊誌であった。一九四七年に大阪で創刊され、幾度かの休刊を挟みながらも七五年まで刊行された。もっとも多数派の購買層は女性に対する緊縛愛好家であったため、緊縛写真・挿絵を大きな柱としており、そのためスティグマ化されたセクシュアリティのなかでも、サディズム・マゾヒズム・フェティシズム――のちのＳＭ――に関係する内容を中心としていた。「奇譚クラブ」はＳＭ専門の雑誌ではなかったが、以降登場するＳＭ専門誌は作家陣、誌面構成の点で「奇譚クラブ」に起源をもっている。本書で取り上げる四人の人物も、自らをサディストあるいはマゾヒストと称し、その立場から表現活動をおこなった。一九五〇年代は、欧米においていまだサディスト・マゾヒストたちが表立った主張をほとんど始めていない時期であり、本書で取り上げる人々とその議論は、世界的にみても相当に早期のものにあたるはずである。[1]

舞台となる「奇譚クラブ」は、いまだ熱烈なファンも多く、名前だけは比較的よく知られた雑誌といえるが、雑誌自体の特色やその内容が本格的に研究されたことはこれまでにない。「奇譚クラブ」は読者投稿誌であり、つまり、現在ＬＧＢＴＱと総称されるような人々、ＳＭ愛好者・実践者とされるような人々自身による言論・表現活動がおこなわれた雑誌である。ほとんどの執筆者は匿名であったが、最盛期にあたる一九五〇年代前半においては、数カ国語に通じた知識人たちが熱意をもって寄稿し、誌面の充実を促した。この種の公刊誌としては国内で最も早く刊行され、かつしばらくの間唯一無二の存在であったため、性的マイノリティに関する歴史史料としても希有なものである。しかしながら、わずかに存在する先行研究において、このような「奇譚クラブ」の独自性・重要性は認識すらされておらず、特別な関心を払われることなくこれまで等閑視されてきた。したがって本書では、「奇譚クラブ」の史料的価値を明確化し、今後の研究の活性化に寄与することも目指している。しかしそもそも、日本ではサディストやマゾヒストの活動、ＳＭという文化・歴史を研究すること自体がそれほど一般的ではないため、本研究にどのような研究意義があるのか、という疑念を抱く向きもあるだろう。したがって、まずは本書が主題とするサディズム・マゾヒズム、ＳＭについて、その研究動向を述べたうえで、本書の研究目的と意義を示したい。

はじめに言葉の問題を整理する。サディズム・マゾヒズムは、通常の和訳では加虐・被虐という語が当てられ、身体的な苦痛を与えたり、与えられたりすることを求める精神障害、あるいは心理、あるいは性的嗜好／まれに指向の意味で用いられることが多い。

ただし、歴史的にみてサディズムとマゾヒズムがこのような意味に限定されて用いられたことはほとんどない。例えば本書で取り上げる沼正三は、身体的苦痛そのものを求める欲望よりも、支配と服従、そして屈辱を求める欲望こそをマゾヒズムの本流と見なす態度をとっていた。現在普及しているサド・マゾ、ドＳ・ドＭといった言葉も、必ずしも加虐・被虐のみを示してはおらず、しばしば性的な文脈すら離れて、個人の性格の傾向を示すなど、様々に用いられている。

ＳＭも同様である。ＳＭという語は、日本では、本書がまさに研究対象とする期間に「奇譚クラブ」で生まれ、一九五〇年代後半雑誌読者層に定着する。[2] もともとはサディズムとマゾヒズムの頭文字をとったものだが、日本で現在使用されるＳＭの語には、加虐・被虐の実践のみを指す狭義の用法と、加虐・被虐に加え、支配・服従、緊縛・拘束、浣腸・アナルプレイなどを含み、さらにときにはフェチと呼ばれるラバーやレザー、人体のパーツに対する愛着をも含むことがある広義の用法がある。[3] 欧米においても、ＳＭもしくはＳ／Ｍ、Ｓ&Ｍが、このような狭義・広義の二種類の意味で用いられてきた。

サディズム・マゾヒズムとＳＭの違いは、サディズムとマゾヒズムが本来精神疾患名であって、語義としては犯罪的・病的とされる行為を含むのに対し、ＳＭはこれらを基本的に含まず、脱病理化され、遊戯化された実践を指すことが多いという点が挙げられる。[4] 本書では、このような歴史的用法を踏まえ、サディズム・マゾヒズムの意味を、精神医学における定義や加虐・被虐の意に限定することはせず、よりゆるやかに、支配や暴力そのもの、あるいは支配や暴力を媒介とする関係を求める欲望の意味で用いる。ただし、本書で引用する史料用語としてのサディズム・マゾヒズム、そしてサディスト・マゾヒストは、これより限定された意味内容をもっていることがある。ＳＭについては、サディズム・マゾヒズムがもつ病理的な意味が取り払われ、同意があるなど、脱病理化した実践や欲望をとりわけ指し示したい場合、現在ＳＭと呼ばれる文化との連続性に着目する際に用いる。

なお、近年、欧米を中心に、ＳＭのかわりにＢＤＳＭが用いられることが増え、Kinkという言葉も広く使われ始めている。ＢＤＳＭは、bondage & discipline（拘束と調教）、dominance & submission（支配と服従）、sadism & masochism（加虐と被虐）の頭文字をとったもので、一九九〇年代にインターネット上で生まれたという認識が流布しているが、詳細は現状不明である。マーゴット・ヴァイスによれば、ＢＤＳＭはパンセクシュアルのＳＭ愛好者コミュニティで盛んに使われていたが、現在ではより広い範囲の愛好者コミュニティに広がり、そこで実践されている多様なプレイ・セクシュアリティを包括するアンブレラタームとして使用されているという。Kinkは、「正常な」性愛――膣ペニス性交を基本とする規範的な性愛――のあり方を示すヴァニラ、ストレートの対義語として、ＢＤＳＭよりさらに広い範囲を示す(5)。

日本でもＳＭに代わってＢＤＳＭが用いられることが増えつつあるが、日本におけるＳＭと欧米におけるＢＤＳＭには意味内容にさしたる違いはなく、ＢＤＳＭを用いることによって新たな議論が可能になるわけではない(6)。ＢＤＳＭは、狭義・広義で意味の異なるＳＭを、誤解なく広義の意味で用いたい際に、少しばかり便利な言葉であるが、それだけである。

ＢＤＳＭのような、欧米由来の概念を日本の研究に取り入れようとする際には、グロリア・アンサルドゥーアによるゲイ・アクティビズムおよびクィア・スタディーズに対する批判などを踏まえた、慎重な吟味が必要である。アンサルドゥーアは、白人中流階級の発明であるこれらは、白人中流階級のクィアの経験をクィア全体の経験として一般化し、非白人世界のクィアの経験について考える方法を制限する「再植民地化」を促すと批判した。(7) ＢＤＳＭの使用についても、このような批判が考慮されるべきである。よく誤解されていることだが、Ｂ・Ｄ・Ｓ・Ｍは、コミュニティにおける主流なセクシュアリティの「上位」四つでは決してなく、ＢＤＳＭの使用は、多様なＳＭのあり方を、この四つのカテゴリーに集約・分類する思考を生み出しかねない。そんな思考に陥ることは、まさにアンサルドゥーアが指摘する再植民地化に当てはまる。

本書は、サディズム、マゾヒズム、ＳＭをめぐる文化・歴史・思想について、欧米、とりわけ北米とは異なる展開を描き出そうとするものであり、ＢＤＳＭを用いる利点はさしあたってない。本書が論ずるのは一九五〇年代から六〇年代初頭であり、九〇年代に生まれた概念を遡及させて用いることも望ましくない。したがって、本書ではＢＤＳＭを、欧米という「ローカルな」世界においての、九〇年代以降の実践や議論を指す文脈でのみ用いることとする。また、本書は「クィア・スタディーズ」に相当するような研究をおこなってもいるが、同様の問題意識から「クィア・スタディーズ」を標榜することはしない。

ＳＭ研究は、世界的には北米を中心に、一九七〇年代末ごろから活発におこなわれているが、北米のＳＭ研究、そしてＳＭ文化は、ＳＭ愛好者の人権獲得運動の歴史と切り離すことができない。北米では、宗教規範に加えて、アメリカ精神医学会（ＡＰＡ）が策定した「精神障害の診断と統計マニュアル」（ＤＳＭ）にサディズム・マゾヒズムが精神障害として記載されている事実が歴史的に大きな影響力をもってきた。ＳＭの病理化を重視する姿勢は、当然ながらサディスト・マゾヒストに対する強固なスティグマ化をもたらし、彼らの人権を低く見積もり、様々な不利益を与えることを可能にしてきた。[8]

さらに、一九七〇年代後半から八〇年代にかけて起こった「セックス戦争」では、反ポルノ派のラディカルフェミニストと、セックスポジティブフェミニストが激しく対立したが、この際にＳＭの是非は大きな争点となった。ラディカルフェミニストは、ポルノ批判の際にしばしばＳＭポルノを槍玉に挙げるとともに、ＳＭは家父長制的抑圧構造のエロス化だとして厳しく批判した。[9] 争点の一つは女性のマゾヒズムであり、女性のマゾヒズムは、抑圧構造のエロス化の典型であり、現実の男性支配の反映であり、とうてい認めることができない「悪しき」「偽の」欲望だとして、厳しい批判を浴びたのである。[10]

このような病理化による抑圧、ラディカルフェミニストからの批判に対して、研究者を含むＳＭ愛好者は、当事者組織を基盤に抵抗運動を展開した。その過程でＳＭ研究が積み重ねられ、実践における同意の有効性、対等性、安全性、そして現実の抑圧構造と欲望の関係がしばしば論じられてきた。これらの論点は、広く他人と親密な関係を築く際に重要となる論点でもある。そのためＳＭ研究は、実はＳＭのみにとどまらず、現代社会における人間関係の規範を射程にとらえており、この意味で、ＳＭという「マイナーな」セクシュアリティの実態を明らかにし、性の多様性を示すリストにＳＭを付け加えることを目的とするものではない。本書もまた、このようなＳＭ研究の視角を継承しており、これまで伝統的に争点となってきた病理化、同意、対等性、女性のマゾヒズムを取り上げ、サディズム・マゾヒズム、ＳＭを肯定する立場から論ずる。

しかしながら、ＳＭに肯定的な立場をとる北米の諸研究は、抑圧・批判に対する抵抗・防御という意図を強くもって進められてきたがゆえに、現在起きている人権侵害や、現代におけるＳＭ実践のありように研究が集中する傾向があった。歴史的視点をもつ研究は現在でも乏しく、サディズムとマゾヒズムに関する諸言説の変遷や、欲望・実践形態の歴史性は十分に検討されてこなかった。[11]そのため、サディズムやマゾヒズム、ＳＭという欲望が、あたかも人類普遍の欲望であり、古今東西どこにでも存在する人間共通の本能のであるかのように位置付けられていることも少なくない。

日本においては、ＳＭ愛好者の組織化はほぼ起きておらず、両国のＳＭをめぐる歴史・学問状況は大きく異なっている。日本国内における、サディズム・マゾヒズム、ＳＭとその関連分野に関する研究は、近年増加しつつあるものの、欧米の活況に比すればその蓄積は乏しい。[12]多くは理論的なものか、現代のＳＭ実践・ＳＭ的表象に関するものであり、歴史的視点からの研究はこれまでおこなわれてこなかった。

しかし日本では、第二次世界大戦終了後の一九五〇年代から、ＳＭ愛好者自身による言論・表現活動が活発化する。北米において同様の活動が活発化するのは七〇年代に入ってからであるため、相当に早期ということになる。北米のＳＭ愛好者の活動に抵抗運動という文脈があったのと同様に、戦後日本におけるこの展開にも歴史的文脈がある。この時期の日本では、米軍主導のもと、日本の民主化・非軍事化が目指され、それまでの封建的な秩序を解体し、人々の意識を刷新する必要があると考えられていた。そのための方策として、平等で対等な男女関係の確立、二度と戦争の惨禍を引き起こさないため、自らの意思をもち判断できる近代的な主体を確立することが必要だと論じられていた。北米のSM研究の歴史が示すように、サディズム・マゾヒズム、SMは、このような論点を俎上に載せた際、その持ち主を「社会の敵」として浮上させる恐れのある欲望であった。したがって戦後日本において、サディスト・マゾヒストを自認する人々は、必然的に戦後民主主義・近代化論の潮流と対峙することを迫られた。その結果、彼らの言論・表現活動は、戦後思想の潮流と密接に絡み合いながら展開することとなり、きわめて貴重な意味をもつのである。この絡み合いを分析することを通じて、サディスト・マゾヒストが、自身の「危険な」欲望をいかにとらえ、位置付けたのかを明らかにすることが本書の目的である。

したがって本書は、現在SMという名で展開している文化の歴史的変遷そのものを描き出すことを主たる目的とはしていない。さらに、「奇譚クラブ」というメディアを通じて表れる時代相を抽出することも目指してはいない。第一義的には、権力関係を否定することが困難な関係における対等性と愛、抑圧構造の維持にあたかも加担するかのような「悪しき欲望」の肯定可能性について向き合った、四人のサディスト・マゾヒストたちの思考をたどり、そしてその到達点を、彼ら固有の名前とともに描き出すことを目指している。

研究方法

本書は、「奇譚クラブ」に発表されたサディスト・マゾヒストたちの主張と作品を分析対象とする。「奇譚クラブ」は、現代の成人向け雑誌に比べれば身体の露出や表現が相当に穏当であるにせよ、原則としてポルノ雑誌であり、第1部で取り扱う戦後風俗雑誌もほぼ同様である。

したがって本書では多くの章で、ポルノ小説や、エロティックな一人称の告白手記を検討している。告白手記も、多くがポルノとしても受け取れるように描かれ、フィクションが多分に含まれている。「奇譚クラブ」が、なかなか史料として残ることの少ないマイノリティ自身の原稿を掲載する雑誌であったにもかかわらず、これまで等閑視されてきた理由の一つとして、このようなポルノ的な読物、そして写真が雑誌のメインコンテンツであったことが挙げられる。

同性愛・異性装などの歴史研究では、「奇譚クラブ」の記事も時折分析対象となってきた。しかし取り上げられるのは「読者通信」欄や座談会などであり、誌面の七割ほどを占める小説・告白手記はほとんど分析されてこなかった。筆者はかねてからこの状況に不満を抱いてきた。そもそも「読者通信」欄の分析とて、現状全く十分ではない。「奇譚クラブ」の「読者通信」すべてに数号でも目を通せば、その多くが、掲載作品や挿絵に対する感想や要望であることがわかるはずである。「読者通信」に限っても、これまで研究対象になってきたのは、これらの膨大な感想・要望を除いた残余の部分なのである。

本書では、これまで等閑視されてきたポルノ小説やエロティックな告白手記こそが、まさに分析に値することを示したい。なぜなら、この時期のサディズムやマゾヒズムは、強く病理・犯罪と結び付いていたが、それは個人間の犯罪にとどまらなかった。サディズム・マゾヒズムは異常な精神疾患であるという見方と並行して、これらは戦争や家父長制といった国家的な暴力・抑圧の原因となる「野蛮な本能」であるという見解も広く流布しており、病理というよりも「未熟」「退行」「先祖返り」と位置付けられることもあった。つまり、戦後日本において自身のサディズム・マゾヒズムについて書く行為は、単にその行為自体による欲望の充足のみを意味せず、彼ら自身が、今後日本で打ち立てられるべき民主的・近代的国家においていかなる存在なのかという社会的・政治的文脈をもつ問いと切り離すことはできなかったのである。このような状況のもと執筆された「奇譚クラブ」の小説・告白手記は、執筆者の性的欲望および社会や人間に対する規範意識、戦争と平和に関する思い、未来への展望といったものが渾然一体となって、きわめて興味深い作品となっている。

本書では、これらの作品の分析方法として、歴史学に限らず、文学研究をはじめとする隣接諸分野の研究手法・成果を参照しているが、筆者自身はもともと日本古代史研究で学位を取得した歴史学者であるため、基本的には実証主義歴史学の研究方法に基づいて書かれている。

本書が扱う時代には、それほどＳＭというカテゴリーは自明ではない。しかし、本書が扱うのは、まさにＳＭが「遊戯」として成立するために必要と見なされてきた諸条件であり、したがって本書はＳＭというカテゴリーが立ち上がってくるその瞬間をとらえようとするものである。そのため、『ＳＭの思想史』と本書を名付けた。[13]

本書の構成

本書は三部八章、補論二章からなる。第1部「史料論――戦後風俗雑誌研究序論」は第2部以降と直接的にはつながっておらず、議論のバックグラウンドになるものである。本書で主な研究対象とする「奇譚クラブ」の史料的特質とその研究意義を示すことと、「奇譚クラブ」をはじめとする一九五〇年代の雑誌群が今後史料として活用される道を拓くために、基礎的な史料批判を提示することを目的にしている。つまりは基礎研究を意図しているため、「奇譚クラブ」という史料の位置付け、時期的状況、雑誌メディアに関心がない方は飛ばしていただいてかまわない。

第2部と第3部では、「奇譚クラブ」で活躍した作家の主張や作品について、具体的な分析をおこなっている。どの章から読んでも最低限の理解が可能であるように構成したが、各章が完全に独立しているとはいいがたい。なぜなら、本書が主に論じているのは一九五二年から六一年までの九年間であり、決して長い期間とはいえず、各章で個別に取り上げた論点は、この期間に並行的に、あるいは重なり合いながら「奇譚クラブ」で進行していたからである。そのため、各章の議論を正確に理解するためには、どうしても章を超えた相互参照が必要になるだろう。不明瞭な部分は、章を行きつ戻りつして読んでいただければと思う。ほぼ同時期の議論であることもあり、章の配列は時系列にはせず、広く議論の土台になるものを先に配置した。

第2部「善良な市民になる」には、サディストが主張し実践した、サディズム・マゾヒズムの近代化・脱病理化論に関する論考を収録した。既述のとおり、当時はサディズムやマゾヒズム、フェティシズムなどのセクシュアリティは「変態性欲」「異常性欲」などと呼ばれ強くスティグマ化されていた。猟奇殺人犯・強姦魔とサディストの区別がほとんどつけられていない時代、彼らは戦後民主主義の潮流にも乗りながら、自分たちが決して野蛮で残虐な殺人鬼などではなく、少々変わった「趣味」をもつだけの、理性的で平和を愛する「善良な市民」であると確信していく。一九六〇年代から八〇年代の状況を踏まえるなら、「奇譚クラブ」で展開されたこれらの議論は、サディズム・マゾヒズムの早期の脱病理化・大衆化を促し、セクシュアリティに関する現代日本の規範に間接的に影響を与えている。この点で、この議論の経緯は重要な意義をもつ。

しかしながら、当時の「奇譚クラブ」には、これらの近代化論には回収しきれない欲望も多く存在していた。第3部「社会に抗する思想」には、これらの欲望を扱った論考を集めている。第6章「マゾヒズムと戦後のナショナリズム――沼正三「家畜人ヤプー」」では、究極のマゾヒズム小説と呼ばれることもある沼正三「家畜人ヤプー」を検討対象とし、彼の実名での著作と成育歴を資料として対照させながら、「家畜人ヤプー」という作品が、沼が青年期までに内面化した皇国史観やエリート主義を戦後においても保存し、別のかたちで生き延びさせようとする作品であることを指摘する。第7章「家畜の生と人間の身体――土路草一「潰滅の前夜」「魔教圏 No.8」」では、「家畜人ヤプー」の執筆動機にもなった、同時期のもう一人の家畜化小説作家・土路草一の作品を分析し、「家畜の生」が救済として称揚される事態について分析する。第8章「近代性を否定する――古川裕子「囚衣」とマゾヒストの愛」では、第3章「病から遊戯へ――サディズムの近代化・脱病理化」と第5章「吾妻新と沼正三のズボン・スラックス論争」で論じた吾妻新の近代化論に対して、マゾヒストの立場から反論した古川裕子の主張を検討する。

第3部で取り上げる議論は、戦後推進された民主化・近代化という、正しい方向だと見なされてきた潮流から距離をとり、それらが提示する新しい社会規範に背を向けるものといえる。彼らが欲望したものは、一般的には反動的・保守的とも見なされるものであるため、彼らの作品はこのような観点から批判対称になりうるものといえる。しかしながら彼らの主張は、現代につながる価値基準が急速に構築されていく過程で、一体何が取りこぼされ、周縁に追いやられていったのかを浮き彫りにしており、それは現代においてますます再考すべき論点を含んでいる。

本書は、補論において二人の「奇譚クラブ」作家、吾妻新と沼正三の実名特定をおこなっている。なぜなら、それが立論上必要不可欠であったからである。吾妻新と沼正三の著作は、彼らの実名著作の助けなしでは読み解くことが困難であった。しかしながら、サディズム・マゾヒズムという、現在でも偏見のまなざしを向けられることが多い欲望を描いた作家の実名を明らかにすることは、研究倫理上問題があると考える向きもあるだろう。

吾妻新については、「奇譚クラブ」での活動を隠そうとする意識が本人に希薄であり、かつサディズム論を堂々と世間に主張したい気持ちがあることを表明していたため、実名特定をおこなったことに問題はないと考えている。沼正三の場合、その正体が天野哲夫ではないことは、「奇譚クラブ」の古い読者にとっては自明であったが、沼本人が正体を秘匿する意思を示していたために、これまで公には明言されてこなかったものということができる。沼に関しては、実名の特定は故人の遺志に反している可能性が高いだろう。この点について、本書に弁解の余地はない。

一方で、沼の実名はかつて一度暴露されており、その際明るみになったもろもろの事情や手紙などの「証拠」を、既出の情報と照らし合わせて丁寧に検討すれば、補論で示したように容易に事実にたどり着くことができる状況にあることも確かである。加えて、現状は、沼正三を行きがかり上名乗ることになった天野哲夫という、沼とは別個の作家に対する正当な評価と研究を事実上不可能にしている。「家畜人ヤプー」という、天野自身の作風とは大きく異なる作品の作者と見なされたままでは、天野の評価を十全におこなうことは決してできないのである。天野本人がこの点をどのように考えていたか、いまとなってはわからないが、筆者はこの現状はよくないものだと考えている。以上の状況を考慮し、筆者は沼正三の実名をはっきりさせることにした。しかし、もしも今後、本人が絶対に実名を知られたくないと考えていた証拠があり、かつさらに考慮すべき事情がある場合などは、実名の公開には慎重さが求められるだろう。ケースバイケースで判断する必要がある。

実名特定の方法としては、関係者や親族による内輪の証言や、手紙や日記、メモなど、著者が公に発表することを想定していない情報源から得られた知見については用いず、広く知られた情報や公刊物だけを論拠として用いている。吾妻や沼以外にも、研究の過程で特定した作家の実名はいくつかあるが、すでに先人の回顧録やインタビューなどで明らかにされているものを除いて、本書ではこれらを明らかにしなかった。

なお、「奇譚クラブ」の作家名は、当時どのように発音されていたのかわからないことがほとんどである。しかしなかには、名前に振り仮名があったり、作中に読みを推測できる文があったりする場合がある。例えば、難読筆名のうち、二俣志津子は「ふたまた・しづこ」、鬼山絢策は「きやま・けんさく」、麻生保は「あそう・やすし」および「まぞっほ」、天泥盛栄は「あまで・もりえ」と読んだと考えられる。とはいえ基本的に正しい読みというものはなく、読み手の自由であったと考えられるため、現代でも自由に発話されればいいはずである。ちなみに筆者は「あづま・しん」[14]「ぬま・しょうぞう」「つちろ・そういち」「ふるかわ・ゆうこ」と発話している。土路は「とろ」と読むファンも多い。その程度のものと考えていただきたい。

本書はおおむね、サディズム・マゾヒズムについて欲望という語を用いて説明しているが、本書サブタイトルでは、夢という語を加えている。サディズム・マゾヒズム、SMは、扇情的なイメージがつきまといがちであり、暴力との関係から「まがまがしい欲望」としてもイメージされることが多いだろう。そのような先入観を、「夢」という言葉で少し和らげたいと考えた。

加えて、本書は、SMプレイなどの実践を想定して読まれることも多いと考えられる。しかしながら、SMの実践は、欲望の内容、本人の経済状況、居住地域、運、スタンスなど、様々な要因によって可能にも不可能にもなる。そのため、実践者のほうが実践しない者よりも「真」のSM愛好者であるとは必ずしもいえないし、実践されたSMが実践されないSMよりも「本物」で重要だと判断することはできないのである。「家畜人ヤプー」のように、実践の可能性がほぼ閉ざされている欲望はSMのなかには無数にあるが、実現不可能性はこの種の欲望が無意味であり、実践より劣るものだということを意味しない。ある人にとっては、実践は妥協の産物であり、夢見ることだけが真のサディズムであり、マゾヒズムであり、SMであったりするのである。そのため、いささか奇妙な響きだとは思うが、本書ではサブタイトルに夢という言葉を添えた。

注

（1）レズビアンSM愛好家でありアクティヴィストであったパット（当時）・カリフィアが最初に発表したSM擁護論は一九七九年である（パット・カリフィア『パブリック・セックス――挑発するラディカルな性』〔東玲子訳、青土社、一九九八年〕を参照）。

（2）「SM」の成り立ちを検討した三橋順子は、愛好家の間では、MSの先行的利用を経て一九六〇年代前半に普及し、それが一般社会に流出するようになったのは七〇年代前半とする。そしてイニシャルでSMを暗示したSM雑誌「サスペンス・マガジン」（一九六五年二月―）、直接的にSMを誌名にした初の雑誌として「問題SM小説」（コバルト社、三橋は一九七〇年七月創刊とするが一九七〇年五月の誤り）を重視する（三橋順子「SM」、井上章一／斎藤光／澁谷知美／三橋順子編『性的なことば』〔講談社現代新書〕所収、講談社、二〇一〇年）。しかし、三橋も断っているように、この見通しは各種データベースでヒットする用例をもとに分析されたものである。雑誌をめくれば「SM」の語の出現はもっと早く、「S／M」「S・M」「S-M」などの表記の揺れを含めれば五〇年代半ばには確認できる。ただし、「S」はレスボス＝女性同士の親密な関係の一形態を指す「エス」の意味でも用いられており、直ちにサディズムやサディストを指すわけではなかった。初期においてSやMを略称として頻繁に用いたのは、花村恵美子という「奇譚クラブ」作家である。一九五四年十一月号掲載の「浣腸マニアの手記」では、SやM、M的といった言葉が用いられ、「浣腸に対するお便り」（一九五五年四月号）では「M／S」を用いている。ほぼ同時期の一九五五年五月号では、鳴海文雄「縛り絵について」において、「S・M」が使用されている。MSは、SMに先行するというよりほぼ同時に現れ、長い間SMと併用されている。印象としてはマゾヒストがMSと表記することが多い。

これらの表記は文字数を節約する目的で使用されはじめたものと見なせる。アメリカ・カナダでもS／M、S&Mなどの表記を経てSMに落ち着くが、日本のほうが時期的にかなり先行するため、海外の動向との直接的影響関係はなく、双方で自然に発生したものと考えられる。日本独自の類語としては、サディズム・マゾヒズム、同性愛、異性装、フェティシズムなど、広く周縁的なセクシュアリティそのもの、あるいはその当事者を指す「あぶ／アブ」、同じく当事者を指す「マニア（ヤ）」、さらにSMにフェティシズムのFを加えた「SMF」があり、いずれもSM雑誌などで長く用いられてきた。SMの大衆への広がりとして三橋は「問題SM小説」を重視するが、雑誌表紙に初めてSMを用いたのは「問題SM小説」ではなく「裏窓」で、一九六〇年十月号から「THE JAPAN'S MOST REMARKABLE S-M MAGAZINE」と表紙上部に記載するようになる。間にハイフンはあるもののこちらを画期とみるべきだろう。

（3）例えば、現在ポピュラーなフェチプレイは、多くの場合「SM」クラブでおこなうことができる。このあり方は、本書で分析する「奇譚クラブ」が、サディズム・マゾヒズムだけでなく、様々なセクシュアリティを受け入れたメディアであり、日本のSM文化が「奇譚クラブ」を起点に形成されていったことがおそらく影響している。

（4）SM実践者のなかには、「遊戯」という言葉に強い抵抗を示す人々もいる。ただし、このような人々は「遊戯」という言葉がもつ軽さを嫌っているのであって、犯罪的実践を求めているわけではない。

（5）Margot Weiss, *Techniques of Pleasure: BDSM and the Circuits of Sexuality*, Duke University Press, 2011.

（6）近年、BDSMの誤用が国内で増えている。たとえば、森山至貴／能町みね子『慣れろ、おちょくれ、踏み外せ――性と身体をめぐるクィアな対話』(朝日出版社、二〇二三年)ではBDSMの語の注釈として、B・D・S・Mそれぞれの語の説明に加えて、「同意の上で強い支配関係を楽しむ性的ロールプレイ」と記している。支配関係に着眼するのはB・D・S・MのうちD・Sだけであって、BDSMの説明としては不適切である。私見では、このような誤用は、身体的暴力に連なる行為・欲望を後景に押しやり、より「無害」そうな精神的遊戯の側面を目立たせようとする際に起こっている。

(7) Gloria Anzaldúa, "To(o) Queer the Writer: Loca, escritora y chicana," in Gloria Anzaldúa, AnaLouise Keating, Walter D. Mignolo, Irene Silverblatt, and Sonia Saldívar-Hull, *The Gloria Anzaldúa Reader*, Duke University Press, 2009. なお、アンサルドゥーアの主張の要約に際しては、中村達「クレオールの精神 カリビアン・クィア・スタディーズ」(『私が諸島である――カリブ海思想入門』書肆侃侃房、二〇二三年)を参照している。

(8) 河原梓水「現代日本のSMクラブにおける「暴力的」な実践――女王様とマゾヒストの完全奴隷プレイをめぐって」(「臨床哲学ニューズレター」第三号、大阪大学大学院文学研究科臨床哲学研究室、二〇二一年)を参照のこと。

(9) Robin Roth Linden et als, *Against Sadomasochism: A Radical Feminist Analysis*, Frog in the Well, 1982. SM・ポルノ擁護派の主張は以下を参照。Gayle S. Rubin, *Deviations: A Gayle Rubin Reader*, Duke University Press, 2011、アン・スニトウ/パット・カリフィアほか『ポルノと検閲』藤井麻利/藤井雅実訳(クリティーク叢書)、青弓社、二〇〇二年

(10) この論争を扱った日本語論文には以下のようなものがある。日合あかね「Mの女はフェミニズム的にNGか?「女性のマゾヒズム」再考――アメリカにおけるSM論争を中心に」(「女性学年報」第二十六号、日本女性学研究会「女性学年報」編集委員会、二〇〇五年)、小泉義之「暴力の性化と享楽

化の此方〈彼方〉へ」(『災厄と性愛――小泉義之政治論集成Ⅰ』所収、月曜社、二〇二一年、初出：二〇一四年)、田中雅一「ＢＤＳＭと性暴力――同意と痛みをめぐって」(石井美保／岩谷彩子／金谷美和／河西瑛里子編『官能の人類学――感覚論的転回を超えて』所収、ナカニシヤ出版、二〇二二年)。

(11) 歴史的視点をもつ近年の成果としては、以下のようなものがある。Robert V. Bienvenu, "The Development of Sadomasochism as a Cultural Style in the Twentieth Century United States," Unpublished doctoral dissertation, Indiana University, 1998, Alison M. Moore, *Sexual Myths of Modernity: Sadism, Masochism, and Historical Teleology*, Lexington Books, 2015, Stephen K. Stein, *Sadomasochism and the BDSM Community in the United States: Kinky People Unite*, 1st edition, Routledge, 2021.

(12) 白藤花夜子編『ニュー・フェミニズム・レビュー vol.3 ポルノグラフィー――揺れる視線の政治学』(学陽書房、一九九二年)の所収論文・対談など、日合あかね「女性の性的自立におけるマゾヒズム的行為体の可能性」(「フォーラム現代社会学」第四号、関西社会学会、二〇〇五年)、坂井はまな「海外ＢＤＳＭ界における〈日本〉イメージ――快楽の活用とジェンダー」(川村邦光編『セクシュアリティの表象と身体』〔ビジュアル文化シリーズ〕所収、臨川書店、二〇〇九年)、前掲「暴力の性化と享楽化の此方〈彼方〉へ」、「臨床哲学ニューズレター」第三号(大阪大学大学院人文学研究科臨床哲学研究室、二〇二一年)の「【特集5】第2回 臨床哲学フォーラム(規範の外の生と知恵)」、テーマ「ＢＤＳＭをとりまく生の営み――ケアとは何か？」の所収論文、田中雅一「性交を拒否する緊縛画――デフォルメされた身体と視線の特権」(美濃村晃／小妻容子／椋陽児／秋吉巒／空山基／沙村広明／冲渉二／田亀源五郎／鏡堂みやび『緊縛――縛り絵・責め絵の黄金時代』〔パン・エキゾチカ」所収、河出書房新社、二〇二三年)。複数論文がある著者の場合は最新のもののみを挙げた。

なお、日本には、SM、フェティシズム専門の私設資料館・風俗資料館があり、主に戦後から現代までのSM雑誌、書籍、映像資料など約二万点を収蔵している。さらに、二〇二四年現在、「奇譚クラブ」の九割ほどの号を閲覧できる個人のウェブサイトも存在している。さらに、三和出版の公式サイト「三和エロティカ」では一九八六年創刊、現在も続刊中のSM雑誌「マニア倶楽部」が全号公開されており、月額三千三百円のサブスクリプションでこれらを自由に閲覧することができる。このように、日本は世界的に見てもきわめて恵まれた史料状況にあり、SMの歴史研究は非常に容易におこなうことが可能な状況にある。

(13)本書で取り上げる四人のサディスト・マゾヒストは、いずれも異性愛者であるため、本書の議論は異性間のサディズム・マゾヒズムを中心に論じている。しかし、本書で扱う時期の「奇譚クラブ」は、いまだ同性愛者・異性愛者がそれほどはっきりと分かれておらず、両者を包摂する言説空間であった。そのため、本書の議論は必ずしも異性愛SMに限定されるものではないと考えている。

(14)「SMキング」一九七三年一月号(鬼プロダクション)掲載の座談会「奇譚クラブは我母校」は、「奇譚クラブ」から世に出た作家たち四人(団鬼六、美濃村晃〔須磨利之〕、辻村隆、千草忠夫)による座談会だが、そのなかの美濃村晃の発言に、「奇譚クラブに沼正三が出た頃、同時に東晋が出たのでしたが」というものがある(一九〇ページ。傍点は引用者)。同時に吾妻の作である「夜光島」への言及があるため、東晋が吾妻新の誤記であることは間違いない。美濃村はこの座談会で、吾妻のことを「あづま・しん」と発話していたことがここから明らかになる。

第1部　史料論——戦後風俗雑誌研究序論

序章　問題の所在と本書の視角

はじめに

第二次世界大戦後の雑誌文化としては、カストリ雑誌ブームがよく知られている。カストリ雑誌とは、戦後の紙不足のなか、統制外のザラ紙・センカ紙を用いて作られたB5判の雑誌である。一九四六年九月創刊の「赤と黒」（リファイン社）を嚆矢とし、同年十月に創刊された「猟奇」第二号（茜書房）が刑法第百七十五条（わいせつ物頒布等の罪）違反で警察に押収された事件をきっかけに流行した。[1] カストリ雑誌についての研究状況を整理・総括した石川巧は、カストリ雑誌の広義の定義として、①B5判・三十二ページから四十八ページ以内で背表紙がないこと、②戦前・戦中からの継続誌ではないこと、③雑誌「りべらる」（太虚堂書房、一九四五―五三年）以降に創刊された大衆娯楽誌であること、などを挙げている。(2) 流行期間は短く、四九年七月にB6判・百四十四ページの「夫婦生活」(夫婦生活社)が創刊されたことが決定打となり終焉を迎え、以降は小型本と呼ばれるB6判・A5判の雑誌が主流になったという見通しが通説的理解である。

本書が主として扱う「奇譚クラブ」はカストリ雑誌流行期の一九四七年創刊だが、一九四八年十月号はページ数は五十ページを超え、すでにカストリ雑誌の定義を満たさなくなる。一九四九年十二月号では七十ページ、一九五〇年一月号は百二ページと順調にページを増していき、本書で分析対象とする五〇年代から六〇年代にはサイズもA5判となっている。そのため、カストリ雑誌ではなく小型本に分類するほうが適切である。

本書が第2部以降で用いるのはほぼ「奇譚クラブ」のみだが、記事内容を正確に解釈するためには、時代的背景、類似雑誌のなかでの位置関係、雑誌の独自性・画期性を踏まえる必要がある。さらには、「奇譚クラブ」を中心的な分析対象にすることの正当性も示す必要があるだろう。したがって第1部では、一九五〇年代の性風俗雑誌のうち、先行研究では「変態雑誌」という呼称でグループ化されてきた雑誌群の存在形態を、とりわけ模倣・系譜関係に注意しながら整理する。これを通じて「奇譚クラブ」の史料的特質と研究意義を明らかにする。

1　問題の所在

一九五〇年代に流行した、同性愛・異性装・サディズム・マゾヒズムなど、当時の規範的な性のあり方と比して周縁的と見なされたセクシュアリティを扱う雑誌を「変態雑誌」とグループ化し、一体的に取り扱うことがある。具体的には、「奇譚クラブ」「人間探究」「あまとりあ」「風俗草紙」「風俗科学」「風俗奇譚」などが想定されており、古くはマーク・マクレランドが用い、その後、村上隆則・石田仁がこの語を定義して用いた。[3]「変態」とは、この場合は「変態性欲」（性的倒錯）のことであり、一九一〇年代に学術用語として輸入され、リヒャルト・フォン・クラフト＝エビングの医学書『Psychopathia Sexualis（性的精神病質）』が『変態性欲心理』と題して邦訳されたことで広く日本社会に定着した。[4]

変態性欲は、特定のセクシュアリティに近代の医科学的なまなざしを向け異常視し、「同性愛」や「服装倒錯」などと病理化する概念であるため、これまで批判的に検討されてきた。[5]しかし、村上・石田によれば、「変態雑誌」とは、「表向きには「変態性欲の科学的研究」を謳い、医学・心理学・歴史学などの視点から周縁的セクシュアリティの異常性や変態性を考察・分析する一方で、小説やルポルタージュの形式で「変態的な」性的ファンタジーを読者に提供するという、両義的な性格を持つメディア[6]」であり、さらに、「変態雑誌」の言説空間は、「周縁的セクシュアリティを異常な変態性欲として分類・考察する近代医科学的言説と、それらの周縁的セクシュアリティに性的関心を持つ人々の目線に立った言説とが共存する、異種混交的な言説空間[7]であったという。このように「変態雑誌」は、変態性欲という病理的な枠組みを用いながらも、必ずしも医科学的まなざしに占有された言説空間ではないと評価され、そこに表れる周縁的セクシュアリティの持ち主たちの主体性、「異種混交」性などが着目され研究されてきた。

例えば、明治期から一九七〇年代までの〈男性同性愛者〉の主体性を検討した前川直哉は、村上・石田のこの定義・評価を踏襲し、「変態雑誌」のなかに表れる〈男性同性愛者〉に関する言説を分析し、そのなかに彼らの主体性を読み取ろうとする。なお、前川は石田に依拠しつつ、「変態雑誌」を「「周縁的セクシュアリティ」を中心に扱う、比較的長続きした（最低でも一年以上）、戦後の雑誌[8]」と定義している。「周縁的セクシュアリティ」とは、村上・石田の言う「変態的」とされるセクシュアリティと同義であり、近・現代社会で規範的とされるセクシュアリティから逸脱するすべてのセクシュアリティであるとする。

しかしながら、村上・石田、そして前川による「変態雑誌」の定義は、複数の雑誌の特徴を混合させたものであり、この定義を単体で満たす雑誌は実は一誌しか存在しない。さらに、「変態雑誌」という枠組みのなかでは、「奇譚クラブ」とそのほかの雑誌の相違が捨象され、同質の雑誌史料として区別なく分析されるという事態を招いている。

実は前川は、村上・石田が多種多様な雑誌を一括して分析しており、雑誌間の差異や時代による変遷を軽視していると批判し、この問題点を解決するために、雑誌ごとの分析を試みている。しかしながら、前川の手法もまた、雑誌間の差異や時代による変遷を十分に踏まえているとはいいがたい。なぜなら、まず、前川の研究は、雑誌が相互に与え合った影響に着目するが、実際に検討しているのは、「変態雑誌」のなかでも「人間探究」「風俗科学」「風俗奇譚」の三誌に、「人間探究」から派生した会員制同人誌「アドニス」を加えただけである。そこでは、「奇譚クラブ」「あまとりあ」「風俗草紙」などからの影響が全く考慮されていない。例えば前川が「アドニス」や「風俗科学」に見いだした雑誌の特徴、すなわち「読者の声」にみられる言説の形式、読者同士の交流の形式は、実は多くが「奇譚クラブ」に先行して現れるが、この点は全く見落とされている。このような影響関係が捨象された分析には限界がある。

次に、前川は雑誌ごとに分析をおこなってはいるものの、それは実質的には雑誌ごとの男性同性愛関係記事の分析であり、雑誌そのものの分析にはなっていないという問題がある。各雑誌の影響関係は、執筆者および編集者、出版社などの属性、取り上げるテーマの種類、誌面構成、価格や流通経路、部数などについて、総合的に検討されるべきだが、残念なことにこのような雑誌総体の分析はなされていない。前川に限らず、先行研究においては、同性愛や異性装などの特定のセクシュアリティに関係する記事を拾い出してそれらだけを分析する傾向が強く、その解釈は雑誌全体の文脈を踏まえると疑問を抱かせるものである場合も少なくない。さらにいえば、このないわば「拾い読み」が、「変態雑誌」の誤った特徴析出の原因でもある。このような問題を克服する研究として、酒井晃による「人間探究」の全号分析に基づく研究成果は貴重である(9)。ただし、類似誌との影響関係の検討という点で課題を残している。

さらに、一九五〇年代に流行した性を中心的に扱う雑誌には、前述の「夫婦生活」に加えて、「怪奇雑誌」「奇抜雑誌」（ともに創文社）、「デカメロン」（全日本出版社）、「千一夜」（千一夜出版社）などがあり、これらとは別に、「奇譚クラブ」「人間探究」「あまとりあ」「風俗草紙」「風俗科学」「風俗奇譚」を「変態雑誌」という雑誌群としてグループ化できる根拠は、実はそれほど明確ではない。村上・石田は、これらの雑誌がすべて誌名や創刊目的に「性の研究」を盛り込んでいることを理由とするが、発行期間のいずれかの時期に、短期間でも「研究」の語を表紙や扉ページ、奥付などに用いていれば「性の研究」を盛り込んだ雑誌と見なしており、時期的変遷や雑誌の内容を検討していない点で適切とはいいがたい。「研究」の意味内容が雑誌によってかなり相違する点も十分に考慮されていない。「変態雑誌」と呼ばれてきた雑誌群をグループ化する認識が同時代にあったことが確認できることは確かであるが、その認識の根拠はいまだ不明だというべきである。

以上の問題点を克服するためには、少なくとも「変態雑誌」と見なされてきた雑誌すべて、さらにいえば、「変態雑誌」以外の同時代に流行した性を扱う大衆雑誌の傾向性もある程度把握し、そのうえで、「変態雑誌」とされる雑誌群がどのような特質をもったメディアであったのかを検討することが望ましい。「変態雑誌」はそれほど冊数があるわけではないため、閲覧さえできれば総覧することは難しくないが、図書館・資料館などの収蔵状況が芳しくなく、すべてを閲覧することはこれまで困難であった。しかし二〇二二年、丸善雄松堂による「社会文化史データベース」内の「性風俗稀少雑誌コレクション」にて、「変態雑誌」を含む一九五〇年代雑誌が多く閲覧可能になった。さらに、「国立国会図書館デジタルコレクション」によって、「夫婦生活」のかなりの号がオンラインで閲覧できるようになっている。これらのツールの助けも得て、本章では、従来「変態雑誌」としてグループ化されてきた一群の雑誌のまとまり自体はいったん採用し、「奇譚クラブ」「人間探究」「あまとりあ」「風俗草紙」「風俗科学」「風俗クラブ」「風俗双紙」の七誌について、全号を通読したうえで総合的な分析をおこなう。[10] 編集者や執筆陣がどのような人々なのかを考慮しながら、まずは創刊段階での基本的な書誌を雑誌ごとに明らかにし、これを通じて、雑誌それぞれの記事の性質、誌面構成の特徴がもつ意味などについて検討する。とりわけ雑誌間の模倣関係に注意を払い、これらの系譜を明らかにする。これを通じて、「変態雑誌」とグループ化されてきた雑誌群の新たな特色・共通点を明らかにしたい。その結果、これまで「変態雑誌」の特徴として語られてきたものの多くは否定されることになるだろう。

同時代雑誌については可能なかぎり目配りをおこなうが、全号にはとうてい目を通せていない。さらに、流通経路や部数については不明な点が多く、本書ではほとんど盛り込むことができなかった。そして、おこなったのはあくまで通読であり精読ではないため、不十分な点も多くあるはずである。このように克服すべき課題は依然として多いが、「変態雑誌」全体を見通した総合的分析はこれまでおこなわれていないため、現時点では十分に有益だと考えている。

2　研究方法

第1部では、以下の方針に基づいて雑誌を分析する。

第一に、パッケージよりも中身、すなわち掲載作品を重視する。雑誌の特徴を析出するにあたって、先行研究では、雑誌の奥付欄や「編集後記」「巻頭言」、そして表紙に記載されたキャッチコピーに着目してきた。三橋順子による「性風俗稀少雑誌コレクション」収録雑誌の書誌解題(11)も基本的にこの方針に沿っている。しかし、本書ではこれらを絶対視せず、参考程度にとどめることにした。なぜなら、先行研究でも「表向き」とされているように、これらは取り締まりを意識した建前であることが非常に多く、表明されたスタンスと内容が一致しないことが多いからである。当該期の性風俗雑誌には、刑法第百七十五条による取り締まり、加えて一九四九年十月まではCCD(Civil Censorship Detachment、民間検閲局)による検閲という壁があったが、読者は明らかに、性的な出版物に取り締まりがあることをよく理解していた。誰も文字どおりに受け取っていなかったであろうパッケージではなく、内容そのものから、それぞれの雑誌を位置付けるべきである。したがって本書では、原則としてパッケージは読者に与える初見の印象に関わるものとして分析し、それ以上のことを読み取る際には、別の論拠をあわせて示すことにする。

第二に、創刊号のあり方を過大評価しない。創刊号は、これまでの研究ではしばしば分析対象になっており、創刊号で表明されている雑誌の姿勢を、そのまま終刊まで続く雑誌の特徴とする研究も少なくない。確かに、表明されている姿勢を軽視はできないものの、実際には雑誌は見切り発車のようにして創刊されることも多く、必ずしも初発の姿勢や誌面構成がその後も継続するとはかぎらない。加えて、性を取り扱う出版物は、雑誌内容が刑法第百七十五条に抵触するか否か、ある程度の基準を探るために、初期は様子見をしていることも多いのである。[12] そのため、創刊号だけを重視せず、全号を通読したうえでの傾向、そして号を追うごとの変化のほうを重視する。

第三に、泡沫雑誌も検討範囲とする。これまで「変態雑誌」と見なされてきた雑誌には、第一号から第三号程度で終刊した泡沫雑誌がいくつか存在する。石田、前川は「比較的長続きした」などの限定をかけることでこれらの雑誌を除外しているが、適切ではない。なぜなら、雑誌編集部は類似雑誌を意識しながら、模倣や差別化を繰り返して雑誌のカラーを確立していく。発行期間の短さは単なる結果であり、その雑誌が創刊された時点ではわからないことである。したがって、泡沫雑誌も先行雑誌に影響を与えている可能性は否定できず、その雑誌の存在自体が影響を与えることも十分に考えられる。たとえそうでなくとも、泡沫雑誌の誌面の模倣性は、当時どのような記事が「売れる」と考えられていたのかを知る指標にもなる。もとより、巻号がわずかな雑誌からは得られる情報も少ないが、だからといって泡沫雑誌を検討対象外とするべきではない。

第四に、後世に書かれた回顧録やライターによるインタビュー記事については、史料批判をおこなったうえで信頼に足ると思われるものだけを用いる。例えば、雑誌をリアルタイムで読んでいない世代が執筆した記事やルポルタージュは、その記事が書かれた時期にこのような認識があった、という事実を示すためにのみ利用し、基本的に用いない。しかし、「変態雑誌」を実際に編集していた人物など、直接的に関係がある人々の回顧録やインタビューは利用する。ただし、編集部在籍者であっても、出来事の前後関係や時期などについてはかなりの錯誤があるのが通常であるため、事実関係を裏付け調査なしに用いることはできない。例えば、先行研究でも参照されている「別冊宝島」第二百四十号『性メディアの50年』に掲載された、元「奇譚クラブ」編集者・須磨利之のインタビュー[13]は、須磨の死後である一九九五年に再編集されており、基礎的な事実関係のレベルで様々な誤りを含んでいる。このような回顧録やインタビューは基本的に参照するべきではなく、利用する場合には慎重な裏付けが求められる。

このように、回顧録やインタビューには様々な欠点があるが、それでもこれらからしか知りえない内容も多く、貴重なものである。そして、編集部で当時なされた議論の内容や、抱いていた思い、警察の取り締まりの実態やその対策などについての語りはある程度信頼できるであろうし、雑誌の売れ行きについては、同時代史料よりも信頼できる場合がある。雑誌刊行中には、売れ行きが不振であってもそれを表に出すことはできないからである。「奇譚クラブ」投稿作家で「裏窓」編集長であった濡木痴夢男（飯田豊一）のように、複数の回顧録やインタビューがあり、類似の証言が複数の回顧録にみられる場合は、原則として発行年が古いほうを採用している。

これに加えて、本書では、先行研究における、年次や事実関係などに関する誤記について、可能な範囲で注記した。なぜなら、先行研究において記述に齟齬がある場合、どれが正しいかをいちいち確認する作業は、相当に骨が折れるものだからである。

以上の基本的姿勢に立ちながら、以下、雑誌を創刊時期によってまず三つの世代に分類する。本分析は、「奇譚クラブ」の史料的特質を明らかにするための作業であるため、「奇譚クラブ」の最大の特徴である読者投稿誌という形態を考慮し、変態性欲当事者を自認する読者／投稿作家にとってこれらの雑誌がどのような雑誌だったのか、という視角を基本として分析する。

以下、検討する雑誌上で、医科学的な専門性を備えた立場を表明したうえで、第三者の視点から変態性欲について語る人々を「専門家」、専門性を備えてはいないが、ある程度の知名度をもつ作家・批評家で、専門家と同様に第三者の視点から変態性欲について語る人々を「著名人」と表記する[14]。そして、変態性欲をもつことを自認し、当事者の立場から変態性欲について語った人々を、同時代に頻繁に自称として用いられた「マニア」と表記することにする。ただし、そのなかで男性同性愛者だけを特に指す場合は、こちらも当時の自称である「そどみや」と表記することにする。

初期の雑誌の多くは、「奇譚クラブ」は「KK通信」、「人間探究」は「アドニス」、「あまとりあ」は「月報誌友通信」、「風俗草紙」は「通信風俗草紙」と、機関誌もしくは本誌から派生した会員制雑誌を発行するか、しようとしていた。しかしこれらの会誌については収集状況が乏しく正確に判断できないことが多いため、今回は検討範囲に十分組み込むことができていない。「KK通信」および「月報誌友通信」についてのみ書誌が判明しているため、詳細を記し、残りは誌名を記すにとどめた。

3　時期区分

一九五〇年代に発行されたもので、先行研究で「変態雑誌」として言及されたり、見なされたりしてきた公刊雑誌に加えて、筆者が類似誌に分類できると考える雑誌を創刊順に並べると以下のようになる。ここには、時期が下るため今回の分析範囲から外した「裏窓」「風俗奇譚」も挙げた。すべて月刊誌・A5判である。記載した編集人、発行人、ページ数と定価は創刊号の情報だが、「奇譚クラブ」のみ創刊号ではなく、一九五〇年一月号と、A5判化する一九五二年五・六月合併号の情報を併記した。なお、丸善雄松堂の「社会文化史データベース」では、収録巻号については全号の書誌情報を無料で公開しているので参照されたい。

①「奇譚クラブ」
発行期間：一九四七年十月二十五日―七五年三月一日、通巻三百二十五冊、通巻番号のない臨時増刊号・別冊・別刊十七冊[15]、合計三百四十四冊
出版社：曙書房―天星社―暁出版、大阪
編集人：箕田京二、発行人：吉田稔
ページ数[16]・定価：百二ページ・七十円（一九五〇年一月号）、百八十ページ・九十円（一九五二年五・六月合併号）
機関誌：「KK通信」。本誌の直接購読会員に無料で頒布していた小冊子で、一九五二年十月から毎月一号、第二十三号まで頒布された。編集人は箕田京二（須磨利之）、発行人は吉田稔。第九号から有料となり、「KK会員」限定の頒布となる。[17]ページ数は四―十六ページ程度。
その他：創刊時はB5判。一九五二年五・六月合併号からA5判にリニューアル。

②「人間探究」
発行期間：一九五〇年五月一日―五三年八月一日、全三十七冊（増刊・別冊含む）
出版社：第一出版社―探究社、東京
編集人：奥田十三生[18]、発行人：酒井孝
ページ数・定価：百二十四ページ・七十円[19]
機関誌：「アドニス」[20]
その他：通巻第二十九号（一九五二年九月号）は欠号

③「あまとりあ」
発行期間：一九五一年二月一日―五五年八月一日、全五十六冊（＋付録冊子八冊）
出版社：あまとりあ社、東京
編集兼発行人：久保藤吉
ページ数・定価：百四十二ページ・八十五円
機関誌：「月報誌友通信」。「あまとりあ」終刊と同時に創刊された「別冊機関誌」。編集発行人は須磨利之。毎月一回一日発行。第一号奥付に刊行年月日は不記載だが、「あまとりあ」最終号に広告があり、一九五五年八月初旬刊行とあること、第二号は五五年九月一日発行のため、同年八月創刊と考えてよい。B6判・十六ページ。非売品だが、発行手数料・送料が一号につき十六円。第十号（一九五六年六月一日発行）まで発行を確認。

④「風俗草紙」
発行期間：一九五三年七月一日―五四年十月一日、全十四冊（臨時増刊含む）
出版社：日本特集出版社、東京
編集人：氏家富良、発行人：野村佳秀
ページ数・定価：百七十二ページ・百円
機関誌：「通信風俗草紙」

⑤「風俗科学」
発行期間：一九五三年八月二十日[21]―五五年三月十四日、全十九冊
出版社：第三文庫、東京
編集兼発行人：西條道夫
ページ数・定価：百八十ページ・百円
機関誌：「羅信」（「風俗科学研究会」会報）

⑥「風俗クラブ」
発行期間：一九五四年三月一日―五四年五月一日、全二冊
出版社：春光社、東京

編集兼発行人：秋房醇
ページ数・定価：百四十二ページ・百円
機関誌：不明

⑦「風俗双紙」
発行期間：不明。少なくとも一九五四年十月以降、五四年十一月発行カ、全一冊カ
出版社：中央出版社、東京カ
編集兼発行人：記載なし
ページ数・定価：二百二十四ページ・百円
機関誌：なし

⑧「裏窓」
発行期間：一九五六年十月一日―六五年一月一日、臨時増刊号含めて全百七冊
出版社：久保書店、東京
編集人：須磨利之、発行人：久保藤吉
ページ数・定価：百九十四ページ・八十円
機関誌：不明（「裏裏窓」カ。あまとりあ社から「マンハント・裏窓アンコール版」として『おとなの絵本』）

⑨「風俗奇譚」
発行期間：一九六〇年一月十五日―七四年十月一日、冊数未調査（少なくとも百七十七冊＋臨時増刊号多数）
出版社：文献資料刊行会、東京
編集兼発行人：高倉一
ページ数・定価：百七十四ページ・三百円
機関誌：未調査

雑誌の価格は、インフレや増ページによって上がるため、創刊号の価格はあくまで目安である。同時代の大衆雑誌では、「夫婦生活」一九五〇年五月号がB6判・二百五十六ページ・七十五円、「夫婦実話」一九五一年四月号（双葉社）がB6判・百九十八ページ・七十円、「デカメロン」一九五一年二月号が小B6判・二百二十四ページ・六十五円、「怪奇雑誌」一九五二年六月号がB6判・三百八ページ・九十円である。これらの雑誌に比べて、「変態雑誌」とされてきた雑誌は基本的にA5判で、ページ数が少ないにもかかわらず価格はより高い。これらの大衆誌よりも部数が少なく、かつ専門的な内容に鑑み、定価をやや高く設定しているものと思われる。

「変態雑誌」の発行部数はほとんど不明であり、諸説ある。酒井晃は「人間探究」の部数を三万部としているが、根拠は示していない。(22)「りべらる」が最盛期の一九四八年に十八万部、「夫婦生活」

が三十五万部という話があるため、三万部はありうる数字である。[23]「あまとりあ」は「内外タイムス」（内外タイムス社）にも広告が確認でき、「人間探究」よりもかなり知名度があった様子がうかがえる。創刊時には、「性文化雑誌あまとりあ」と横断幕を掲げたバス五台に性科学者や艶笑作家を乗せ、東京から伊豆・下田の了仙寺まで走るといったパフォーマンスをおこなっていたらしい。[24]「人間探究」よりかなり部数は多いだろう。「奇譚クラブ」は模倣誌の出現数、「書店に平積みになっていた」という当時の証言などから考えて「あまとりあ」よりもさらに人気だった可能性が高い。しかし、部数に関する記録・証言は残念なことに全くない。五五年には、読者投稿記事に十万部という表現があり、実売部数が本当に十万部に迫っていたかはともかく、それほど売れているという印象があったことは確認できる。実売は五万部から八万部程度ではなかろうか。

一覧からすぐに理解されるように、雑誌名に「変態」を用いた雑誌は一誌も存在しない。このことはこれまで特に注目されてこなかったが、戦前との連続性を考えるうえでは重要なことである。「変態性欲」という概念は、十九世紀末にヨーロッパ・ロシア精神医学界で生み出され、日本にも輸入され一大ブームを巻き起こす。[25]一九一〇年代から三〇年代にかけて、「変態性欲」「変態心理」など、変態をタイトルに用いた雑誌・書籍が多く刊行されて流行した。戦況が深刻化するにつれてこの流行は収束するが、戦後の「変態雑誌」の出現は、しばしばこうした戦前の変態ブームの復活だと見なされてきた。

しかし戦後においては、戦前のように「変態」を前面に押し出した雑誌や書籍はほとんど刊行されなかった。この事実は、戦前と戦後における変態心理・変態性欲に対する何らかの姿勢の相違を反映していると考えられる。後述するが、「変態雑誌」の定義である、「表向きは「変態性欲の科学的研究」を謳う」という姿勢は、実は「風俗科学」以外のすべての雑誌にみられない。むしろ用いられているのは「風俗」である。

現在「風俗」といえば、性風俗が連想され、「フーゾク」としてヘルスやソープなどの性産業がイメージされるが、戦前には江馬務による雑誌「風俗研究」のように、衣食住などの生活に関する風習やしきたりなどを広く指し、特に性に限定されずに用いられていた。「風俗営業」の取り締まりの歴史を検討した永井良和は、一九五〇年代までに刊行された「風俗」の書籍は、広く生活習慣全般に目配りをするものであったが、地域社会において広範な生活習慣を取り締まった「風俗警察」と、取り締まり対象の「風俗営業」といった言葉の範囲が、戦後、次第に性風俗に限定されていく過程で、風俗と性産業が等号で結ばれるようになったと推測している。[26]永井の指摘どおり、五〇年代の書籍には、広く生活や風習を指す語として「風俗」が用いられているものがある。

しかし「奇譚クラブ」は一九五四年八月号より、それまで表紙に掲げていた「新時代の風俗雑誌」というサブタイトルを抹消し、扉ページに「文化人の文献研究誌」と表記するようになる。この変更の理由を、編集者は「〝風俗〟という字に風当りがきついので」(一九五四年十一月号、一七七ページ)と説明している。この変更を踏まえるなら、永井の想定より早く、五四年ごろには、「風俗」が性的でいかがわしい意味を持ち始めていると見なせるだろう。とりわけ、後発模倣誌がすべて「風俗」を雑誌名に用いていることは、この種の雑誌のアイコンとして「風俗」が重要だったことを示している。以上を踏まえ、本書では、これまで「変態雑誌」と呼ばれてきた雑誌群を、新たに「戦後風俗雑誌」と呼称することとしたい[27]。

さて、以上に紹介した雑誌のうち、①「奇譚クラブ」、②「人間探究」、③「あまとりあ」の三誌を第一世代、④「風俗草紙」以降、⑦「風俗双紙」までを第二世代、その後の⑧「裏窓」、⑨「風俗奇譚」を第三世代としてグループ化したうえで、第二世代までを比較・検討していきたい。なぜこのように区分できるのかといえば、①②③のあと、④「風俗草紙」などが創刊されはじめる一九五三年までには約二年半の間があり、この時差のために①②③と④以降で雑誌の創刊背景が異なってくること、そして、雑誌同士の模倣関係からみて、「風俗草紙」は画期的雑誌と見なせるからである。第三世代は、五五年に最高潮に達する不良出版物取り締まり後に創刊された雑誌であり、それ以前の雑誌とは創刊時期・状況に関して明らかに一線を画している。以下、世代ごとに二章に分けて、各雑誌の特徴と創刊背景、模倣関係、変遷について検討していきたい。

注

(1) 石川巧「占領期カストリ雑誌研究の現在」「Intelligence」第十七号、20世紀メディア研究所、二〇一七年

(2) 同論考三一ページ

(3) Mark J. McLelland, "From Sailor-Suits to Sadists: Lesbos Love as Reflected in Japan's Postwar "Perverse Press,"" *U.S.-Japan Women's Journal*, 27, 2004、村上隆則／石田仁「戦後日本の雑誌メデ

ィアにおける「男を愛する男」と「女性化した男」の表象史」(矢島正見編著『戦後日本女装・同性愛研究』〔中央大学社会科学研究所研究叢書〕所収、中央大学出版部、二〇〇六年)、前川直哉『〈男性同性愛者〉の社会史――アイデンティティの受容/クローゼットへの解放』(作品社、二〇一七年)など。「変態雑誌」の語は、管見の限り一九五〇年代に用いられている様子は確認できず、史料用語ではなく学術用語だと判断できる。

(4)エビング『変態性欲心理』黒沢良臣訳(「大日本文明協会刊行書 第二期」第二十三編)、大日本文明協会事務所、一九一三年

(5)前掲注(3)掲示文献のほか、古川誠「セクシュアリティの変容――近代日本の同性愛をめぐる3つのコード」(「日米女性ジャーナル」第十七号、城西大学、一九九四年)など。

(6)前掲「戦後日本の雑誌メディアにおける「男を愛する男」と「女性化した男」の表象史」五一九ページ

(7)同論考五二二―五二三ページ

(8)前掲『〈男性同性愛者〉の社会史』六〇ページ

(9)酒井晃「戦後日本における男性同性愛への「寛容」と嫌悪」明治大学大学院博士論文、二〇一六年

(10)未入手で通覧できなかった雑誌巻号は以下。「奇譚クラブ」一九四九年十一月号、同年別冊四月号(十月号)、一九五〇年三月号。なお、これらの号を所持されている方がいれば、ぜひともご一報たまわりたい。

(11)三橋順子「「社会文化史データベース 性風俗稀少雑誌コレクション」収録の戦後性風俗雑誌の書誌解題」「社会文化史データベース」二〇二二年(https://j-dac.jp/shakaibunka/kaidai_index.html)[二〇二三年十二月二十八日アクセス]

(12)「猟奇」を創刊した加藤幸雄は、創刊に際して刑法がどのようにわいせつ出版物に適用されるのかわからず、弁護士や仲間と相談し、まず昔発禁になった本を一冊刊行してみて、CCDの検閲の具合を確かめてみることにしたという。加藤幸雄「『猟奇』刊行の思い出1 創刊に至るまで」「出版ニュース」一九七六年十一月下旬号、出版ニュース社

(13) 下川耿史「変態の総合デパート『奇譚クラブ』から『SMセレクト』が産声をあげるまで」『性メディアの50年――欲望の戦後史ここに御開帳!』(「別冊宝島」第二百四十号) 所収、宝島社、一九九五年

(14) 酒井晃は、「人間探究」の執筆者はおおむね大学アカデミズム外に所属しており、いわば「民間」から語っていると指摘する(前掲「戦後日本における男性同性愛への「寛容」と嫌悪」)。そのとおりであるが、本書では、大学に所属していなくとも、医学部などに在籍した経歴があったり、民間で医院や研究所を経営している者は専門家に分類した。竹村文祥、福岡武男、押鐘篤といった人々を想定している。

(15) 一九八二年、きたん社という東京の出版社から「奇譚クラブ」が「復刊」され、八三年二月までに計十一冊刊行される。第一号表紙には「復刊記念号」とあるものの、目次には「創刊号」とあり、奥付もなく粗雑な作りである。「奇譚クラブ」の愛読者であり、吉田稔の知己だったという賀山茂が中心になって創刊したと創刊号には記されているが、すでに吉田が死去したあとに刊行されているため、どこまでが事実か不明である。時期が大幅に下ることもあり、本書ではこれを「奇譚クラブ」本誌には数えない。

(16) ページ数は、雑誌に記載されている最後のページ数を記し、ページ数表記がない裏表紙などは含めなかった。

(17)会員数は会員番号から推測することが可能で、「奇譚クラブ」一九五四年一月号の二〇三ページに掲載されている投稿者の番号は二五七五。一九五三年十月号で編集部は「特別会員は漸増して三千名に近くなりました」と記している(一八六ページ)。

(18)木本至『雑誌で読む戦後史』(〔新潮選書〕、新潮社、一九八五年)、石川巧「解題 戦後出版文化史から見た「社会文化史データベース 性風俗稀少雑誌コレクション」」(「社会文化史データベース」二〇二三年〔https://j-dac.jp/shakaibunka/kaidai_index.html〕〔二〇二三年十二月二十八日アクセス〕)では、創刊号の編集発行人を「石川四司」としているが奥田が正しい。発行人には入れ替わりがあるが、編集人は通巻第八号までずっと奥田であり、第九号から奥田の名が消え、それまで発行人だった堀井清が編集発行人を兼ねるようになっている。石川四司は一九五一年六月発行の通巻第十三号から編集発行人として奥付に登場する。

(19)前掲「戦後日本における男性同性愛への「寛容」と嫌悪」では九十五円とされているが、七十円が正しい。

(20)「アドニス」については、総目次と解題が、峰あやを、山中剛史によって「薔薇窗」(書肆菫礼荘、限定二百部)に分載されており(筆者は未見)、前川直哉が詳しく論じているため、参照されたい(前掲『〈男性同性愛者〉の社会史』)。

(21)「社会文化史データベース」の「収録誌一覧」では八月二十五日発行だが二十日が正しい。

(22)前掲「戦後日本における男性同性愛への「寛容」と嫌悪」

(23)前掲『雑誌で読む戦後史』五七、一七八ページ

(24)矢部敬太「エロ雑誌出版裏ばなし」「丸」一九五五年六月号、聯合プレス社

(25)菅野聡美『〈変態〉の時代』(〔講談社現代新書〕、講談社、二〇〇五年)、竹内瑞穂『変態という文

化——近代日本の〈小さな革命〉』(〔シリーズ文化研究〕、ひつじ書房、二〇一四年)、竹内瑞穂／メタモ研究会編『〈変態〉二十面相——もうひとつの近代日本精神史』(六花出版、二〇一六年)などを参照。

(26) 永井良和『定本 風俗営業取締り——風営法と性・ダンス・カジノを規制するこの国のありかた』(河出ブックス)、河出書房新社、二〇一五年、二二—二四ページ

(27) 朴秀浄もまた、「奇譚クラブ」の呼称として「風俗雑誌」を提唱しているが、戦前の「風俗」を冠した雑誌との差別化が必要と考え、「戦後」を付加した。朴秀浄「전후 일본의 풍속잡지『기담클럽(奇譚クラブ)』의 가능성과 한계(戦後日本の風俗雑誌『奇譚クラブ』の可能性と限界)」「日本文化学報」第九十五号、韓国日本文化学会、二〇二二年

第１章　第一世代雑誌
──「奇譚クラブ」「人間探究」「あまとりあ」

はじめに

第一世代の三誌は、①「奇譚クラブ」と、②「人間探究」・③「あまとりあ」に二分することができる。これらは異なる特徴をもつ二系統としてとらえることができ、これら二つの要素を折衷させることによって、多くの後発雑誌は作られている。

以下、まず「人間探究」と「あまとりあ」、次に「奇譚クラブ」を検討していくが、それぞれの系統の特色を浮き彫りにするためには比較が有益であるため、必要に応じて横断的に言及しながら進めたい。

1　「人間探究」「あまとりあ」

「人間探究」は一九五〇年五月、「あまとりあ」は五一年二月創刊であり、創刊年月日だけに着眼すれば「奇譚クラブ」よりもかなり後発の雑誌といえる。しかし、「あまとりあ」には、「赤と黒」とその改題誌「人間復興」（一九四七年六月創刊）という前身に相当する雑誌があった。「赤と黒」（「人間復興」）は創刊時は峰岸義一を、その後は高橋鐵を編集人として発行されたカストリ雑誌である。執筆陣には高橋のほかに浅田一、金子準二、南部僑一郎、原比露志、橋爪檳榔子、武野藤介など、のちの「人間探究」「あまとりあ」にも登場するおなじみの人々に加えて、大槻憲二、江戸川乱歩などがいた。さらに、これらの執筆者の多くは、戦前にも性に関する読物を発表しており、ある程度以上の年齢層には、戦前の性文化の「復活」というイメージを与えたはずである。以上の点と、「奇譚クラブ」が一九四七年から四八年の間は特に目立つ雑誌ではなかったことを踏まえれば、「奇譚クラブ」よりも「人間探究」「あまとりあ」系統のほうが先行しており、かつ王道的な性読物の系譜でもあったといえる。

まずパッケージの点でいえば、「人間探究」「あまとりあ」はA5判で、表紙には、当時、性を取り扱う多くの大衆娯楽誌が採用していた女性のバストアップイラストを用いず、控えめな表紙画を採用していた（ただし「あまとりあ」創刊号はこの表紙画がわいせつと判断され発禁になった）。キャッ

図1 「人間探究」創刊号（1950年5月発行）

図2 「あまとりあ」創刊号（1951年2月発行）

チコピーとして、「人間探究」は「文化人の性科学雑誌」を掲げ、明確に性科学研究を標榜した。「あまとりあ」のコピーは「文化人の性風俗誌」で研究を標榜してはいないが、創刊号裏表紙に掲載された「発刊宣言」に「本誌は日本の最高権威が轡をならべて執筆する古今東西の愉しい風俗研究誌です」とある。このように両誌とも、単なる娯楽誌とは一線を画す、「文化人」に向けた文化雑誌「風」に作られていたと判断できる（図1・2）。以下、このような、性科学などの近代医科学に基づく研究を標榜した雑誌を、戦後風俗雑誌の下位分類として「研究誌」と呼ぶこととする。

同時期の「奇譚クラブ」は、いまだB5判であり、キャッチコピーは複数あるが、そのなかの一つは「珍談と猟奇の型破り雑誌」であった。表紙も女性のバストアップイラスト

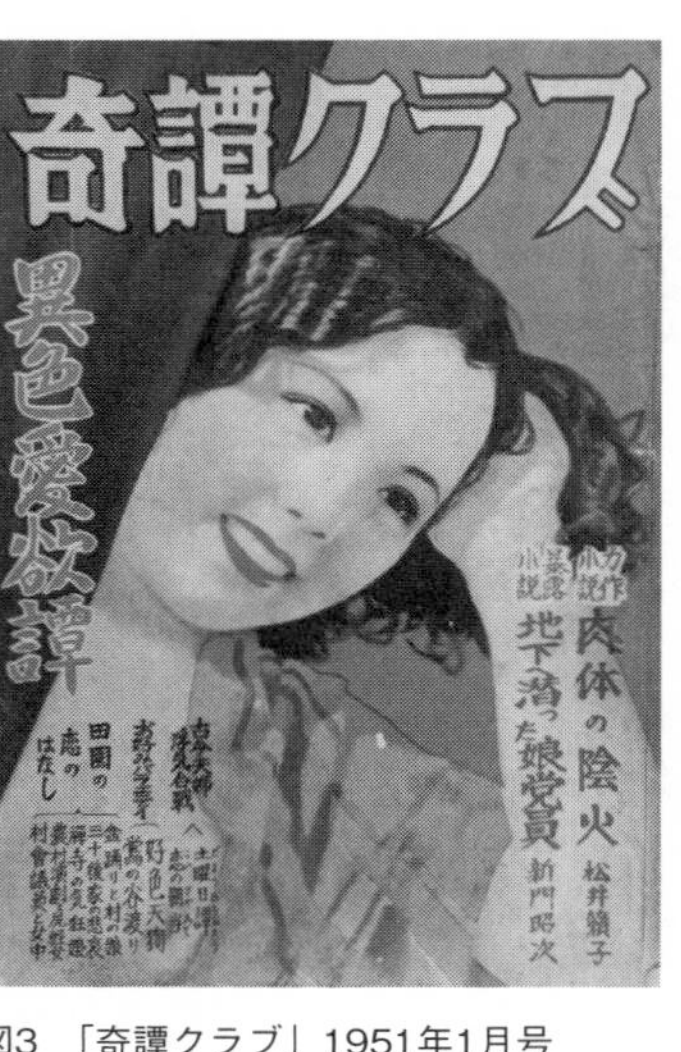

図3　「奇譚クラブ」1951年1月号

（須磨利之画）を用いており色も鮮やか、一見して娯楽誌風である（図3）。この時点で、「人間探究」「あまとりあ」と「奇譚クラブ」は全く別種の雑誌であり、共通点は見当たらない。

「人間探究」と「あまとりあ」は出版社が異なるが、執筆者はかなり重複しているうえ、(1)「人間探究」はあまとりあ社の広告を創刊号から掲載し、一方の「あまとりあ」も「人間探究」の広告を創刊号から継続して掲載している。そして「人間探究」という誌名は、高橋鐵の雑誌「人間復興」を意識している可能性が高い。当時、性の問題は人間そのものの問題である、という構えで論じられていた。高橋は「人間探究」の第二十六号（一九五二年六月号）まで毎号登場し、一説には高橋は「人間探究」の主幹を務めていたという。(2)

両誌は誌面構成もよく似ている。すなわち、①巻頭資料・写真、②矢野目源一、武野藤介のような著名人による小説・随筆、③論説（専門家および著名人が、論文や批評調で性について知見を述べたり、遭遇した「事例」について語ったりする読物）(3)、④座談会・対談（複数人で性について語る読物）、⑤性に関するニュースの論評、⑥性愛相談（性愛に関する相談と専門家・著名人による応答）、⑦海外の艶笑小説の翻訳、⑧性に関する用語などの事典、などで構成されている。両誌とも分量が最も多いのは③であり、号によってばらつきがあるものの⑥もかなりのページ数がある場合がある。「人間探究」は「あまとりあ」よりも④を多く掲載しており、ほぼ毎号掲載がある。なお、理由は不明であるが、「あまとりあ」は一九五四年のみ、④をほとんど掲載していない。

①⑦は「資料」という名目で掲載されている。先行研究で「変態的な」性的ファンタジーを読者に提供するものとして論じられる小説・ルポルタージュはあまり掲載されておらず、メインコンテンツとはいえない。小説は翻訳物を合わせて毎号一、二本程度、ルポルタージュはもっと少ない。両誌は執筆者が重複しているうえ誌面構成も似通っており、多少のコンセプトの違いはあるにせよ、似たり寄ったりの内容の雑誌だと読者には見なされたはずである。

重要なことは、「人間探究」「あまとりあ」は、明確に研究誌のパッケージをもつ雑誌として創刊されているが、変態性欲ではなく、性自体に対する科学的研究という態度を打ち出していたことである。[4]両誌はこれまで、同性愛・異性装史研究などで参照されてきたが、実は、同性愛、異性装、サディズム、マゾヒズム、フェティシズム（以下、これを「狭義の変態性欲」と呼ぶ）に関する記事はそれほど掲載されていない。内容の八割程度は、初夜の心構え、セックステクニック、性病、異国の性の風習など、異性愛の膣ペニス性交を基本とする、現代でいうところの「ヴァニラセックス」に連なる内容である（中根巌「邦人と白人の性的優劣」、高橋鐵「性行為に於ける表情の研究」など。ともに「人間探究」創刊号）。そのほか、創刊号にもかかわらず両誌ともすでに⑥性愛相談を掲載しているが、その内容も、陰茎のサイズ、自慰の害、結婚を控えているが性行為が不安であるなど、狭義の変態性欲とはいいがたい内容を中心としている。実は両誌は最初から、狭義の変態性欲関連記事をそれほど多く掲載していないのである。

両誌は一号につき二十五本から三十五本程度の記事を掲載しているが、狭義の変態性欲をテーマにしたものは毎号一本から三本程度、時折「異常性欲」が特集される際に増加する程度である。当時の変態性欲概念には、性欲の過剰や欠乏の異常——具体的には、自慰の多寡、不感症、インポテンツなど——も含まれたため、これらを加えれば変態性欲記事の比率は高まる。しかしこれらのテーマは、狭義の変態性欲に近縁するセクシュアリティとして誌上で扱われているとはいいがたい。これらはむしろ、ヴァニラセックスを実行する男女の間に起こるトラブルとして、病や疾患であっても「正常」と地続きのものとして取り上げられていたとみるべきである。

両誌が、変態性欲の研究ではなく性の研究を謳っていることについては、創刊背景を踏まえると理解しやすい。戦前の変態性欲ブームでは、性愛の一部を異常・病理として説明する変態性欲という概念の輸入こそがセンセーショナルであり、逸脱的な性自体に着眼するものだったといえる。だからこそ、書名や雑誌名にしばしば「変態」が用いられた。これに対して戦後では、民主的・近代的な男女平等社会の実現が叫ばれ、「正常」な男女の性生活を民主的に発展させるという機運が高まった。「パンパン」と呼ばれた街娼の出現や、若者の婚姻外性交渉などが性のモラルの崩壊として非難されると同時に、「性の解放」が主張され、学問としての性科学の確立や正しい性知識の普及、民主的な性関係のあり方などが様々に議論されることになった。(5) 一九四六年、夫婦間の性技巧や衛生について論じたヴァン・デ・ヴェルデ『完全なる結婚——生理とその技巧』(神谷茂数/原一平訳、ふもと社)が再版されるとベストセラーになり、四九年には、同じく男女の性技法や性交体位を解説した高橋鐵『あるす・あまとりあ』(あまとりあ社)がベストセラーになる。これらはすべて、異性間の、子どもを産み育てる関係性における性の「正常な」あり方に焦点化している。『あるす・あまとりあ』をヒットさせたあと、高橋鐵は一躍日本の「性問題」の第一人者と目されるようになり、以降も類書を乱造しその地位を確立する。初期「奇譚クラブ」のキーパーソンは須磨利之であるが、「人間探究」と「あまとりあ」においては高橋である。「あまとりあ」は、『あるす・あまとりあ』を発行したあまとりあ社の久保藤吉によって発行されたが、久保は、『あるす・あまとりあ』の路線で「しっかりした雑誌をやりたい」[6]と考え始めたのが「あまとりあ」だと、一九五五年八月に語っている。『あるす・あまとりあ』は「正常な」男女間の性について論じた本であり、この点からも「あまとりあ」が狭義の変態性欲を主題としていないことははっきりしているといえるだろう。

異常と正常は表裏であるので、もちろん正常な性の探究においても変態性欲について考えることは重要である。しかし、両誌が正常・異常どちらに重きを置いていたかは、誌面の八割をヴァニラセックス記事が占めているという事実からも示される。同性愛やサディズム・マゾヒズムはあくまで付録なのである。[7]「あまとりあ」終刊号(一九五五年八月号)掲載の執筆者座談会では「夫婦生活」への言及があり、彼らが「奇譚クラブ」よりもむしろ「夫婦生活」を意識していたらしきことがうかがえることも示唆的である。[8]

「夫婦生活」も、前述の誌面構成②から⑥の種類の記事を多く掲載しており、「医学博士」を称する人物などによるインポテンツや不感症、オーガズムやセックステクニックなどの記事を多く掲載し、狭義の変態性欲記事も時折掲載されていた。「人間探究」「あまとりあ」の常連執筆者も寄稿している。「夫婦生活」と「人間探究」「あまとりあ」を、執筆陣と取り上げられているテーマ自体で比較すれば、「奇譚クラブ」よりもはるかに類似点が多い(9)。「夫婦生活」に限らず、性に対する科学的研究という体裁をもつ読物の執筆者は、どの雑誌でもおなじみの顔ぶれであることが多い。すなわち、高橋鐵、武野藤介、矢野目源一、太田典礼、永井潜、式場隆三郎、正岡容、三宅一朗、中野栄三、日夏由紀夫、龍胆寺雄、藤沢衛彦、斎藤昌三、平野威馬雄、丸木砂土などの人々である。このような執筆者の重複は、性に対する科学的研究という体裁の読物を執筆できる人材は当時それほど多くなく、むしろかなり限定されていたことを意味すると考えられる。言い換えれば、性に対する科学的研究を謳う雑誌を発行することは、当時はそれほど簡単ではなかったのである。

この種の雑誌を発行するために必要だったのは、資料や知識をもつ人物・作家との人脈である。「赤と黒」(「人間復興」)に続くかたちで雑誌「猟奇」を創刊した加藤幸雄は一九七六年のインタビューで、創刊に際しては新聞広告で原稿を募集し、それに呼応した元・文芸市場社(10)の花房四郎が、関係作家から原稿を集めてきたと語っている(11)。さらに木本至は、「人間探究」は、創刊時の発行人・石川四司(佐藤積)が、「猟奇趣味のあった」とされる奥田十三生から高橋鐵を紹介されて創刊に至ったとしている(12)。創刊時の発行人は石川ではなく奥田であるため、何らかの誤解があるものと思われるが、とはいえ「人間探究」の執筆陣は高橋鐵の人脈によって集められた形跡が濃厚であることは事実として認められる。「人間探究」と「あまとりあ」がよく似ている理由はこのあたりにあるだろう。このように、執筆者を見つけ出して原稿を集めることは、とりわけ創刊段階ではなかなか難しく、高橋鐵のような、性問題に先鞭を付けた人物の需要はかなりのものであったと考えられる。

なお、木本は同時に、「人間探究」の編集部の人間が高橋と対立し、その結果高橋が雑誌から去ったという話を取り上げている。高橋は確かに一九五二年七月号から姿を消し、そのまま終刊まで登場しない。そのような対立があった可能性はあるだろう。

さて村上・石田は、「変態雑誌」は「専門的研究者・アマチュア研究者・記事執筆者・一般読者らの間の相互交流」がきわめて活発であり、「そうした交流を支えていた二つの装置が、座談会と読者投稿欄[13]」だったと述べる。しかし、「人間探究」「あまとりあ」には読者通信欄は基本的に設けられておらず、座談会の参加者も一般に開かれたものとはいいがたい。「人間探究」には、座談会、討論会、鼎談、対談など、複数人が語る形式の読物がほぼ毎号、合計二十七回掲載されているが、そのなかで専門家・著名人以外が参加しているのは三回だけ、一つは「人間探究」通巻第八号（一九五一年一月号）「天国か地獄か　男子同性愛者の集い」に、男性同性愛者がA・B・Cという仮名で三人（なお、座談会で狭義の変態性欲がテーマになったのはこの回だけで、残りはすべてヴァニラセックスがテーマである）、次に通巻第二十号（一九五一年十二月号）「男を裸にする　売笑婦と語る」にみどり、歌子、とし子、秋子という仮名で「売笑婦」が四人参加、最後に通巻第二十三号（一九五二年三月号）「女学生の生態を衝く」に高校教師が三人参加しているだけである。「あまとりあ」は「人間探究」よりもやや多く専門家以外を登場させているが、それでも全四十八回のうち、五回に登場するにすぎない。両誌の座談会は、専門家にほとんど占有された言説空間だというほうが適切であろう。

「人間探究」「あまとりあ」の言説空間がこのようなものだったのに対し、「奇譚クラブ」は真逆の特色をもっていた。節を改めて検討したい。

2 「奇譚クラブ」

「奇譚クラブ」の創刊者は吉田稔だが、彼の経歴について確実なことはほとんどわかっていない。ただし、吉田が「奇譚クラブ」への刑法第百七十五条適用をめぐって最高裁まで争った裁判資料から、一九一八年二月十五日生まれであること、五二年段階の本籍地が「奇譚クラブ」の発行元・曙書房の所在地と一致するため、自宅で出版業を営んでいたらしきことがわかる。[14]「奇譚クラブ」に「編集子」の名で発表されたものの多くは吉田の筆と思われるが、そのなかには「南方の占領地」(マレー語圏)で「軍政要員としてPRの新聞を発行していた[15]」といった記述がある。「毎日新聞」の記者だったという証言もある。四〇年代の「奇譚クラブ」には、高村暢児、小峰元など、のちに新聞社に勤めていることが確認できる人物が寄稿しているため、吉田が新聞社と何らかの関係があったことは想定できる。

「奇譚クラブ」は、自身もマニアであり、その後も多くのSM雑誌の編集に関わった編集者兼作家兼絵師・須磨利之が編集に加わったことによって、次第にサディズム・マゾヒズム・フェティシズム・同性愛・異性装などの当事者が集う専門誌へと変貌したという証言がある。[16] 須磨は、喜多玲子、美濃村晃、そのほか多数の筆名を用いて活躍した。実際に、須磨が加入する以前の「奇譚クラブ」にはろくな挿絵がなく、吉田に絵心がなかったことは明白である。そして、須磨の手による小説・挿絵が掲載されるようになって以降、男女双方の緊縛絵、責め絵、その他様々にフェティッシュな内容をもつ挿絵・小説が掲載されるようになるため、この証言は事実と考えてよい。吉田はマニアではなかったという証言があるが、後年の「奇譚クラブ」をみると、吉田の変名である「箕田京二」が、SMや緊縛談議に花を咲かせているといった記述がいくつも確認できるため、真実は不明である。

辻村隆（緑猛比古・信士寒郎）、松井籟子（坂本嘉江）、土俵四股平（粟津實）、塚本鉄三（吉田稔もしくは吉田の弟の変名カ）など、A5判リニューアル後も「奇譚クラブ」で活躍する作家たちも一九五〇年ごろには確認することができる。いずれも関西居住の作家たちであり、B5判時代の「奇譚クラブ」は大阪、それも南大阪に特化した記事を多く掲載し、地域色を打ち出していた。[17]「性の科学的研究」を標榜した形跡は全くなく、誌上で募集している投稿原稿の種類は、「小説、中間読物、コント、挿絵写真、マンガ、笑話、小説実話、探訪記、探検記、暴露記事等」であり、表紙も明らかに娯楽誌の体裁をとっている。一九五一年十二月発行の「出版ニュース」には「奇譚クラブ」への言及があるが、「大衆読物誌」として「人生クラブ」「読切読物倶楽部」「モダン読物」などと並んで記載されている。[18] 五二年六月にA5判にリニューアルした際も、サブタイトルは「現代人の風俗雑誌」であり、これ自体には研究の要素は見当たらない。

このように、「奇譚クラブ」は娯楽雑誌として出発し、徐々に内容を狭義の変態性欲に関係するものに変化させていったあとも、依然としてその姿勢を保っていたといえる。狭義の変態性欲へのコミットも、挿絵と告白手記の掲載から始まっており、性科学の専門家は介在していない。つまり、近代医科学的な言説と当事者目線の記事が混交した言説空間にはなっていないのである。「奇譚クラブ」は大阪で発行していたため、「あまとりあ」や「人間探究」で活躍した東京の専門家人脈と物理的につながっていないということも重要である。

以下、具体的な内容を検討していくが、「奇譚クラブ」は発行期間が「人間探究」「あまとりあ」に比べてはるかに長く、すべての期間に当てはまる雑誌全体の特色を抽出することは、両誌と比較するうえで適切ではない。そのため、一九五二年五・六月合併号から五五年五月の休刊までの、三年間のあり方を基準としたい[19]。本節で述べる「奇譚クラブ」の特色は、この三年以外にも当てはまるものが多いが、すべての期間に完全に当てはまるものではない点に留意されたい。

A5判にリニューアルしてからの「奇譚クラブ」は、表紙をそれまでの女性のバストアップイラストから、西洋の風刺画風のイラストに変更する。このイラストは、フランスの週刊誌「LA VIE PARISIENNE」の表紙や挿絵を転用したものであることがわかっている。この表紙は、「人間探究」「あまとりあ」の表紙とも異なる雰囲気をもっており、ほかに類例を見つけることができない。「LA VIE PARISIENNE」の挿画自体は、戦前からいくつかの雑誌に掲載されているが、女性の姿を切り抜いて部分的に掲載するなどの方法がとられており、印象は大きく異なる[20]。濡木痴夢男は、

「このモダンな欧風の風刺画を一貫して表紙に使ったことが、「奇譚クラブ」を一般の風俗実話雑誌とは違う格調のものにした[21]」と回想している。リニューアルの段階で、「奇譚クラブ」が一般娯楽雑誌から脱却したことは間違いないだろう。

「奇譚クラブ」は研究誌ではなく娯楽誌として出発していることから、研究誌がもちえなかった特徴をいくつか有している。そして、狭義の変態性欲を主題にするということの意味は、これらのテーマに関する記事を中心的に載せるということだけではなく、執筆者をも変態性欲を自認する当事者＝マニアたちでそろえることでもあった。誌面構成は、①巻頭口絵・緊縛写真、②マニアが自身のセクシュアリティについて肯定的に語る告白手記、③論説（マニアが映画や芝居、文学、歴史のなかに現れる狭義の変態性欲に関する事象について考察したり報告したりする読物）、④狭義の変態性欲の実践報告、もしくは実践のためのアイデアを述べる読物、⑤狭義の変態性欲を主題とする小説、⑥座談会、⑦緊縛写真のモデル女性のエッセー、⑧狭義の変態性欲を主題とする海外小説の翻訳、⑨掲載作品の感想、執筆者・編集部に向けたメッセージ、⑩読者通信、などである。このうち、①②④⑤⑦⑩は「人間探究」「あまとりあ」には掲載されることがほとんどなかった。さらに、⑥の座談会は、一九五五年五月以前には計六回掲載され

図4　「奇譚クラブ」1952年7月号

ているが、初回の「洋パンを囲む座談会」(「奇譚クラブ」一九五二年九月号)を除いてすべて「読者座談会」と銘打たれている。参加者はすべて読者であり、司会は編集者や緊縛モデル女性が務めた。執筆者も参加することがあったが、後述するように、「奇譚クラブ」は読者投稿誌であったため、執筆者と読者は同じ人々である。読者同士は交流することができたが、専門家は参加しないため、村上・石田がいう「相互交流」はおこなわれていない。このように、「人間探究」「あまとりあ」と「奇譚クラブ」の座談会は対照的な様相をみせており、前者が専門家にほとんど占有された言説空間であったのに対し、後者は専門家不在のもと、同じマニア同士である読者が交流する言説空間であった。

以上、誌面構成の面だけをみても、「奇譚クラブ」は「人間探究」「あまとりあ」と大きく異なる。執筆陣も、東京の専門家・著名人を中心とする「人間探究」「あまとりあ」とは全く重複がない。このような相違を前提に、以下、二誌に対して「奇譚クラブ」だけがもった特色を六つに大別して検討したい。

「奇譚クラブ」の特色は、第一に、読者投稿誌であること、第二に、すべての記事が狭義の変態性欲に関するもので、ヴァニラセックスを扱う記事がないこと、第三に、マニアの告白手記を主要なコンテンツとしていること、第四に、専門家を登場させず、さらに女性名の執筆者の割合が高いこと、第五に、緊縛写真もしくは緊縛口絵を巻頭に掲載していること、第六に、掲載作には内容に即したエロティックな挿絵が多く付されていること、である。

「奇譚クラブ」は読者投稿誌であり、これが「人間探究」「あまとりあ」との根本的かつ決定的な相違である。「人間探究」「あまとりあ」が、専門家・著名人の原稿を掲載する雑誌で、「読者通信」欄も基本的に設けられていないのに対し、(22)「奇譚クラブ」では、真にそれらが投稿作だったかはともかくとして、ほぼすべての原稿が読者からの投稿作品という体裁で掲載されていた。そのため「奇譚クラブ」の誌面は、伊藤晴雨や土俵四股平、中康弘通などの一部の例外を除いて、ほとんどが無名の、「奇譚クラブ」以外には執筆歴がほぼみられない匿名作家の作品で占められた。これらはマニア本人が、自身の欲望するセクシュアリティに関する内容を投稿するという形式をとる。「人間探究」「あまとりあ」で主力を占めていた専門家・著名人の論説、そして自慰や性病、結婚初夜の所作などのヴァニラセックス記事は圧倒的に少ない。

次に、ほかの雑誌に比して、女性名の作家の割合が多いことである。この時期に活躍している作家としては、松井籟子、岡田咲子、二俣志津子、羽村京子、古川裕子、藤安節子、川端多奈子らがいる。挿絵師も多くが女性名だったため、目次の印象では相当に女性が多い雑誌にみえる。もちろんこれらの作家が本当に女性だったとはかぎらない。むしろほとんどが男性であったことは、喜多玲子という画家名で活躍した須磨利之の例、そして、「裏窓」編集長だった飯田豊一の回顧録の証言をみれば明らかである。(23)わざわざ女性作家を作り出したのは、そちらのほうが読者にとって扇情的であるという理由に加え、「奇譚クラブ」が一人称の告白手記を主力としていたことも影響している。女性の告白手記は、当然女性名で掲載されなければならないからだ。

しかしここで重要なことは、女性作家が真に女性だったかということよりも、女性を含めた言説空間を構成することを是とした編集部の姿勢である。なぜなら、「人間探究」「あまとりあ」には、女性執筆者はおおむね一号に一人かせいぜい二人であり、一人もいないこともざらであったからである。女性が登場する場合にも、女性は座談会か、まれに掲載される告白手記の書き手として登場するだけで、学術的な記事の書き手であることはほとんどない。酒井晃は、「人間探究」に登場する女性執筆者は「オブザーバー」としての登場だと指摘する。このような傾向は「夫婦生活」にも見いだせるものであるが、さらにいうなら、「人間探究」「あまとりあ」両誌が性の研究を標榜していたことと関わるだろう。「研究」であるからには、執筆者は「権威ある男性」であるほうが望ましい。女性は、「女性ならでは」の意見が必要とされる際に、まさに「オブザーバー」としてのみ呼び出されるだけであり、「研究」の担い手として想定されていないというべきである。このような女性名執筆者の不在は、必然的に、男性によって女性の性が解説・論評されるという権力構造を誌面に出現させることになった。なお、「奇譚クラブ」にはそもそも解説記事が少ないが、大宮喜代子「宗教美術抄説」(一九五二年七月号)のように、とりたてて女性である必要のない「研究」的記事にも女性名作家が現れる。

第五・第六の特色も、「人間探究」と「あまとりあ」が研究誌を建前としていることに関係している。「奇譚クラブ」は巻頭に、緊縛された女性(まれに男性)の姿を映した撮り下ろしの写真や口絵を、そして掲載作品にはその内容に即した挿絵を付けていた。女性に対する緊縛の愛好者は、マニアのなかの圧倒的多数派であり、したがって緊縛写真はマニアを読者とする雑誌に必須のものであった。ただし、巻頭写真・口絵があること自体は、当時の娯楽誌の一般的な構成であり、とりたてて珍しいことではない。「夫婦生活」も巻頭には女性のヌード写真と口絵を掲載し、小説には挿絵を付けていた。

しかし、「人間探究」「あまとりあ」はそうしなかった。両誌にも巻頭には写真や絵が掲載されるが、それらは「資料」という建前で掲載されているため、露骨に扇情性を追求した写真、とりわけ撮り下ろしを掲載することはできなかったと考えられる。かわりにとられたのが、春画や、女性のヌードを描いた西洋絵画、映画のスチール写真など、すでに存在している作品を転載するという方法である。挿絵も同様に転載が基本である。新たに描かれる場合は抽象的なものが多く、喜多玲子の絵のような、女体をはっきり描くものはない。ページを飾る枠もない。つまり、掲載作の内容に合わせて絵師が挿絵を描く、という編集作業はほぼおこなわれていないのである。「あまとりあ」創刊号の発刊宣言ではこの点について、「小挿画一つも即製物はなく貴重資料ばかりです」[24]と述べてむしろ売りにする態度を示しているが、大方の読者は「即製物」のほうにより興味を引かれたにちがいない。

これら研究誌の態度が変化するのは、「あまとりあ」では創刊から約三年後の一九五四年一月号である。本号で初めて撮り下ろしの女性ヌード・グラビアが巻頭に掲載される。グラビアは同年五月号、八月号にも掲載され、九月号には、「ヌード・アルバム」という付録がつけられた。描き下ろしの巻頭口絵や挿絵もこの時期から少しずつ掲載されるようになる。このような方針転換の背景には、前年八月に創刊され爆発的に売れた「風俗草紙」の影響が考えられる。「あまとりあ」の売れ行きにも影響が出たのだろう。

次に、「奇譚クラブ」がマニアの告白手記を主力としていたという点について、このような読物は当時、ありふれていたように思われることが多い。しかし、管見の限り、狭義の変態性欲を題材としながらも、これを犯罪や狂気と結び付けることなく語ろうとする一人称の告白手記は、「奇譚クラブ」が初めて、しかも唯一積極的に掲載していたもので、同時期の性風俗雑誌にはほとんど掲載されていない[25]。肯定性を度外視したとしても、「人間探究」のなかで告白手記と認定できるものは管見の限りたった四作[26]、「あまとりあ」には十作、計十八本である[27]。

十八本はそれなりの数に感じられるかもしれないが、一九五一年三月号から一九五四年一月号までの約四年間、「あまとりあ」に掲載された告白手記はわずか三本である。一九五四年二月号から一号に一本程度を掲載するようになる。これは、「奇譚クラブ」編集部を辞めて東京に移り、「あまとりあ」にも関与することになった須磨の影響だと考えられ、「奇譚クラブ」の手法が利用されているものと解しうる。逆にいえば、「あまとりあ」は須磨が関与する以前は、告白手記をほとんど掲載していないのである。

さらに、「あまとりあ」終刊号に掲載された全号目録には、告白手記の脱漏が多い。もとより目録は不正確なものであるが、K・S「暗い欲望」、同「幻炎」は、連載で計十回も掲載されているにもかかわらず一切記載がなく、不自然である。このことは、目録での告白手記の脱漏が意図的なものである可能性を示唆する。性愛相談の相談者の名前が目次に掲載されていないこととあわせて考えれば、「あまとりあ」編集部が当事者の告白手記を専門家の記事よりも低位に置いていたと考えることもできよう。このような研究誌の態度については、第4章「〈告白〉という営み――セクシュアリティの生活記録運動」でさらに論じたい。

3 戦後風俗雑誌の共通点

ここまで比較してきた結果からわかるように、「人間探究」と「あまとりあ」には類似点が多いが、これらと「奇譚クラブ」にはほとんど共通点がない。先行研究が共通点としてきた「変態性欲の科学的研究」を掲げる姿勢は、三誌すべてに当てはまらない。「人間探究」「あまとりあ」は、正確には、性の科学的研究という立場からヴァニラセックスを中心に扱う雑誌であり、「奇譚クラブ」は逆に、ヴァニラセックス記事を排除し、狭義の変態性欲だけを扱う読者投稿誌であった。

しかしながら、これほどの相違があっても、「奇譚クラブ」の読者は「人間探究」や「あまとりあ」にもしばしば目を通していた様子がうかがえる。彼らが読んでいたのは、主に性愛相談欄のマニアからの相談文であった。先に、「人間探究」「あまとりあ」は読者投稿誌ではなかったと述べたが、読者が唯一投書することができたのが性愛相談欄であった（ただし、後述するように、掲載された相談は雑誌に送られたものとは限らない）。性愛相談・身上相談は、「夫婦生活」「奇抜雑誌」、そして新聞などにも掲載されていたが、多くは一つの悩みにつき半ページ程度の短問短答であった。しかし「人間探究」と「あまとりあ」は、比較的長文の相談文を掲載しており、とりわけ狭義の変態性欲に関する相談文は長い傾向があった。このような長文の相談は、実質的にはマニアの性愛告白になっており、「奇譚クラブ」の告白手記と類似性をもっていた。

例えば、「人間探究」通巻第十二号（一九五一年五月号）掲載の、「私は畜生道に墜ちたのか」というタイトルが付けられた相談は、多くの男性マゾヒストに語り継がれることになる伝説的な相談であり、「奇譚クラブ」のほか、後代のSM雑誌でも言及がある。そのほか、「人間探究」一九五一年十月号掲載の、「続々　異常性愛者の嘆き」で取り上げられている「奇怪なマゾに陥った事件」の相談主は、「奇譚クラブ」一九五二年十一月号に嶽収一の筆名で現れ（「少年矯正院体験記」）、以後、「人間探究」で語った自身のマゾヒスティックかつ同性愛的な欲望を「奇譚クラブ」「風俗奇譚」などで長く書き続けることになる。そのほか、前述の「あまとりあ」掲載のK・S「暗い欲望」は沼正三に絶賛され、これをきっかけに「K・S」＝黒田史朗こと天野哲夫は、「あまとりあ」の廃刊後「奇譚クラブ」に活動の場を移す。かつて「あまとりあ」や「人間探究」に相談文が掲載されたことがある、という声は「奇譚クラブ」の「読者通信」欄にも時折みられる。[28]

このように、「人間探究」「あまとりあ」「奇譚クラブ」の読者は重なっており、雑誌の特徴を慎重に踏まえたとしても、読者層として雑誌ごとに像を描くことは簡単ではないことがわかる。さらに、相談主には本物のマニアが含まれ、彼らがのちに「奇譚クラブ」の書き手になっている複数の例から、彼らの相談文執筆の動機が告白手記執筆のそれと類似的であったことも推測される。しかし、彼らが「奇譚クラブ」で執筆したものはもちろん相談ではなく、ポルノとしての用も十分に果たすエロティックな告白手記・小説などであった。この事実は、研究誌に掲載された狭義の変態性欲の相談の取り扱いの難しさを示す。つまりこれらの悩みは、「性愛相談」という形式によって生み出されている側面があるということである。

当時、「奇譚クラブ」を除いて、マニアが自身の欲望を語る際の語りの形式は「悩み相談」しかなかった。そのため、彼らはその形式を採用している。もちろん相談文の書き手が語る悩みはある程度事実を反映していると思うが、悩みの解決がどの程度真剣に求められていたかという点を考慮しなくてはならないだろう。悩みの解決以外の目的、例えば、自身の欲望をとにかく語りたい、仲間を見つけたいといった欲望も強く存在したからこそ、彼らはのちに「奇譚クラブ」にも投稿するようになるのである。

このように、研究誌の相談文と「奇譚クラブ」の告白手記は、形式は異なるものの、読者、とりわけマニアの読者にとってかなりの類似性をもっていたと考えられ、第一世代雑誌の共通点はおそらくこの点にある。三誌は、形式的には娯楽誌と研究誌という全く違う外見を有し、誌面構成も全く異なっていたし、そもそも性に関する科学的研究の読物というだけなら、「夫婦生活」をはじめ同時代の出版物に多く見いだすことができる。それはまさに高橋鐵らが、多くの雑誌・新聞に書きまくっていたからである。この三誌に唯一共通していたのが、形式は異なっても、狭義の変態性欲者の告白手記を長文で掲載するという一点である。分量・頻度ともに「奇譚クラブ」が「人間探究」「あまとりあ」を圧倒してはいたが、それでも当時のマニアは、わずかな記述を求めて「人間探究」「あまとりあ」も基本的に読んでいた。この点から、本書では、マニアの告白手記の掲載こそが、読者にとっての第一世代雑誌の共通点であったと考えたい。

「奇譚クラブ」の商業的成功以降、緊縛絵やマニアの告白手記を掲載すれば雑誌が売れることが了解されたと考えられ、模倣誌が多く誕生したが、これら掲載の告白手記は「奇譚クラブ」では「偽物」「売文家の創作」と厳しく批判されている。「マニヤ自身が書いたと信じられる告白手記」とは、具体的にどのようなものだったのか。「奇譚クラブ」一九五二年十一月号掲載の小田利美「誌上雑感」には、以下のようにある。

> 九月号の「倒錯の告白」は面白い。人はたいてい、此の告白集にある何れかに似た想い出や経験を持つているものだから、身近に感じるわけだ。
>
> （「誌上雑感」八八ページ）

小田利美は、当時多くの雑誌で挿絵を担当していた画家であり、のちにＳＭ雑誌・ゲイ雑誌で活躍することになる人物である。[29] 九月号の「倒錯の告白」とは、「奇譚クラブ」一九五二年九月号の巻頭特集であり、八本の告白手記が一挙に掲載されたものである。小田は、マニアは告白手記に「似た想い出や経験」をもっていて、内容を身近なものとして受け止めるとする。これは当たり前のようでいて、当時全く当たり前ではなかった。当時、狭義の変態性欲者は、潜在犯罪者か精神病者と見なされていたため、「売文家」が執筆した告白手記には、狭義の変態性欲者は凶悪な犯罪者や異常者として登場し、犯罪的な実践・妄想を語るという内容の読物が多かった。[30]「奇譚クラブ」に集ったマニアの多くは自らを犯罪者とは考えていない人々であるから、このようなモンスター化された変態性欲者像に共感を抱くことは当然ながらできない。

「人間探究」や「あまとりあ」に掲載された、相談文以外の専門家による狭義の変態性欲記事も、犯罪や社会の退廃などを変態性欲と結び付ける内容のものが多い。このような告白手記や研究記事が「売文家の創作」と見なされたと考えられる。

「売文家の創作」記事は大量に存在したがゆえに、一般の読者にとっても飽きのくるものであり、オリジナリティのあるマニアの告白手記は、読者をマニアに限定しない雑誌においても商業的に重要であった。したがって、「奇譚クラブ」の成功以降、ほとんどの戦後風俗雑誌は「読者通信」欄のようなものを設けたり、原稿募集広告を掲げたりして、読者からの投稿を募るようになる。これは、そもそも須磨が「奇譚クラブ」で用いた手法であり、マニアの投稿文を様々な形式で「誘い水」として載せることで、読者のなかからマニア作家を発掘しようとするものである。初期「奇譚クラブ」にはおそらく須磨が書いたと思われる一人称の告白手記、マニア読者からの便りが掲載されており、須磨が別雑誌に関わるようになった際にも創刊号に同じ手法が確認できる。のちの時代に活躍するSM小説作家・挿絵画家はほとんどみなこの方法で見いだされた。

しかしこのようなマニア自身の投稿原稿は、早期にマニア向けの誌面作りをしていた「奇譚クラブ」に長い間集中した。「奇譚クラブ」は早くから当事者の告白風の記事を多く掲載しており、科学を標榜して当事者を観察素材として扱う姿勢もみせなかった。早い段階で、後発誌が試みても追いつけないほど確固たる地位を確立していたと考えられる。誌面すべてを投稿原稿で構成し、さらには最盛期で十ページ以上にものぼる「読者通信」欄を置くことができた雑誌は「奇譚クラブ」のみであり、これは他誌が簡単に模倣することができない至難の業だったと考えられる。投稿数の多さは誌面の質を上昇させ、ますます多くの投稿を生み出すことに貢献した。

投稿原稿を入手できない、「奇譚クラブ」以外の雑誌が告白手記の入手経路として頼ったのは、高橋鐵だと考えるのが妥当である。「人間探究」も「あまとりあ」も創刊号から性愛相談を掲載しており、これらは当然雑誌自体に投稿された相談であるとは考えられない。「人間探究」創刊号では、高橋鐵が「性行為に於ける表情の研究」のなかで相談文を引用の形式で紹介しているほか、「特集・独身時代の性教室」には大量の相談が掲載されている。これらは、「筆者に寄せられる様々な相談」という注記があり相談の手紙をもとにしているとされるが、「筆者」が誰かは記されていない。回答者も無記名であり、特集内に記名記事を寄せている西村伊作かとも思われるが、相談内容は自慰や包茎についてなどかなり医学的な内容であり、文化研究・教育者である西村に送る手紙としてはそぐわない。回答者は自身を「精神分析者」と述べているので、回答者および「筆者」は高橋鐵と考えていいはずである（「特集・独身時代の性教室」八五ページ）。告白手記も一編掲載されているが（瀬川貞彦「私のヰタ・セクスアリス」、「発表公開を予期せず綴られたもの」と注記していて、高橋に持ち込まれた手記と考えても矛盾はない。「あまとりあ」にK・Sこと天野哲夫の告白手記が掲載されていることはすでに述べたが、天野は同時期、高橋鐵の自宅に通っていた(31)。天野の原稿掲載に高橋が関与していたことは明らかである。このほか、創刊以来、高橋鐵の原稿とともに性愛相談を掲載していた「人間探究」では、高橋鐵が誌面に現れなくなる通巻第二十七号以降、性愛相談を掲載しなくなる。この点も傍証となるだろう。

高橋は『あるす・あまとりあ』のヒット以降、斯界の権威と見なされていた。当時、高橋の家には全国から多数の手紙が届いていたと彼はしばしば書いている。彼は自宅でこれらの人々に「セックスカウンセリング」をおこなっており、これを通じて性についての告白を入手することができた。

カウンセリングは、研究の対象にすることを前提に無料であり、日々多くの人々が訪れていたという。[32]「研究の対象」にすることには、まさに「あまとりあ」や「人間探究」のような「研究誌」に発表することも含まれたはずである。さらに高橋が設立した日本生活心理学会は、その会則として、「客員と会員は、学歴・職歴・性歴・年齢・家族関係等を届け出[33]」ることが義務付けられており、彼はこれらを通じて収集した「性歴」と性の告白を日本生活心理学会の機関誌「生心リポート」に掲載したほか、『人性記――日本インテリゲンチヤ一千名の懺悔録』として取りまとめ、一九五二年に出版している。[34]高橋が入手した告白手記の量は、おそらく医師や研究者よりもはるかに多く、当時の日本で、これほど告白手記を大量に入手できた者は、高橋を除いてほとんどいなかったのではないか。

そうだとするならば、「奇譚クラブ」以外の多くの雑誌に、高橋とその関係者がしばしば名を連ねている理由も理解できる。[35]出版社・雑誌を問わず、性愛相談として掲載された長文の手記はほぼすべて高橋が提供していたと考えられ、だからこそ高橋は性愛相談を掲載したい多くの出版物に絶大な影響力をもったと考えられる。性愛相談は、高橋だけが用いることができた当事者の語りを運用するメディアであった。先行研究では、性愛相談は当事者の生の声として、「奇譚クラブ」の「読者通信」欄に対応するものとして同列に分析されていることがあるが、以上の対応関係を踏まえるなら、これらはむしろ一人称の告白手記に対応するとみるべきである。

4 「科学的」研究と当事者研究

「奇譚クラブ」は先行研究において、「あまとりあ」「人間探究」と同様の研究誌だと見なされてきた。この点について、いくつか検討しておきたい。

「奇譚クラブ」には、掲載作品を「研究」と評する投稿が多く存在する。加えて、誌上で活躍したマニアの多くが、研究誌に寄稿した専門家を上回るほどの知識人であったことが影響し、次第に「真面目な文献誌／研究誌」を標榜するようになっていく。そのため、最初から「性の研究」を標榜していたと誤解され、「人間探究」や「あまとりあ」と同類の研究誌と見なされてきた。

しかし村上・石田も正しく指摘するように、「奇譚クラブ」における「研究」は、マニア自身の手記を指していることが頻繁にあり、「人間探究」「あまとりあ」での「研究」とは意味が異なっている（この点は第4章で詳述する）。そのほか、「奇譚クラブ」には、切腹や女相撲の実例を過去の文献や新聞から探し出し考察したりする読物が定期的に掲載され、これらは研究誌の論説記事によく似ている。しかしながら、「奇譚クラブ」に掲載されたこれらの記事は必ず著者自身がマニアであり、自身の欲望に基づく関心からこれらの事例収集をおこなっていた。研究誌にこれらのマニアが研究記事を寄稿することはあっても、その逆のパターン、すなわち研究誌で活躍していたマニアではない専門家の研究記事が、「奇譚クラブ」に掲載されることはほとんどない。この点から、作者自身がマニアであるかどうかは重要なポイントになっていたことがわかる。「奇譚クラブ」の研究とは基本的に当事者研究のことなのである。そして、その研究の動機はアカデミックな探究心や売文ではなく、欲望、とりわけ性的欲望である。

「奇譚クラブ」の作家陣には、ハヴロック・エリス、ヴィルヘルム・シュテーケル、ジークムント・フロイトの著作物など、「人間探究」「あまとりあ」でもしばしば参照された近代医科学的学知を引用する者がそれなりの数存在したことは事実である。本書で取り上げる吾妻新と沼正三もそういった作家であったが、彼らはこれらの学知を権威として受け入れるというより、当事者の感性に基づき批判的に利用していた。彼らはしばしば、学者が正しくサディズムやマゾヒズムを理解しているか、原書にあたることを原則としつつ、どちらかといえば上から目線で論評した。これまでの研究において、医科学的目線に変態性欲者とされた人々がどのように向き合ったのかという問題は、しばしば、圧倒的な権威をもって迫る専門家に対する当事者の「抵抗」というかたちで論じられてきた。しかし、「奇譚クラブ」における、このようにある意味「ふてぶてしい」当事者の姿は、医科学的目線と当事者の関係をより精緻に検討する必要を喚起するだろう。

このほか、村上・石田は、「変態雑誌」での医科学的言説の存在感は、科学を標榜する必要がなくなった一九五〇年代後半には薄れ始め、六〇年代半ばにはほぼ誌上に登場しなくなると指摘する。そして、その例外として、「奇譚クラブ」一九六九年六月号から開設された弓削達人による「S・C・R（性問題相談室）」を挙げている。つまり村上・石田は、「S・C・R」を五〇年代前半の医科学的言説の同類としてとらえ、その残滓とみているわけである。

後述するが、医科学的言説が一九五〇年代後半に減少するのは、科学を標榜する必要がなくなったからではなく、警察の弾圧により、五五年に「奇譚クラブ」以外のすべての戦後風俗雑誌が廃刊になることが理由である。一方、「S・C・R」だが、編集部は、「編集部の長年の懸案であり、近時急速にその必要に迫られていました性問題相談室（Sex Counselling Room 略称S・C・R）を開設致しました」[36]とその開設主旨を説明している。「長年の懸案」であり、「近時急速にその必要に迫られて」いた問題とは何か。六九年は、SMバーや愛好者サークルが増え、のちのSMクラブに相当するような店もオープンしていた時期である。つまり、空想だけではなく、相手を見つけ、実践する人々が増えており、誌面にもかなり頻繁に実践の話題が登場するようになっていた。したがって、五〇年代にはそれほど問題にならなかった、実践における様々な面での安全性が問題として浮上していたと考えられる。編集部が抱えていた「懸案」とはこのことであろう。解答を担当した「医学博士」・弓削達人は、どうもこの意図をあまり理解していなかったらしく、村上・石田も指摘するように、相談者のセクシュアリティを病理として解説し、治療法を示そうとしていた。しかし、だからといって、「S・C・R」を五〇年代前半の性愛相談の復活ととらえることはできない。失敗に終わったものの、「S・C・R」はのちのSM専門誌やゲイ専門誌に登場するような、プレイ技術や安全への配慮を指南・解説するコーナーの走りと位置付けるほうが適切である。

このほか、戦前の変態関係出版物からの影響を指摘する見解もある。梅原北明を中心とする戦前の軟派出版を検討した大尾侑子は、戦後の状況についても論じ、「奇譚クラブ」には「梅原北明一党」との「さまざまな奇縁」があると指摘する。[37]「梅原北明一党」とは、一派とも言い換えられているが、梅原が主宰した出版社、文芸市場社・文芸資料研究会の編集部関係者のことである。[38] これらは、戦前に「変態」を冠した書籍を多く刊行し、当時の変態ブームに一役買った出版社である。「人間探究」「あまとりあ」の常連執筆者だった斎藤昌三、藤沢衛彦、丸木砂土などは、戦前はこれらの出版社と深い関わりがあり、したがってこれら研究誌と「梅原北明一党」に関連があること自体は通説的理解といえる。しかし、「奇譚クラブ」に関しては執筆者の重複はほぼない。もし「奇譚クラブ」と「梅原北明一党」との間に影響関係があるとすれば、それは「奇譚クラブ」が研究誌的要素をもっていることを意味する可能性がある。

大尾は、「奇縁」や「痕跡」という言葉を用い、直接的に「奇譚クラブ」と梅原北明関係の人々のつながりを明言しようとはしないのだが、結論で、「北明一派に影響を受けた『奇譚クラブ』」「『奇譚クラブ』には、しばしば梅原北明一派の痕跡を見ることができる」（『地下出版のメディア史』三四三、三四四ページ）などと記したりしている。「人間探究」「あまとりあ」という、執筆陣にも内容にも明確に梅原北明関係者との連続性が見いだせる同時代雑誌を取り上げず、「奇縁」というあいまいな表現で「奇譚クラブ」に散漫に言及する大尾の意図は筆者にはよくわからない。一方で大尾は、「奇譚クラブ」と梅原北明らの文化には大きな差異があったとも述べている（同書三四三ページ）。このように、大尾が「奇譚クラブ」と梅原一派との関係をどのようにとらえているのかは明瞭に読み取れない。しかし、真に単なる「奇縁」であれば「あまとりあ」などを差し置いて「奇譚クラブ」にこれほど言及する必要はないため、何らかの関係性を想定していると考えざるをえない。[39]

実際に、すでに多数出ている同書のレビューや、大尾に依拠する研究では、「奇譚クラブ」を梅原北明の「水脈」に属する雑誌だと受け止めているものがある。(40)そのため、筆者が理解する限りでの、大尾説の検討をおこないたい。

大尾が「奇譚クラブ」と梅原北明一派とのつながりを示す根拠は不明瞭であるが、おそらく、「奇譚クラブ」創刊号の表紙が、梅原創刊の雑誌「グロテスク」の模写であること、梅原に言及する記事が一九六五年に存在することを主な根拠としていると思われる。なお、大尾が、「以上のように、『奇譚クラブ』には、しばしば「梅原北明一派」の痕跡を見ることができる」と記す前段では、「奇譚クラブ」も梅原北明らと同様に弾圧を受けたといった趣旨の記載があるが、弾圧を受けた事実自体は両者の影響・連続関係を示す根拠とはならない。当時弾圧されていたのは「奇譚クラブ」だけではなく、多数の「エロ雑誌」、児童向け雑誌、漫画、映画など多岐にわたるからである。

加えて、大尾が「奇譚クラブ」に対する弾圧と、梅原らへの弾圧を結び付ける根拠史料は、鬼山絢策「変態賛美論」(「奇譚クラブ」一九五四年三月号)であり、大尾は同記事から、「戦前の珍書屋と同じく、彼らもまた大きな弾圧に直面したのである」という結論を導き出している(三四三ページ)。しかし、鬼山の記事は、マニアの同志に向けて、法律を犯さず、道理や程度をわきまえた同意のうえでの実践であれば、変態性欲を恥じることはない、と主張する内容であり、世間の人々の偏見を批判してはいるが、「奇譚クラブ」に対する弾圧については全く言及されていない。雑誌に対する言及としては、まさに大尾が引用している箇所であるが、「アブノーマルを扱う雑誌」のうちの、「雑誌が売れさえすればよいと言う態度のもの」を批判し、それらの雑誌と「奇譚クラブ」

との相違を強調する主張のみである（三四二―三四三ページ）。これは他誌の批判であって、警察の取り締まりを云々するものではない。

次に「奇譚クラブ」の創刊号表紙が「グロテスク」の表紙を模写しているということについて。この事実は、「奇譚クラブ」創刊時、吉田稔の手元に「グロテスク」の当該号があったことを確実に意味するだろう。雑誌出版のノウハウが初めからあったとは思われない吉田が、手持ちの「グロテスク」を参考に雑誌を作ったことも十分に想定できる。しかし、それだけでは、影響・連続関係を主張する根拠としては不十分である。雑誌の編集方針は変化していくものであることに加えて、一九四七年は、出版業を開始するにあたって、何らかの理想を実現するよりも、日々の生活の糧にすることが重視されている時期だと考えられるからである。そもそも、四七―四八年の「奇譚クラブ」の表紙はほとんどが何かの模写であると考えられる。大尾は指摘していないが、「奇譚クラブ」一九四八年五月号表紙も、「猟奇」創刊号裏表紙に掲載された若草化学の化粧品広告の模写である。[41]

表紙に着目すれば、「奇譚クラブ」の表紙は、須磨利之が編集に加わったのち、須磨の手による女性のバストアップイラストに変わる。これは当時の大衆誌の一般的傾向に沿うものである。さらに、創刊から四年半後の一九五二年六月、「奇譚クラブ」はB５判からA５判にリニューアルし、表紙を「LA VIE PARISIENNE」の表紙や掲載イラストの流用に変更する。「グロテスク」と異なり、「LA VIE PARISIENNE」のイラストは十年以上使い続けられている。では、「奇譚クラブ」は「LA VIE PARISIENNE」の「水脈」を受け継いでいると評価できるかといえば否である。吉田がフランス語を解した形跡はないし、「LA VIE PARISIENNE」のイラストは、須磨と吉田が闇市で偶然に入手したものだという。[42]

次に、大尾が引用する「奇譚クラブ」一九六五年八月号掲載の久我庄一「風俗文献出版史上の異端児!!「人間、梅原北明伝」試作メモ」であるが、大尾はこの記事を「ここまで顕在化することのなかった北明一派の愛読者による声、そのリアリティの一端が垣間見える資料」とする。そもそも一九六五年は時期が下りすぎており、これほど隔たった時期に「北明一派の愛読者」が誌面に現れたことが直ちに「奇譚クラブ」と梅原一派との影響関係を証明することにはならない。これに加えて、作者の久我は同記事で、自身は古くからの「奇譚クラブ」の読者ではなく、もともとは「あまとりあ」の愛読者であり、「奇譚クラブ」は「今年のはじめ」(一九六五年)になって初めて入手したと述べている。[43] したがって、大尾が論じている四七―五〇年代の「奇譚クラブ」とは関係がなく、史料として不適切である。また大尾は、久我が述べる「オーソドックス」という言葉を、「梅原北明一党の風俗文献出版」だと解し、久我が「奇譚クラブ」にそのような路線を期待したと解釈している。しかし、久我は、「ぼくは、どちらかと言うと、風俗文献を研究する意味では〝もっぱら読んで楽しむ〟オーソドックスな方だが」と書いている(一一七ページ)。この「オーソドックス」は、風俗文献研究において「もっぱら読んで楽しむ」という態度を指しているのであって、風俗文献出版における正統性に関するものとは解釈できない(一一七ページ)[44]。大尾の史料解釈は、記事の「拾い読み」による誤読というべきである。

さて、「奇譚クラブ」を実際に手に取ってめくってみれば、梅原北明を意識したと見なせる記事は、久我の記事よりも適切なものがいくつかある。一つ挙げれば、一九六五年十月号掲載の木戸川健「小説 箕田京二」では、冒頭に黒枠で囲まれた「奇譚クラブ死亡広告」が掲載されている（一九八ページ）。これが、梅原が自身の雑誌「グロテスク」が発禁になった際に新聞に掲載した「「グロテスク」死亡広告」をまねたものであることは明白である。

しかし筆者は、「奇譚クラブ」に梅原およびその関係者からの影響や連続性があるとは考えない。なぜなら、「奇譚クラブ」にみえる先行雑誌、性読物への言及や模倣は、何も梅原の刊行物に限らないからである。梅原系統とは異なる戦前の雑誌、武侠社刊行の「犯罪科学」掲載図版も流用されているし、オーストラリアで創刊されたフェティッシュマガジン「BIZARRE」掲載のジョン・ウィリーのイラストは特に頻繁に流用されている。このような模倣・流用はおそらく当時の多くの雑誌にみられるはずである。

もちろん、激しい弾圧にさらされた「奇譚クラブ」編集部が、発禁王と称された梅原に共感を抱いていた可能性は十分にある。久我の記事が掲載された一九六五年は、再び弾圧が強まっていた時期であり、梅原が想起される文脈はある。しかしそれ以上の影響関係、とりわけ戦後直後からの連続的な影響を想定するならば、「影響」の具体的内容を明確にしたうえで、さらなる根拠を見いださなければならないはずである。

小結

ここまで検討してきた内容をまとめたい。まず、第一世代雑誌は、研究誌である「人間探究」と「あまとりあ」、娯楽誌の形式で始まった「奇譚クラブ」に分けられる。前者は性の研究を標榜し、主に異性愛の男女の間の「正常な」、規範に合致する性愛＝ヴァニラセックスに関する「研究」を掲載する雑誌であった。サディズム・マゾヒズム、同性愛など、狭義の変態性欲に関する記事は実はわずかであり、しかも彼らのあり方を狂人・病人・犯罪者と連続的なものと見なす言説を多く掲載していた。後者は逆に、狭義の変態性欲当事者からの投稿原稿を掲載する雑誌であり、専門家不在の、マニアだけの言説空間を構成した。研究誌と「奇譚クラブ」の誌面構成はかなり異なっているが、読者は一部重なっている。その理由は、両タイプの雑誌は、掲載形態は違えども、長文の変態性欲当事者＝マニアの告白手記を掲載する、という共通の特徴をもっていたためである。研究誌では、性愛相談欄の悩み相談文という体裁で、「奇譚クラブ」では、告白手記や小説の形式で自由に掲載された。「奇譚クラブ」がA5判にリニューアルして以降は、外見・価格帯ともにより類似的な存在になったと考えられる。

「奇譚クラブ」では、告白手記は読者からの投稿、研究誌では高橋鐵のもとに集められた性に関する告白・悩み相談が利用された。高橋は、主宰していた日本生活心理学会や、自宅でおこなっていたセックスカウンセリングなど、様々な手段を通じてこれらを入手しており、雑誌の性愛相談欄などで利用した。高橋は、当時、リアルな性の告白を大量にストックしていた非常にまれな人物であり、告白手記を自力で入手することができないほとんどの雑誌にとって重要な人物だった。

当事者の自主的な投稿原稿のうち、狭義の変態性欲に関するものは「奇譚クラブ」に集中した。このことは、「奇譚クラブ」の特別な地位を強く示唆し、現在でも多くの愛読者が「奇譚クラブ」を「唯一無二の雑誌だった」と評することとも整合する。このようなアドバンテージを生み出したのは、マニアに寄り添う雑誌編集の姿勢に加えて、充実した挿絵と多数の告白手記であった。挿絵の点でも、喜多玲子を擁した「奇譚クラブ」は他誌の追随を許さなかった。ただしこの優位は、一九五三年半ばに喜多玲子が東京の雑誌に移ったことによって崩れることになる。しかし、ほかの絵師の努力、そしてそのころすでに多く「奇譚クラブ」に集まっていた知識人層の執筆陣が雑誌を盛り立てたことにより、その後も長くその地位を保つことになる。

注

(1)「人間探究」「あまとりあ」双方に登場する執筆者は(五十音順)、浅田一、伊藤晴雨、岡田甫、押鐘篤、金子準二、斎藤昌三、霜田静志、高橋鐵、武野藤介、竹村文祥、鳴海儀一郎、南部僑一郎、西島實、橋爪檳榔子、花房一郎、原比露志、比企雄三、日夏耿之介、藤澤衛彦、伏見冲敬、正岡容、丸木砂土、峰岸義一、宮尾しげを、宮川曼魚、矢野目源一など。なお、これらの人物のうち、「奇譚クラブ」にも寄稿歴があるのは伊藤晴雨のみ。

（2）木本至『雑誌で読む戦後史』（新潮選書）、新潮社、一九八五年、一八二ページ

（3）例えば、宮尾しげを「男娼と変態性の江戸小咄」（「人間探究」一九五一年一月号）、高橋鐵「性交体位論」（「人間探究」一九五〇年九月号）、伊藤千鶴子「ペニス短小の杞憂を嗤う」（「人間探究」一九五二年十一月号）など。

（4）酒井晃も、「人間探究」は「「科学」によって「性」を明らかにしているのが特徴」であると指摘する。酒井晃「戦後日本における男性同性愛への「寛容」と嫌悪」明治大学大学院博士論文、二〇一六年、二五ページ

（5）ただし、光石亜由美は、戦中の「慰安婦」問題、軍部と癒着した花柳界の隆盛などを踏まえれば、戦後＝性解放という定説は信じがたいとする。そして、ミシェル・フーコーにならい、戦争中に性が抑圧されていたとする言説を「性の抑圧仮説」ととらえる見方を提起する。光石亜由美「「肉体」から戦後を再考する」、坪井秀人編『ジェンダーと生政治』（「戦後日本をよみかえる」第四巻）所収、臨川書店、二〇一九年

（6）岡田甫／武野藤介／高橋鉄／龍潭寺雄／平野威馬雄／押鐘篤／久保社長／中田編集長「おなごり座談会 悪書？ 製造者大いに語る」「あまとりあ」一九五五年八月号、三五九―三六〇ページ

（7）「鐵氏の専門としたのは、彼が有形無形にバックアップした雑誌〈あるす・あまとりあ(ママ)〉（久保書店(ママ)）の誌名が証するように、一般性愛百般について（略）で、私のような、いわゆる〝ヘンタイ〟性欲に関するケースは付録のようなお添え物のテーマでしかない」（天野哲夫「されば人は性、性は人なり」、河出書房新社編集部編『新文芸読本 高橋鐵』所収、河出書房新社、一九九三年、一三八ページ）

(8) 前掲「おなごり座談会 悪書?・製造者大いに語る」三六六ページなど

(9) 「夫婦生活」と「人間探究」「あまとりあ」の相違として、「夫婦生活」はより小説、挿絵、ヌード写真が多く、娯楽誌色が強い点が挙げられる。夫婦の性生活に焦点を当てているため、産児制限の話題もより多い。「夫婦生活」も科学的な視点を強調することがあるが、目次にみえる顕著な違いは、掲載作名や煽り文句が非常に長いということである。例えば、「一服タチマチ悪癖ケロリ!旦那さまと奥さまのクセ直し誌上処方箋」(大山道子/内川欣也)、「強精猛効薬〝X〟五十歳で夢精、四十五歳で娘の若肌!驚異的な濃アミノ酸注射の威力」(寺田文次郎日大教授 医学博士)といった具合である(いずれも「夫婦生活」一九五三年五月号、家庭社)。このような現代の週刊誌やアダルトビデオのタイトルを思わせる説明的なタイトルは、「人間探究」「あまとりあ」にはみられない。

(10) 梅原北明が創立した出版社。

(11) 加藤幸雄「『猟奇』刊行の思い出1 創刊に至るまで」「出版ニュース」一九七六年十一月下旬号、出版ニュース社

(12) 前掲『雑誌で読む戦後史』一八二ページ。なお、木本が関係者の談話をもとに書くところによれば、「人間探究」創刊号および第二号はあまり売れず、そのため第三号は二カ月後の発行になったという(そしてこの第三号が爆発的に売れたという)。しかし、第二号は刊行時からすでに六・七月合併号として刊行されており、第二号自体の売り上げとは無関係に第三号の二カ月後の刊行が予定されていたことがわかる。第一号の売り上げが振るわず、第二号が合併号になり、十分な準備をしたうえで第三号を刊行したというのがありえそうな話ではないだろうか。

(13) 村上隆則/石田仁「戦後日本の雑誌メディアにおける「男を愛する男」と「女性化した男」の表象史」、矢島正見編著『戦後日本女装・同性愛研究』(中央大学社会科学研究所研究叢書)所収、中央大

学出版部、二〇〇六年、五二三ページ

(14)『最高裁判所裁判集 刑事第六三号』最高裁判所、一九五二年、二五ページ

(15)編集子「紙の弾丸」「奇譚クラブ」一九六四年八月号。そのほか、編集子「踊子開陳と春婦検診」(「奇譚クラブ」一九六六年五月号)にも南方で軍政要員を務めていたという記述がある。

(16)濡木痴夢男『「奇譚クラブ」の絵師たち』(河出文庫)、河出書房新社、二〇〇四年

(17)河原梓水「カストリ雑誌時代の『奇譚クラブ』」、石川巧編『戦後出版文化史のなかのカストリ雑誌』所収、勉誠社、二〇二四年

(18)「ブック・ルーム」「出版ニュース」一九五一年十二月上旬号、出版ニュース社、二九ページ

(19)この時期は、「奇譚クラブ」の全盛期とされる時期とおおむね等しい(「昭和二十八、九年頃は発行部数が多くて、女子編集部部員を一名専属に読者通信係として担当させられるだけの経費が捻出できました故、大々的に文通斡旋をやっていましたが、現在では、とてもその人件費の負担には耐えられません」〔「読者通信」「奇譚クラブ」一九六四年二月号、二〇二―二〇三ページ〕、「手紙の転送なんかも、短大出の家原文子さんが読者係として専門にやってくれました。(略)発行部数も今の何倍かありました」〔「KK編集問答」「奇譚クラブ」一九六四年十月号、五八ページ〕)。家原文子の名は実際に当時の「奇譚クラブ」にみることができる。

(20)「LA VIE PARISIENNE」の挿絵は戦前には酒井潔『エロエロ草紙』(〔「談奇群書」第二輯〕、竹酔書房)三三ページなどに流用された例がある。

(21)前掲『「奇譚クラブ」の絵師たち』一四ページ

(22)「あまとりあ」は、一九五五年五月号から「読者通信」(一五四―一五五ページ)を設置するようになり、さらに七月号からは読者からの告白、体験、実話、思い出などの投稿募集を開始する。これは

「あまとりあ」にとって非常に大きな方針転換であり、主導したのは須磨利之だと見なせる。黒田史朗「女の学校」は、以後彼が「奇譚クラブ」や須磨編集の雑誌に寄稿する際の典型的スタイルである「「精神薄弱者」を装って女性に馬鹿にされる」という行動の記録であり、短いものの、「奇譚クラブ」に掲載された告白手記と遜色ない内容である。「あまとりあ」は須磨が関わり始めてすぐに廃刊になったが、継続していれば「奇譚クラブ」路線の雑誌になった可能性がある。

など。

(23) 前掲『「奇譚クラブ」の絵師たち』、河原梓水「飯田豊一(濡木痴夢男)氏の軌跡とその仕事——新出インタビュー原稿によせて」(「立命館文学」第六百七十四号、立命館大学人文学会、二〇二一年)

(24)「あまとりあ」一九五一年二月創刊号、一四三ページ。なお、「SMpedia」には創刊号は三月号という記載があるが、奥付の発行日は二月一日である。

(25)「奇譚クラブ」が狭義の変態性欲を主題とする雑誌に変貌するのは、A5判サイズにリニューアルする一九五二年五・六月合併号からだとする見解が流布しているが、「奇譚クラブ」が告白手記を掲載しはじめたのはそれよりかなり前、一九五〇年ごろである。緊縛や責めの挿絵はこれより少し早く、一九四九年一月号にはすでにみられ、喜多玲子の責め絵の分譲広告も掲載されている。告白手記の内容は、まだ狭義の変態性欲を主眼にしてはいないが、一九五〇年九月号掲載の黒岩光「記録小説 死と真相の遺書 死の淵 箕面の兄弟九人心中」などがそれである。一九五〇年十二月号掲載の愛山久「肉体悲歌」は、「愛欲小説」と銘打たれてはいるが同時に「プロ野球選手の告白」とも記され、一人称の作品になっている。一九五一年十一月号の巻頭特集は「女ばかりの世界を暴く!!」であり、「生々しき女体の生活記録」などの扇情的な煽り文句が並ぶが、内容そのものはのちの「奇譚クラブ」に掲載されていてもおかしくない、一人称の語りをとっている。一九五一年十二月号の巻頭作品である南里文彦「男色天国繁昌記」もまた、作者が第三者の立場から、男色について「観察」したものではなく、当事者の告白を記録したという体裁で、当事者の完全な一人称の語りが掲載されている。鹿島芳江「性的倒錯者訪問記」（同誌）も同様である。このように、五一年段階では、扇情的なタイトルを付けながらも、掲載作自体はマニア自身の語りになっているという、大々的に告白手記を打ち出すまでの過渡期の形態がみえる。

(26) 瀬川貞彦「私のヰタ・セクスアリス」（一九五〇年五月創刊号）、花房一郎「新婚二か月の記録」（一九五〇年七月号）、三宅一朗「検屍官」（一九五〇年八月号）、曾我廼家市蝶（小林由利）「流伝女形系図」（一九五二年八月号）。

(27) 山内和英「暗い平行線」（一九五一年五月号）、川口孝「私の身体は男でなくなったか?」（一九五二年七月号）、木下正夫「我が同性愛傾向の解明」（一九五三年六月号）、小林志津枝「平凡な淫女」（一九五四年二月号）、田沼清「臨時男娼記」（一九五四年三月号）、窪川田鶴子「白昼夢」（一九五四年四月号）、三枝志津子「初夜傷痕」（一九五四年六月号）、K・S「暗い欲望一―八」（一九五四年十月号―一九五五年五月号、全八回）、K・S「幻炎」（一九五五年六月号・七月号、全二回）、黒田史朗「女の学校」（一九五五年七月号）。なお、K・Sと黒田史朗は同一人物であり、天野哲夫である。

(28) 児島輝彦「無題（読者通信）」「奇譚クラブ」一九五四年二月号、二二四ページなど

(29) 田亀源五郎編『日本のゲイ・エロティック・アート vol.1』北島悠司訳、トマス・ハーディ翻訳校正、ポット出版、二〇〇三年

(30) 例えば、「ロマンス生活」一九五二年十一月号（ロマン生活社）の「異常性慾と性技耽溺の心理」特集では、異常性欲として輪姦、殺人淫楽、屍姦などを取り上げ、「犯罪の血を呼ぶ異常性欲の恐ろしさ！狂乱の淫楽を求めて喘ぐ男女の地獄図絵。淫虐の欲情に濡れた肌が描いた悪鬼の諸相！」（八

四ページ）などのキャッチコピーが付されている。
(31) 前掲「されば人は性、性は人なり」
(32) 山本潔「高橋性学裁判とはなんだったのか——経過と意義」、前掲『新文芸読本 高橋鐵』所収
(33) 同論考一一七ページ
(34) 高橋鐵『人性記 第一巻』あまとりあ社、一九五二年。以上は奥付記載の情報だが、同書表紙には「第一巻」のかわりに「日本インテリゲンチヤ一千名の懺悔録」という副題が記され、高橋鐵は著者ではなく編著者となっている。
(35) 例えば南部僑一郎は、「あまとりあ」への執筆契機は高橋による紹介だったと述べている。南部僑一郎「追悼・高橋鐵との四十年——その著書・論文・逸話など」、前掲『新文芸読本 高橋鐵』所収、八三—八四ページ（初出：一九七一年）
(36)「S・C・R（性問題相談室）開設」「奇譚クラブ」一九六九年六月号、一五三ページ
(37) 大尾侑子『地下出版のメディア史——エロ・グロ、珍書屋、教養主義』慶應義塾大学出版会、二〇二二年、三三五ページ
(38) 同書三三一—三三二ページ
(39) なお、『地下出版のメディア史』の誤りについて、「奇譚クラブ」に関係する部分だけ以下に指摘する。①「三十余年にわたり約四百号を刊行し」（同書三三八ページ）→「奇譚クラブ」の発行期間は一九四七年から七五年であり、二十七年五カ月、最終巻である一九七五年三月号の通巻番号は第三百二十五号である。これは臨時増刊号を含めた通巻番号だが、通巻に数えられていない臨時増刊・別冊が十七冊程度ある。②四二六ページ注（51）、四二六ページ注（57）で引用していただいている「(河原 2021)」は、巻末の参考文献一覧に掲載されていない。おそらく拙稿「飯田豊一（濡木痴夢男）氏の

軌跡とその仕事」かと思われる。③巻末年表（四五六ページ）、「奇譚クラブ」五・六月合併号の発売時期は五月となっているが六月である。また同巻末年表および三四一ページに「日本の主権回復（サンフランシスコ条約）によりGHQによる検閲が終了」とあるが、GHQ（連合国軍総司令部）の検閲が終了したのは一九四九年十月である（四五六ページ）。さらに同巻末年表、一九六八年の項に、「九月、「奇譚クラブ」九月号、扉に「本誌自粛の徹底」掲載」とあるが、→九月号は四月号（四五七ページ）。④三三八ページに須磨利之の説明として「当時画家として活動していた」、三三九ページに飯田豊一の説明として「挿絵を手がけた」とあるが、須磨・飯田の回顧録とは齟齬し根拠不明。このほか、刑法百七十五条の表記について、「わいせつ物の頒布販売罪」（一〇ページ）、「わいせつ物頒布販売罪」（三二八ページ）、「わいせつ罪」（四二七ページ）と乱れがある点も本書の論証の精確性に不安を抱かせる部分である。通常は「わいせつ物頒布等罪」もしくは「猥褻物頒布等罪」と記す（「猥褻」は一九九五年改正でひらがなに変更）。以上は初版の記載に基づいている。二刷以降で修正されていれば無駄な指摘だが、ご寛恕願いたい。

(40)「奇譚クラブ」の歴史的位置付けを検討した朴秀浄は、大尾の見解を継承するかたちで、「奇譚クラブ」にも梅原らと同じく「高尚なエロティシズム」を志向するという方向性があったとする。朴秀浄「전후 일본의 풍속잡지『기담클럽（奇譚クラブ）』의 가능성과 한계（戦後日本の風俗雑誌『奇譚クラブ』の可能性と限界）」「日本文化学報」第九十五号、韓国日本文化学会、二〇二二年

(41)「龍之巣」（http://ryunosumika.blog.2nt.com/blog-entry-1.html）［二〇二三年十二月二十八日アクセス］

(42) 前掲『「奇譚クラブ」の絵師たち』一四ページ

(43) 久我庄一「「奇ク」に期待するオーソドックス路線」「奇譚クラブ」一九六五年四月号、一三四ペー

ジ

(44)『地下出版のメディア史』は、梅原北明の活動期間から一九七〇年代までという長期間を見通そうとしており、その意欲は評価したいが、分析概念の精緻さ、史料読解の正確性、論理的整合性において疑問を感じる点が少なくない。例えば、同書は戦前の軟派出版を主として論じているにもかかわらず、同書冒頭では戦後のカストリ雑誌に関する七〇年代の回顧が引用され、そこに「高級な」カストリ雑誌と「低級な」カストリ雑誌を区分する認識があることが指摘されたうえで、エロ・グロ関係のメディアを「十把一絡げに「低俗」なものとみなし、「高級／低級文化」という図式にはめ込むことの問題性」が批判されている（九ページ）。カストリ雑誌に高級と低級なものがあるという見方は、木本至をはじめとする先行研究の基本的な論調であると筆者は理解しているため、大尾には、どの先行研究がカストリ雑誌を十把一絡げに低俗と見なしているのか明示してほしいが、より大きな問題は、このカストリ雑誌における高級／低級の区別が、その後なんの留保もなく梅原北明らの出版活動に接続されることである。両者は時期が全く異なり、業態も、出版に際して考慮される法律も全く異なっているので、「エロ・グロ」というテーマの共通性があったとしても同列に論じることは軽々にはできないはずである。「地下出版」「秘密出版」という語の解釈、合法・非合法の線引きについても、根拠とされている史料を読む限り恣意的な解釈である。いくらしばしば発禁になっているからといって、納本され公刊物として出版された書籍を「地下出版」物のように扱うことには納得がいかない。すでに本書で指摘したように、史料解釈も不適切と見なさざるをえないものが多い。それはなぜかといえば、当時の出版物に表れる言葉が、いかなる背景と意図をもって発され、どのような経緯をたどって記録されているのかという視点から書かれたものの意味を検討するという手続きが全くなされていないためである。例えば、梅原北明の同時代の評価を論じる際に、梅原刊行の雑誌に掲載された、梅原に近しい人物（志摩房之助）の証言、つまりお世辞や身内びいきが多分に含まれるであろうものが用いられたり（八―九ページ）、多くのカストリ雑誌に共通する編集後記の決まり文句を雑誌固有の姿勢として論じたり（二五ページ）といったことがなされている。引用史料がほとんど論証の根拠になっていない箇所も散見される（三一―三二ページなど）。逆に、筆者の目から見て、十分参照に値する「猟奇」創刊者・加藤幸雄のインタビュー（前掲「『猟奇』刊行の思い出」など）や、重要な先行研究である石川巧「占領期カストリ雑誌研究の現在」を、「猟奇」およびカストリ雑誌の分析において参照しない点も不可解である。以上の諸点を考慮し、現段階で大尾が主張する概念・歴史観に信頼を置くことはできないため、本書では大尾説に依拠することはしない。

第2章　第二世代雑誌と弾圧
――「風俗草紙」以後

はじめに

戦後風俗雑誌の第二世代として位置付けられるのは、④「風俗草紙」、⑤「風俗科学」、⑥「風俗クラブ」、⑦「風俗双紙」である。結論から述べれば、これらは一九五三年から五四年に集中して創刊されており、第一世代、とりわけ「奇譚クラブ」の成功を受け、いわば二匹目のどじょうを狙って創刊された模倣誌と見なすことができる。

第二世代の雑誌はまず「風俗草紙」が「奇譚クラブ」を模倣して創刊され、商業的成功を収める。その後創刊された雑誌は原則として「風俗草紙」を模倣しているが、「風俗草紙」の模倣元が「奇譚クラブ」であるため、これらの後発誌は「奇譚クラブ」の特色を多く受け継いでいる。「風俗科学」だけは創刊時に研究誌を標榜していたが、一九五四年二月号から研究誌路線を放棄して「風俗草紙」の模倣誌になる。しかし第一世代・第二世代の雑誌群は、警視庁の「エロ・グロ雑誌」取り締まり強化策によって壊滅的打撃を被り、「奇譚クラブ」以外の雑誌はすべて廃刊となる。以下、雑誌ごとに創刊状況や誌面構成を検討したのちに、警視庁の取り締まりの影響を明らかにする。

1 「風俗草紙」とその模倣誌たち

「風俗草紙」は、「奇譚クラブ」編集部で活躍した須磨利之の力を借りることで創刊された、「奇譚クラブ」の模倣誌である。したがって娯楽誌ということになるが、研究誌の特徴を一部受け継いでいる。

出版元の日本特集出版社の住所は日本文芸社の住所と一致するため、日本文芸社が「風俗草紙」を創刊するために作った別会社だと考えるのが妥当である。日本文芸社代表の夜久勉と須磨は親しい間柄だったという証言がある。[1] 須磨は一九五三年前半に曙書房を退社し、「風俗草紙」は同年七月に創刊される。創刊号の巻頭には喜多玲子名義の須磨の緊縛口絵が大々的に掲載され、喜多名義の手記までもが掲載されている（「悦虐の部屋」）。研究誌の「資料」路線を示す西洋画と緊縛口絵の分量は同程度である。巻頭だけでなく、中身にも掲載作に即したエロティックな挿絵、とりわけ緊縛イラスト・写真が多く掲載され、挿絵は非常に充実している。女性名の作家も喜多玲子を含めて八人みえ、「手記特集」が組まれ、マニアの告白記事を多数掲載している（これらには須磨が執筆したとおぼしきものが多い）。記事のすべてが狭義の変態性欲を扱っているとまではいえないが、ヴァニラセックス記事は目次掲載の三十三本中九本にとどまり、一本ごとの分量も少ない。マニア向け記事とヴァニラセックス記事はほぼ交互に配置されていて、意図的なものを感じさせる。

読者投稿誌ではまだないが、創刊号でありながら、読者からの便りを随所に掲載し、園村恵子「レスボス通信」、藤井晃「そどみあ通信」などで同好者の投書を呼びかけている（これらもおそらく須磨が創作した誘い水である）。さらに、八七ページには、「原稿大募集！」として「手記、告白、文芸、愛読者通信、レター交換」を募集、一枚百円から二百円という原稿料まで記している（「奇譚クラブ」の原稿料は、一九五九年で百四十五円程度[2]）。このように、「風俗草紙」は「奇譚クラブ」系統の告白手記を集めようとする姿勢が顕著であり、誌面の特徴も多く踏襲していることから模倣誌と見なしうる。かかる戦略は須磨の発案だとするのが妥当であり、このことは、奥付に名はなくとも、須磨が雑誌創刊に深く関与していたことを示すものである。須磨が最終的に「風俗草紙」を「奇譚クラブ」のような読者投稿誌にすることを目指していたかは定かではないが、少なくともこのような誘い水によって、マニア向けの作品を生み出せる作家を発掘しようとしていたことは明らかである。[3]

須磨関与の傍証として、「特集雑誌オール実話」一九五三年六月特別増刊号裏表紙掲載の「風俗草紙」創刊号予告を挙げたい。予告における目次内容情報は実際の創刊号と大きく異なっており、特集Ⅰ「現代風俗の病癖」は創刊号にも存在するが、特集Ⅱ「現代のサヂズムの真理と風俗」、特集Ⅲ「青白きセックス同性愛に悩む人々のために」、「対談・ポルノグラフィも芸術である！」はない。そして、予告にはない「手記特集」が新たに組まれている。すでに喜多玲子の名は上がっており、「ソドミニスト通信」「S通信」（おそらくサディズムのSではなく女性同性愛のエスの意）も予告されているが、特集ⅠからⅢおよび対談は、どちらかといえば「奇譚クラブ」より研究誌や「夫婦生活」系の誌面構成であり、ありきたりといわざるをえない。つまり、「風俗草紙」は、この段階では特に個性のない雑誌として構想されているが、その後平凡な特集が解体され「手記特集」などの「奇譚クラブ」寄りの誌面に組み替えられ、「ソドミニスト」や「S」という、やや違和感のある名称が適切なものに修正されて創刊されているといえる。このような修正が可能な人物は、当時、須磨を置いてほかには考えがたい。

石川巧は、「風俗草紙」の編集方針を、「一般読者を排除することで雑誌の価値を高めようとした[4]」、つまり、マニアだけを読者として想定した編集をおこなったとみている。確かに「風俗草紙」は、マニアだけを読者に想定していた「奇譚クラブ」を模倣している。しかしながらその一方で、専門家・著名人によるヴァニラセックス記事を載せてもいる。ヴァニラセックス記事は、マニアにとって全く読む価値がないものであるばかりか、彼らにとって攻撃的・差別的であることも往々にあった。そのため、マニアのみを読者として想定した場合には載せるべきではない種の記事である。ではなぜ、ヴァニラセックス記事が掲載されていたのか。当時「奇譚クラブ」に寄稿し、「風俗草紙」の創刊を目の当たりにした濡木痴夢男は、「風俗草紙」編集長・氏家富良の考えについて以下のように推測している。

「無名」の画家、作家ばかりで内容を整えることに不安があったのだろう。実話風俗娯楽誌のベテラン編集者として彼と交流のある「著名」な執筆者を、目次に並べた。すなわち、高橋鐵、武野藤介、三谷祥介、正岡容、三宅一朗、岩堀光、日夏由紀夫、龍胆寺雄、藤沢衛彦、斎藤昌三、平野威馬雄、原比露志、式場隆三郎、矢野目源一などなどである。

こういう顔ぶれをみただけでもマニアは反発をおぼえるのだが、この雑誌の編集長はそんなマニア心理を知らない[5]。

図5　「風俗草紙」1953年9月号

真実は不明だが、濡木の推測は妥当なように思われる。「風俗草紙」編集部は、須磨に全面的に編集を任せるのではなく、専門家・著名人の著作を誌面に残させた。付け加えるなら、マニアだけを読者として成功した雑誌はこの時点では「奇譚クラブ」だけであり、その編集方針をとれば売れると確信することはできなかったはずである。告白手記を一本掲載した「人間探究」創刊号の売り上げも芳しくなかった。そのため「風俗草紙」は、マニアのみではなく、より広い購読層を想定した誌面作りをおこなったといえる。「風俗草紙」は「内外タイムス」に広告も打っており、これは「夫婦生活」や「あまとりあ」と同様の宣伝方法である。これらの雑誌と同様に、一般読者層を取り込もうとした戦略の一環と見なせるだろう。

濡木が挙げているような、専門家・著名人が寄稿していることで、「風俗草紙」は研究誌の特徴ももつことになった。しかし、研究誌的なイメージは打ち出されていたわけではない。「風俗草紙」のキャッチコピーは「新しい風俗文化雑誌」であり、従来これは「性の研究」を標榜するものだと見なされてきたが、「新しい」と「風俗文化」という言葉自体には「研究」は含意されていないはずである。むしろ「風俗草紙」は、「特集雑誌オール実話増刊」誌として創刊されており、娯楽雑誌の系統を標榜しているとさえいえる。「奇譚クラブ」のような緊縛写真・口絵とエロティックな挿絵は研究誌としては掲載できないこともすでにみたとおりである。通巻第二号の「編集後記」にも、「暑熱に倦み、そこはかとなく猟奇を求める紳士淑女諸君の一夜の好伴侶となって、本誌が多少とも空想の悦楽、美の妄想を授け得れば幸せです[6]」とあり、やはり娯楽誌としての姿勢を打ち出している。

「風俗草紙」は、須磨利之という「奇譚クラブ」の顔だった絵師であり、まぎれもないマニアでもある人物が関与し作った雑誌である。おそらくマニア以外の読者の目には、「奇譚クラブ」と「風俗草紙」は非常によく似た雑誌と映ったはずである。しかし、「奇譚クラブ」読者の一部が「風俗草紙」から受けた印象はそうではなかった。引き続き濡木の回想を参照したい。

臨時増刊号の広告の一部を抜粋してみる。

「平凡な刺戟に飽きた現代の猟奇家に満々たる自信を持って贈る豪華絢爛の秘蔵版！ムッと鼻をつくヨニの臭気にも似た変態性慾の異臭！」

とある。

マニヤの孤独な心を理解し、慰め合い、いたわり合うというような姿勢は、どこにもみられない。「風俗草紙」という雑誌の営業姿勢がまざまざと浮かびあがっている広告文である。（略）この広告文の中で、マニヤは「見世物」にされている。(7)

これは、「内外タイムス」一九五三年十二月十六日号に掲載された「風俗草紙」の広告に対する濡木の印象である。濡木は高橋鐵を非常に嫌っており、「風俗草紙」を高橋が関与した雑誌と見なしていた節があるため、この見解はやや割り引いて受け止める必要がある。(8) しかし広告内で、変態性欲を「鼻をつくヨニ〔女性器〕の臭気」「異臭」などの言葉を用いて表現している事実は重いだろう。実際に、「風俗草紙」はこの時期の「奇譚クラブ」にはほとんどみられない、犯罪と狭義の変態性欲を結び付ける記事を掲載しており、マニアに寄り添う姿勢とはいいがたい編集方針がうかがえる。「奇譚クラブ」のファンサイトを運営するくろねこ氏は、「奇譚クラブがどちらかといえば学究肌の生まじめさを持っていたのに対し、風俗草紙はスケベとしてのSMを臆面もなく扱うえげつない雑誌でした(9)」と回想している。後述するが、伊藤晴雨が「風俗草紙」を厳しく評価していたことも踏まえれば、外見はよく似ていても、「風俗草紙」は「奇譚クラブ」とは立ち位置を異にする雑誌だとマニアには受け止められた可能性が高い。

しかしこのような、読者をマニアに限定せず、むしろマニアを客体化する姿勢が、マニア以外の一般読者を多く呼び込んだことはありうることである。「風俗草紙」は、「おそらく爆発的に売れたのではないか」と濡木は回顧している（前掲『「奇譚クラブ」の絵師たち』一〇九ページ）。号を重ねるごとにページ数が増加し、一九五三年十二月には、B5判・三百三十四ページで五百円という高額な臨時増刊号（通常号は百円）を発売していることからも、売れ行きが好調だったことが察せられる。この臨時増刊号について「出版ニュース」一九五四年三月下旬号では「えらい売れゆきだったようで」とされている（一八ページ）。「風俗草紙」の商業的成功は明らかであり、第一世代の戦後風俗雑誌、とりわけ「奇譚クラブ」にとっては非常に強力なライバル誌となった。「奇譚クラブ」は「風俗草紙」創刊までは一冊百七十八ページ前後だったが、一九五三年十二月号は二百六ページ、一九五四年三月号は二百二十六ページと次第に増ページしていき、同年十二月号で三百十六ページになる。「風俗草紙」に対抗しての措置と見なせるだろう。既述のとおり、「あまとりあ」もこれ以降ヌードグラビアを掲載するようになる。

「風俗クラブ」

「風俗クラブ」は現在二号しか存在が確認できていないが、[10]「奇譚クラブ」「風俗草紙」の影響が顕著な雑誌である。まず、雑誌名のレタリングが「奇譚クラブ」と酷似しているし、創刊号の口絵と扉絵には、「奇譚クラブ」掲載の都築峯子の絵の影響が明らかに見て取れる。創刊号から「まにあ通信」として読者投稿を掲載している（ただし、内容は性愛相談であり、精神医学の用語を用いた応答が付されている）。さらに「あぶ」や「そどみや」など、マニア目線の用語を用いている。「あぶ（アブ）」は「アブノーマル」の略語として「奇譚クラブ」で使用されはじめ、マニア、そどみやと並んで、狭義の変態性欲者を自認する人々が主体的に用いた言葉である。「嗜尿木偶」「経血愛執譜」と、創刊号に尿・経血などの汚物関係記事を載せているのも、「奇譚クラブ」での沼正三の活躍を受けてのことと考えられる。

その一方で、「異常性欲」「腐臭」「加虐狂」などの強い表現も目立つ。とはいえ科学的研究という姿勢は打ち出しておらず、風俗物の体裁で書かれている。表紙は「風俗草紙」の表紙絵（秋吉巒）のテイストが模倣されている。大量の緊縛口絵を巻頭に載せており、「風俗草紙」よりも過激に、露骨になっているといえる。女性の緊縛拷問画の作者名が、男性マゾヒストを意味する「麻曾保（マゾッホ）」となっている点などはご愛敬だが、しかし、口絵の水準は決して低くない。

図6 「風俗クラブ」1954年3月創刊号

寄稿者は後述する「風俗科学」と同様に他誌とあまり重複していないが、「主婦之友」（主婦之友社）、「主婦と生活」（主婦と生活社）などの編集長だった葛飾八郎（石原広文）[11]、「りべらる」に寄稿歴がある城田大策がいる。第二号には、鹿火屋一彦のほか、須磨の変名である喜多玲子と高月大三の名がみえる。編集発行人である秋房醇の詳細は不明である。

「風俗クラブ」は創刊から二カ月後の一九五四年五月に第二号を刊行するが、摘発されそのまま終刊となる。これはおそらく「風俗クラブ」自体に問題があったというよりも時期の問題である。後述するが、この時期には大規模な取り締まりがあり、同年三月には「奇譚クラブ」、四月には「風俗草紙」「夫婦生活」「りべらる」「デカメロン」など多くの雑誌が摘発されていた。同年四月には、大きく社会を騒がせた文京区小二女児殺害事件が起こり、「エロ・グロ」出版物に対する風当たりは一層激しくなった。「風俗クラブ」は、模倣誌としては創刊が遅すぎた雑誌といえるが、挿絵の量と質、第二号から喜多玲子（須磨）が寄稿していることを考慮すれば、取り締まりさえなければ長く発行された可能性がある。

なお、「風俗クラブ」には、奥付のない模倣誌の存在が一号知られている（中央出版社：東京都下谷局内）。これは春光社版の第二号の内容を流用しているため、別会社の模倣誌であると考えられる。さらに、一九六〇年、風俗研究社から同タイトルの雑誌が一号だけ発行されている。創刊号と記載され、かつタイトルフォント、出版社、表紙イメージが大きく異なるため、春光社版との関係は現状不明である。ただし、誌面構成は戦後風俗雑誌といってよく、団鬼六が花巻京太郎名義で「私刑される女」を寄稿している点が注目される。

「風俗双紙」

「風俗双紙」もまた、タイトルからして「風俗草紙」の模倣誌であるが、中身は主に「風俗クラブ」からの流用で構成されている。表紙は手を縛られた女性のヌードで、「マゾ特集号」と記されている。巻頭には緊縛写真に加えて、「風俗草紙」「風俗クラブ」などで活躍した古正英生の緊縛画が掲載されており（流用の可能性が高い）、扉絵には「風俗クラブ」創刊号の扉絵がそのまま流用されている。内容もほとんどが、「風俗クラブ」創刊号掲載作が作者名やタイトルを変えることすらされず掲載されており、まともな編集作業はおこなわれていない（角田澄男「血みどろの妖精」、羽井鯨亭「接吻加虐症」、工藤頼夫「嗜尿木偶」など）。奥付もなく、出版社名は書かれているが、所在地も正確に記載されていない。管見の限り、最も時期が新しい流用記事は「奇譚クラブ」一九五四年十月号掲載の畔亭数久のイラスト（裏表紙裏に流用）であり、刊行は少なくともこれ以降である。

このような単発で売り逃げるタイプの粗悪な模倣誌はそれなりの数が発行されたと考えられるが、現在筆者が現物を確認しているのは同誌および中央出版社版「風俗クラブ」のみである。

2 「風俗科学」

「風俗科学」は、「風俗草紙」創刊のわずか一カ月後に東京で創刊された雑誌である。先行雑誌との執筆陣の重複はほとんどなく、南条哲夫、秩父甚次郎（手塚正夫）以外、ほとんどが来歴不明かつその後登場しない執筆者である。刊行元である第三文庫も詳細不明だが、秩父（手塚）は創文社社長で、「奇抜雑誌」「怪奇雑誌」の編集発行人であり、南条も「奇抜雑誌」および同じく創文社刊行の「怪奇雑誌」に寄稿していた。さらに、「風俗科学」の初期の誌面には「怪奇雑誌」「奇抜雑誌」の流用・模倣が多数みられることから、創文社と関連がある出版社・編集人によって創刊された雑誌だと考えられる。

創刊号の無名の執筆者も、ほとんどが手塚正夫の変名である。このことは、「風俗科学」掲載の記事の多くが、光源社からのちに刊行された手塚の『はだか説法』（一九五八年）、『臍下たんで ん』（一九五九年）、『肉刑の書』（一九六〇年）に加筆・修正のうえ採録されていることから知れる。単行本との比較から、創刊号の目次に掲載されている記事二十七本のうち、少なくとも十本が手塚作であることがわかる。単行本に未収録の作品も当然あると考えられ、作風が酷似している掲載作が事実、いくつもあることから、創刊号は掲載作の半数以上が手塚一人の手になるものではないかと推測される。手塚は一九五四年六月号から西條道夫に代わって「風俗科学」の編集人になっているが、手塚正夫が西條の実名である可能性もある。このように、「風俗科学」は創文社の雑誌との系譜関係をより詳細に検討すべきだが、本書では果たせなかった。

創刊号扉絵には「特異風俗研究者の集い」と明記されており、性ではなく「特異風俗」すなわち狭義の変態性欲を主題に掲げている。このように「風俗科学」は、「変態性欲の研究を標榜する」という「変態雑誌」の既存の定義を満たす唯一の雑誌である。小説は掲載されているが緊縛写真はなく、巻頭口絵は既存作品の転載であることなど、「奇譚クラブ」との共通点は少なく、「あまとりあ」などの研究誌の体裁を踏襲しているが、最も影響を受けているのは「怪奇雑誌」である。創刊から通巻第七号まで、女性名の執筆者はわずか二人、かつ内容が告白手記である点も（上西昭子「ある被虐狂女の手記」〔創刊号〕、吉岡朗子「病癖者」〔第二号〕）研究誌型だが、性愛相談欄は設けられていない。「W・Cロマンス」「御姫様とゆまりの話」など、「風俗クラブ」と同じくトイレや女性の尿に関する記事を載せている点にも「奇譚クラブ」の影響が見て取れる。

前川直哉は、「風俗科学」には高橋鐵を厳しく揶揄する記述があるため、「人間探究」「あまとりあ」とはライバル関係にあったようだと指摘する。[12] しかし、創刊号にはあまとりあ社の書籍広告が掲載されており、雑誌自体が武野藤介という、高橋鐵とあまとりあ社／久保書店と関係が深い作家を監修者としている。そのため編集者の西條道夫は、久保書店とも何らかの関わりがあったと考えられる。ただし、「風俗科学」に高橋自身は登場せず、また性愛相談欄も設けられていないことから、おそらく、高橋の協力を得ることはできなかったのだろう。

先行する研究誌との相違点は、女性名義の告白手記を創刊号と第二号に掲載していること、「男色時代」という特集を組んで「ソドミー倶楽部」欄を設けていること、「「風俗科学」は真面目な真剣な研究者や愛好者の集いとして、健全に育てゝ行きたいと思っています」（創刊号、一八〇ページ）と標榜していることから、専門家だけではなく、マニアにも門戸を開く姿勢を示している。ソドミーとは男性同性愛のことであり、当時、「そどみや」「そどみあ」といった自称がマニアによって用いられていた。このため「風俗科学」は男性同性愛研究でかねてから注目されており、前川はこのような創刊号の様子をもって、「男性同性愛の当事者に寄り添い、エンパワメントしようとする姿勢は特に際立っていた[13]」として、「風俗科学」を評価している。

しかしながら、創刊号および以後の数号をみるかぎり、「風俗科学」はそれほどしっかりと企画され創刊された雑誌とは考えにくい。初期の「風俗科学」は、まず巻頭写真・口絵と挿絵が非常に貧弱である。創刊号の表紙は、戦前に武侠社が発行していた「犯罪科学」一九三〇年九月号の表紙を流用しており、巻頭口絵もほとんどすべてが「犯罪科学」からの流用である。[14] 掲載作に付された挿絵やちょっとした意匠も多くが「犯罪科学」からの流用であり、同じイラストを別ページに重複して利用している箇所もある。「犯罪科学」からの流用は、「怪奇雑誌」「奇抜雑誌」にすでにおこなわれているため、両誌からの孫流用の可能性もある。[15] 戦前の雑誌から口絵・作品を流用すること自体は「風俗科学」以外の雑誌にもみられるが、巻頭口絵のほぼすべてを流用し、小さな飾りのカットまで流用している雑誌はほかに見当たらない。

以上のことから、「風俗科学」編集部は創刊から一定期間、まともな挿絵画家を確保できていなかったと考えるほかはなく、これはマニアを読者として想定した場合には致命的だったはずである。通巻第五号まで、口絵・写真のかなりの部分を流用する状態が続いている。告白手記を掲載することもしていないため、一切の「売り」がない状態とさえいえる。

掲載作品も、ちぐはぐな印象が否めない。まず、「ソドミー倶楽部」などでマニアに寄り添う態度を示しながらも、同時に戸羽陽三(手塚正夫)「殺人異色譚(その一)――目を覆う残虐な人々」、十六夜三郎「人間以下の愛慾」など、変態性欲者を殺人や残虐行為と結び付けるような作品を掲載している。宮園三四郎「男色閑談」は、男色者の行動を「奇怪な行為」と呼ぶ点など、「人間探究」「あまとりあ」などに典型的にみられた、第三者が変態性欲者を見せ物のように紹介する記事に分類できるだろう。そして、後藤丈雄（手塚正夫）「「娘宿」の研究」など、ヴァニラセックス記事も半数近い。「特異風俗研究」を謳ってはいるがそれは名ばかりで、実際の内容は「あまとりあ」などと同じく、広く性に対する研究が取り扱われているのである。

さらに、先行研究ではあまり注目されていないが、「風俗科学」はそどみや関係の次に、女性緊縛に関する写真や記事を多く載せ、この二つを柱にしようとしていたように見受けられる。創刊号巻末「お知らせ」には、「風俗草紙」にも登場した緊縛マニア上田青柿郎の登場が予告されている。現在もそうだが、女性に対する緊縛愛好家は当時のマニアのなかで圧倒的な多数派であり、つまりは売れ筋だった。しかし女性に対する緊縛は、女性のヌードに興味がないであろうそどみやとの相性はよくない。案の定、「編集後記」には、女性緊縛写真に対する批判への弁解が定期的に現れる。

編集人の西條道夫の来歴は不明だが、創刊号の内容からして、性科学の知識も、そどみやを含めたマニアに対する理解も、当初それほど十分に持ち合わせていなかった人物だと判断できる。記事のほとんどを担当した手塚も、様々なジャンルの風俗記事を書いており、そどみやに特別な関心を抱いていた様子はうかがえない。ほかの多くの雑誌が「奇譚クラブ」と「風俗草紙」を模倣していくなか、研究誌を標榜する点もいささか時流から外れているといえよう。このような西條が「ソドミー倶楽部」を設置した理由は、想像をたくましくするならば、男性同性愛者をエンパワメントするためというよりは、彼らの告白手記を収集する誘い水だった可能性があるのではないか。第一世代雑誌のあり方からすれば、告白手記の書き手は雑誌の運営上必要不可欠だったはずである。加えて、おそらくそどみや関係記事は刑法第百七十五条に抵触しにくいという利点があった。

以上の諸点を考慮すれば、「風俗科学」は、同時期に創刊された「風俗草紙」に比して相当に見劣りし、売れ行きは芳しくなかったのではないかと推測される。創刊号は一九五三年八月二十日に発行されたが、第二号が九月ではなく十月十五日発行であることも傍証になるだろう。読物が貧弱でも挿絵やグラビアに見るべき点があれば買う読者はいるが、「風俗科学」にはそうした魅力もない。数号で終わって泡沫誌になった可能性も十分にあっただろう。そうならなかったのは、おそらく扇屋亜夫（おうぎやあぶ）の存在が大きい。

扇屋は、そどみやの当事者として、第二号から「風俗科学」に現れる。扇屋が最初に寄稿したのは「男色者とその性的特質――前月号の柏倉氏所論を駁す」という記事で、創刊号掲載の柏倉幸蔵「男色は流行する――その社会的考察」の誤りと差別性を指摘し、より男色当事者が直面する問題に即した機関の設置を希望するという内容だった。扇屋はその後、定期的にマニア視点からの著作を寄稿するようになり、最終的には編集部に送付されるそどみやからの相談に応答するようなこともしている。扇屋は告白手記ではなく小説を多く寄稿したが、かなりの反響を呼んだ様子がうかがえる。加えて扇屋は、誌上に自身の写真を公開することもしており[16]、当時としては画期的な人物であった。

扇屋は、創刊号の「ソドミー倶楽部」の呼びかけを読んで「風俗科学」に関心をもったと考えられる。この呼びかけはおそらく内実を伴ったものではなかったが、それでもそどみやに特化した呼びかけは珍しく、彼は一抹の期待をかけたのだろう。扇屋が誘い水に呼応してくれたおかげで、「風俗科学」は泡沫誌として消える運命を免れ、その後しばらく刊行を続けることになる。

おそらく第二号からそう遠くないうちに、扇屋は編集に関わるようになったと推測される。なぜかといえば、扇屋は、「風俗科学」が通巻第四号となる一九五三年十二月号で発足を宣言していたそどみや限定の会「風俗科学研究会」の立ち上げ人と称していたし、また彼は一九五七年の段階で千代田区神田小川町三―九に住んでいたが、[17]第三文庫の所在地は千代田区神田小川町二―一〇であり、両者は四百五十メートルしか離れていない。五七年にはもう「風俗科学」は終刊しているが、扇屋がある時期から第三文庫で「風俗科学」の編集に関わるようになった可能性はこの点からも高いと考えられる。

一九五三年の「風俗科学」の誌面にはそれほど変化はないが、徐々にマニア受けする記事も増え始める。おそらく扇屋の助言もあったのだろう、「風俗科学」は一九五四年二月号から大きくスタイルを変更する。まず表紙は、「犯罪科学」から流用した西洋版画から、挿絵画家の、おそらく「風俗草紙」の秋吉巒による表紙を意識した書き下ろしイラストに変更され、[18]「愛と夢を文化人のために」というキャッチコピーを記載するようになる。このコピーは研究誌からの脱却を示すものだといえる。そして、巻頭に緊縛写真と緊縛口絵を掲載し、エロティックな挿絵も増やしており、明らかに「風俗草紙」を模倣する路線に転換している。この転換は功を奏したらしく、翌三月号「編集だより」には、「先月号の売行きは当方で吃驚する位でしたすっかりあわてて増刷した次第です」（一八〇ページ）とある。この真偽は不明だが、これ以後も「風俗科学」はしばらく刊行を続けることができており、本当に売り上げが改善した可能性は高いと考えられる。

通巻第八号となる一九五四年四月号は男性に対する拘束写真を掲載し、内容も「あぶの手記集」

図7　「風俗科学」1954年12月号

という特集を組んでいる点が注目される。マニアを読者とするという誘い水に、内実が伴い始めているのである。

　興味深いのは、しかしながら読者投稿で誌面の三分の一を埋めることができた、と「編集後記」が書く一九五四年八月号、そして翌九月号の記事の内容は、全体的に「あまとりあ」のような研究誌路線に逆戻りしているということである。戦後の性風俗や性犯罪など、狭義の変態性欲ではなく性一般を第三者の視点から語る作品ばかりに変貌している。(19)もし実際にこれらの作品が投稿作だったとするならば、マニア路線という編集方針に、読者＝投稿作家が並走することができていないということになるかもしれない。そのほか、これと同時期に、「風俗科学」奥付欄の編集人・発行人が西條道夫から町田仲伍に代わり、その後、手塚正夫・町田仲五に代わっているため、何らかの変化が編集部に起きていた影響もあるかもしれない。

3　専門誌の価値

序章を含めここまで三章にわたって、戦後風俗雑誌を検討してきた。これらの雑誌は「変態雑誌」とグループ化され、変態性欲の科学的研究を表向き標榜した雑誌と定義されてきたが、初期の「風俗科学」を除いて「変態性欲の科学的研究」を標榜した雑誌はなく、「性の科学的研究」を標榜する、「人間探究」「あまとりあ」（＋初期の「風俗科学」）と、娯楽誌の形式をとる「奇譚クラブ」「風俗草紙」「風俗クラブ」「風俗双紙」（＋リニューアル後の「風俗科学」）に分けられる。より広くみれば、研究誌型の雑誌は、多くヴァニラセックス記事を掲載していたため、「夫婦生活」など、医科学的な読物が載ることもあった雑誌とも類似的であり、ときにこれらと同じ「エロ雑誌」と区分された。これに対して、「奇譚クラブ」などの娯楽誌型戦後風俗雑誌は、緊縛などの暴力表現を伴う写真・口絵、挿絵を掲載していたことから、しばしばこれらの「エロ雑誌」とは区別され「グロ雑誌」と呼ばれた。

これらの雑誌のなかで他誌に最も影響を与えたのは「風俗草紙」だが、同誌は須磨利之の関与が濃厚な「奇譚クラブ」の模倣誌であり、そのため後発誌は「奇譚クラブ」の特色を多く受け継いでいる。その特徴とは、緊縛・責めの写真・口絵、挿絵と告白手記、そして読者通信である。機関誌についても、須磨と無関係な「アドニス」があるが、「奇譚クラブ」「風俗草紙」「あまとりあ」の機関誌を創設したのは須磨と考えるのが妥当であり、この点も須磨の影響が大であるといえよう。「奇譚クラブ」の特色は、須磨によって東京の出版界に移植された。

ただし、どの雑誌も完全な模倣はできていない。後発誌はすべて「読者通信」欄を設置したが、「奇譚クラブ」に匹敵するほど活発な投稿が確認できる雑誌はない。「風俗科学」編集部が、誌面のわずか三分の一を読者投稿で埋めることにも苦労していることからして、第二世代雑誌が創刊されたあとも、読者投稿誌としては「奇譚クラブ」の一強状態が長く続いたことが推察される。

読者投稿誌になりきれなかった後発誌の誌面を埋めたのが、専門家・著名人による「科学的」研究記事や風俗読物である。このため、第二世代の戦後風俗雑誌は、「人間探究」「あまとりあ」的な記事を告白手記や緊縛写真とともに掲載するという折衷的な外観をとるのである。

なぜ、このように「奇譚クラブ」は一強状態を長く保つことができたのだろうか。このことについて、「人間探究」から派生した男性同性愛者専門の同人誌「アドニス」(アドニス会)と比較して考えたい。同じく当事者に占有された言説空間として「アドニス」を検討した前川直哉は、「アドニス」をクローズドメディアと呼んでいる。前川は、まさに専門誌であるという「閉鎖性」が居心地のよさを生み出し、誌上に率直な意見表明や活発な議論を生んだと述べている。

しかし、前川が引用する「アドニス」の読者投稿は、「奇譚クラブ」にも多くみえる意見とほとんど同じような内容に思われる。また、雑誌はたとえ会員制同人誌であっても回し読みされることが十分に想定され、さらには古書店に売られることもあるため、最終的にどのような人々に読まれるのかわからないメディアである。購読者が秘匿していても家族に偶然読まれることも十分にありえるため、「クローズド」で安全な空間だったと読者・投稿者が認識していたかは疑問である。加えて、家族・知人に雑誌を所持していることが見つかった場合、同性愛者であることを深く疑われることにもなるだろう。雑誌、とりわけ特定のセクシュアリティに特化した専門誌は、所持しているだけでリスクを伴うメディアでもあったはずである。「奇譚クラブ」の読者通信欄にも、「奇譚クラブ」を自宅に持ち帰ることができないため、読み終わったら捨てている、と述べるものはいくつもある。前川は、「アドニス」は「皆が「同志」」であり、「己れの性向を秘し隠すことなどいらぬ」（『〈男性同性愛者〉の社会史』七七ページ）という、「誌上のゲイバー」のような環境が期待されていたとするが、ゲイバーのような閉鎖性を、雑誌の言説空間はもちえない。

　そもそも、なぜ自らの欲望を投稿する際に、その雑誌が閉鎖的である必要があるのだろうか。投稿者が最も恐れているのは、実名が特定され、現実世界で同性愛者だということが露見することであろう。雑誌への意見や自身の欲望を、個人情報を省いて率直に吐露するような投稿の場合、筆名や匿名であれば、投稿自体にそれほど露見のリスクは生じないはずである（もちろん勇気は必要だったはずだが）。「奇譚クラブ」のような非会員制の雑誌にも「アドニス」と酷似した率直な意見投稿がみられることは、それを傍証している。むしろ、マニアの安心は、個人情報を把握する編集部が信頼できるかどうかにかかっていたはずである。その意味では、会員制であり、何らかの個人情報を必ず編集部に伝えなければならなかったであろう「アドニス」よりも、個人情報を一切開示せず投稿することが可能だった「奇譚クラブ」のほうが安心だったかもしれないのである。

　筆者がみるところ、男性同性愛者専門誌に当事者が感じただろう「居心地のよさ」そして「安心」は、多くの仲間からのレスポンスを期待できるという点に加えて、ヴァニラセックス記事と差別的な記事を読む必要がないという点に起因するものである。第一の点については、同じ欲望をもつ読者が圧倒的多数を占めている場合、「奇譚クラブ」のような総合誌よりもはるかに多くのレスポンスを期待できることは想像に難くない。この点は前川も指摘するところである。

第二の点はより重要だと考える。ここまでみてきたように、「人間探究」「あまとりあ」は、実際には狭義の変態性欲に関する記事をそれほど載せておらず、それどころか、専門家や著名人がマニアを第三者の立場から実験動物のように分析する差別的な言説を多く掲載していた。このことは、マニアが「人間探究」「あまとりあ」などに掲載されている仲間の声に到達するためには、同時に全く興味がないヴァニラセックス記事、そして多くの差別的な言説にふれなければならないことを意味する。この点を踏まえたとき、マニアの投稿だけで誌面を構成した当事者専門誌がいかに価値あるものだったのかを理解することができるのである。

したがって当時のマニアが感じた居心地のよさとは、他人の目線を気にしなくてもいい、ということよりも、自らが差別的言説に遭遇する危険がない点であったと筆者は考える。この点が「奇譚クラブ」と同じく、「アドニス」の最大のメリットではなかっただろうか。前川は、公刊誌である「風俗科学」にも、「アドニス」の「FORUM」欄と酷似した赤裸々な投稿が見いだせることを指摘している。この指摘は「アドニス」の美点を閉鎖性ととらえた際には整合的に理解することができないが、前記のように考えれば矛盾は生じない。

4　雑誌同士、執筆者同士の関係

ここまで、雑誌の系譜関係という、いわば縦軸の関係を検討してきた。ここでは横軸の関係、すなわち雑誌同士、執筆者同士の関係にも簡単にふれておきたい。まずは、オリジナルである「奇譚クラブ」編集部と、その模倣誌編集部の関係は当然ながら悪かった。「奇譚クラブ」編集部は模倣誌に対する当てこすりを何度も編集後記などに記している。執筆者側にも同様の態度はいくつか見受けられ、例えば、「奇譚クラブ」一九五四年四月号掲載の伊藤晴雨「責絵は芸術品なり」では、「神田辺の某雑誌と江古田辺の某性慾雑誌」が批判的に言及されている。「江古田辺の雑誌」とは「あまとりあ」、「神田辺の雑誌」とは「風俗草紙」を指している。伊藤はこれらの雑誌について、「煽情意識を以て読者を釣り「取れる時に取り儲ける丈け儲ける」主義」「責というものに対して何等の理解も無く無経験の自己標準の課題を寄稿家乃至執筆者に無理強いに押しつける横暴な態度」(二七八ページ)などと、かなり手厳しく批判している。伊藤は戦前から変態出版物に関与していたが、自身はマニアだったので、専門家に対しては手厳しかった。このように、「奇譚クラブ」の投稿者たちには、「奇譚クラブ」をそのほかの変態雑誌とは明確に区別し、マニアを理解してくれる唯一の雑誌だと主張する者が相当数見受けられる。それは「奇譚クラブ」が公刊誌としては唯一の当事者専門雑誌であった事実に基づけば順当な評価であろう。

第二に、雑誌の執筆者同士の対立がある。それは、「奇譚クラブ」執筆者の一部と、研究誌で活躍した専門家・著名人との間の対立である。例えば沼正三は、高橋鐵に対して、彼の性科学に対する学識が非常に浅薄であるという批判を何度も「奇譚クラブ」に発表している。[20] その論調は「原著を冒瀆する高橋氏よ、恥を知りなさい」[21]といった調子で、かなり激しいものである。沼の批判には編集人の箕田京二(吉田稔)も同調しており、高橋との対決姿勢は「奇譚クラブ」の多数派だったといえる。[22]高橋側も「奇譚クラブ」批判を展開することがあり、対立姿勢は相互的だった。吾妻新もまた、「秘蔵版 風俗草紙」一九五三年十二月臨時増刊号に掲載された平野威馬雄「鞭打ちの歴史」に示されたサディズム観に対する反論を連載小説内に加えているが、これはもともと平野が言外に「奇譚クラブ」でのサディズムの近代化論（第3章を参照）を批判したことが始まりであった。[23]そのほか、それほど信頼できるものではないが、「読者通信」欄にも多くの他誌批判を継続的に見いだせる。このように、戦後風俗雑誌の読者・執筆者は、多くの場合研究誌・娯楽誌双方を読んでいたものの、かといってそれらの雑誌をすべて好んでいたわけではなく、場合によっては激しく憎悪してもいた。

このような関係性を踏まえれば、戦後風俗雑誌というグループが成立するとしても、これらは一枚岩ではなく、したがって戦後風俗雑誌の記事を縦横に引用して一つの主張の根拠にすることには慎重になるべきことがわかる。とりわけ、研究誌と娯楽誌の間での違いは大きい。加えて、同じ雑誌でも編集部と執筆者の姿勢は必ずしも一致するとは限らず、区別が必要である。

また、戦後風俗雑誌には一号につき二十五本から三十五本程度の記事が掲載されるが、その内容は多種多様に構成されていることが普通である。とりわけ「奇譚クラブ」は、なるべく様々な意見を掲載するという編集方針をもっており、編集部を批判する投稿、真っ向から対立する読者の見解が同時に載っているのが常であった。したがって、研究者の取捨選択の方法によっては、雑誌の特徴や当時の議論の趨勢を恣意的に構成してしまうことも十分に起こりうるため、慎重を期すべきである。

とりわけ「読者通信」欄の意見はバラエティーに富んでいるが、投稿者のプロフィルが全く不明であることが多く、解釈は難しい。読者通信は記事のなかでも取り扱いが最も難しい史料であるという自覚が研究者には必要であり、読者通信のみを根拠として重要な主張をおこなうことは極力避けるべきである。用いる場合も、なるべく単発ではなく継続的な掲載実績のある執筆者で、性別や年代など、虚偽だとしても個人情報をある程度公開しており、雑誌内で人物像が確立しているような執筆者の通信のほうが、内容をより正確に解釈可能であるため望ましいだろう。

マニアのなかにも、医科学に親和的な読者はそれなりにおり、たとえば扇屋亜夫はそんな人物と解しうる。一九五七年に刊行された扇屋の『白い血の狩人』(妙義出版)には、推薦者として太田典礼、比企雄三などの著名な専門家・著名人がずらりと名を連ね、扇屋が専門家と親しく交流していた様子がうかがえる。また、「奇譚クラブ」を娯楽志向として批判し、研究誌に期待をかけるマニアもいた。「あまとりあ」一九五三年九月号掲載の原田信繁(仮名)「残虐妄想と性的興奮」では、サディストを自称する著者が、サディズム研究の推進を要求するなかで、「K誌」(奇譚クラブ)と「F誌」(風俗草紙)の記事を「一種の自瀆的作用しかない記事」と批判している。このように、専門家と当事者の関係は単純な二項対立ではとらえられず、丁寧な読解が求められるだろう。

5　弾圧と廃刊

ここまで、戦後風俗雑誌の創刊時点での形態を中心に論じてきた。本節では、これらの雑誌の終焉について検討したい。一九五三年八月には、「人間探究」はほぼ廃刊状態であるものの、「奇譚クラブ」「あまとりあ」「風俗草紙」「風俗科学」が出そろい、この種の雑誌が最も多く発行されている時期となる。とはいえ、これらの雑誌の発行状況は厳しく、常に摘発と隣り合わせであった。以下、当時の警察による弾圧が、これらの雑誌にいかなる影響をもたらしたのかを検討していく。ただし、戦後の警察資料は十分に公開されていないため、不明な点が多い。「奇譚クラブ」は大阪発行、残りの雑誌は東京であるが、大阪と東京の取り締まりの差を明らかにすることはできなかった。また、戦後風俗雑誌の取り締まりには、刑法百七十五条だけでなく、都道府県の条例も大きな影響を与えたため、本来ならばこちらも検討するべきであるが、果たせなかった。以下、きわめて乏しい内容にはなるが、新聞・雑誌などの報道、先行研究、公開されている警視庁防犯部の資料に基づき、戦後風俗雑誌に対する取り締まりの様相を可能なかぎり明らかにしたい。

性を扱うメディアの歴史は、国家権力の取り締まり、ひいては社会からの「有害」というラベリングとの闘いの歴史でもある。戦前・戦中の日本では、新聞紙法（一九〇九年）および出版法（一八九三年）によって、「安寧秩序紊乱」「風俗壊乱」という二つの観点から出版物に対する検閲がお

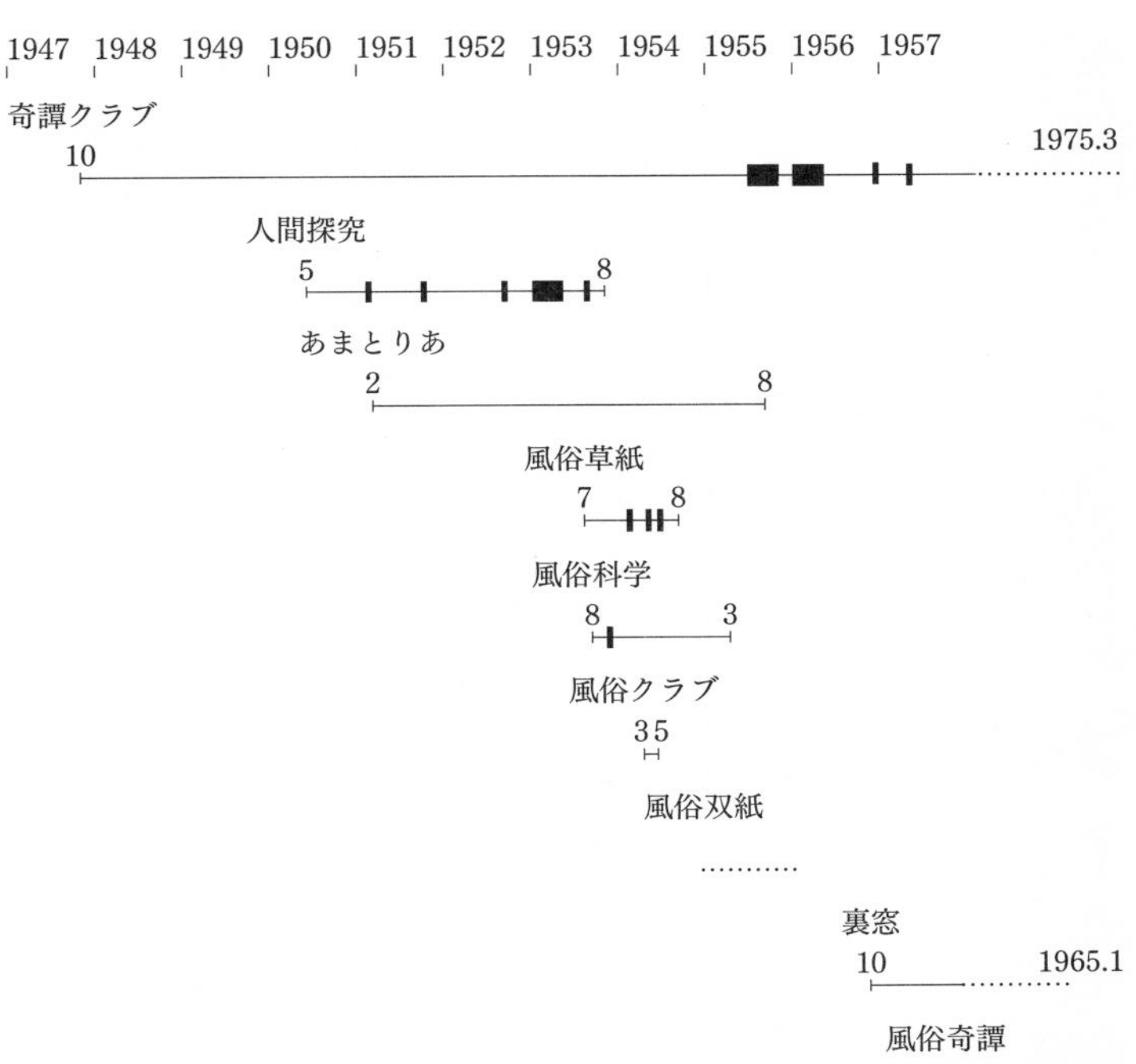

■ = 休刊期間
「奇譚クラブ」の1950年以前の休刊期間は省略した。

図8　戦後風俗雑誌の刊行期間

こなわれ、さらに不穏文書臨時取締法（一九三六年）、国家総動員法（一九三八年）第二十条など、言論規制の法律が次々と立法され、厳しく統制された。敗戦によってこれらの法律は撤廃され、一九四六年公布の日本国憲法第二十一条によって言論・出版その他表現の自由が定められた。しかしながら、一九四九年までＧＨＱ／ＳＣＡＰによる検閲があり、さらに、それまで公刊出版物に適用されたことがなかった刑法第百七十五条「わいせつ物頒布等罪」が、新たに出版物の取り締まりに用いられるようになり[24]、大きな壁となって出版社の前に立ち塞がった。

刑法第百七十五条をめぐる一九五〇年代の状況としては、五〇年六月、伊藤整訳『チャタレイ夫人の恋人』（Ｄ・Ｈ・ロレンス、小山書店）が摘発、翌七月に発禁になったいわゆる「チャタレイ事件」が起き、「わいせつ」の定義をめぐって様々な議論が起きる。しかし、戦後風俗雑誌の取り締まりは、これらの議論とはほとんど無関係に推移する。なぜなら、「チャタレイ事件」をめぐる議論はあくまで、文学や芸術として刊行された表現物が「わいせつ」と判断される事態についての議論であって、戦後風俗雑誌はおおむね、論じるまでもなく「わいせつ」かつ「有害」なものであり、法にふれるかどうかは程度の問題として議論されていたからである[25]。高橋鐵らは研究誌を標榜していたため、しばしば雑誌上で「チャタレイ事件」を取り上げ、自分たちに対する弾圧と関連させて論じた[26]。しかし、客観的には、「人間探究」や「あまとりあ」はエロ雑誌であるというのが大勢的見方であり、評価する場合も、ちょっと上等な部類のエロ雑誌という程度であった[27]。

性を扱う雑誌の取り締まりは、一九五二年ごろから激しくなるが、その背景には、少年非行の増加がある。少年の刑法犯検挙数は敗戦後に激増するが、四六年の十一万千七百九十人から漸増していき、五一年に十六万六千四百三十三人とピークに達する。[28] かかる状況の原因とされたのは、「不良出版物」とされた「エロ・グロ雑誌」やマンガ・児童雑誌とその付録、そして映画やレコードなど多岐にわたる。「エロ・グロ雑誌」には「りべらる」や「デカメロン」「夫婦生活」など、戦後風俗雑誌よりも部数が多く目立つ大衆誌ももちろん含まれた。カストリ雑誌に代わって台頭した、性を扱う小型本の多くが取り締まりの対象となった。

一九五二年十月十七日、警視庁によって月刊雑誌に対する取締強化措置要領が定められ、直後に集中的な取り締まりがなされた。[29] 五二年の月刊誌・特化本の摘発件数全二十六件のうち十二件がこの時期に検挙されているが、この取り締まりで、「あまとりあ」同年十一月号、「怪奇雑誌」同年十一月号・十二月号が発禁になり、「怪奇雑誌」はこれで終刊となる。「人間探究」も三千八百九十六部が押収されたという。[30]「人間探究」同年十二月号の「編集後記」には、「逆コースの波に乗つて、警視庁がやかましくなつたので性雑誌もやりにくくなつた。こうなればなる程やりがいのあるものだ[31]」と記されている。しかしこの押収がおそらく大打撃となり、「人間探究」は同年十二月号のあと四カ月休刊し、五三年五月に出版社を探究社に変更して復刊するも、三号を出して終刊となる。「奇譚クラブ」は、一九五二年内の号は発禁にならなかったが、翌年一月号が発禁になった。[32] さらに、一九五二年十二月号では、それまで編集部がおこなっていた読者間の住所照会、手紙の回送が廃止され、[33] 読者同士の文通斡旋は本誌の誌面を通じてだけおこなうという方式に変更される。「奇譚クラブ」では、一九五四年三月号から「読者通信」に加えて「読者案内」欄が新設されるが、これは警察から「売春あっせん」にあたると指摘され同年六月号にて早くも廃止される。[34] このようなのちの顚末、そしてタイミングを考慮すれば、五二年の文通斡旋方法の変更も、類似の圧力を警察から受けたためと推測できる。

さらに、このときの取締強化措置要領では、取次・小売も配布罪・陳列罪にあたるとして、彼らに「不良出版物」を扱わないように圧力がかけられたという。[35] この影響は大きかったようで、これ以後、「奇譚クラブ」誌上には、地方の読者からの雑誌入手の困難を訴える投書がみられるようになる。これに対して編集部は、「本誌が特に地方へ出廻らなくなつたのは確かです。それは判り申し上げますと問屋や小売店に対する或種の圧迫の結果です」と返答している。ただし同時に、「然し最近は僚誌の相次ぐ休廃刊により売行きが急増した為売り切れたという事も言えます[36]」とも述べている。厳しい規制のなかでも、「奇譚クラブ」の売り上げは悪くなかったらしい。

橋本健午『有害図書と青少年問題』掲載の「全連月報」一九五二年十一月二十五日号によれば、このとき取り締まり対象とされた雑誌は、「モダン生活」「デカメロン」「夫婦読本」「モダン夫婦読本」「怪奇雑誌」「講談秘話」「あまとりあ」「人情講談」「読切ロマンス」「愛情生活」「夫婦生活」「ロマンス生活」「りべらる」「人間探究」「青春ロマンス」「にっぽん実話読物」「オール・ロマンス」「トリック」「千一夜」「読切読物」「笑の泉」「ポケット講談」であり、実は「奇譚クラブ」は含まれていなかった。[37] 一九五二年の段階では、「奇譚クラブ」は刑法第百七十五条で取り締まれる対象とは見なされていなかったと考えられる。五五年に警視庁防犯部が発行した、五四年の防犯部統計資料内の記述を確認したい。

月刊雑誌の十一種十二件の取締で、そのうちには「責め」又は「縛り」と称されるサディズム又はマゾヒズムの専門誌である奇譚クラブ、風俗クラブ、風俗草紙が含まれて居り、従来これらのものはその内容が甚しく風俗を壊乱するものとして批判を受けながらわいせつ文書としての取締を免れて居たものである（略）[38]。

まず、「奇譚クラブ」「風俗クラブ」「風俗草紙」は、同じジャンルの雑誌だという認識が警視庁にあることがわかる。この点からも、「奇譚クラブ」――「風俗草紙」系統の雑誌が「あまとりあ」らとは狭義には別ジャンルと見なされていたことがわかるが、これらの雑誌内容、すなわち「責め」「縛り」などの、主に女性に対する暴力表現は、「甚しく風俗を壊乱するもの」と批判されながらも、これまで取り締まりを免れていたという。緊縛・責めは直接的な性器・性交描写を必ずしも必要としないため、刑法第百七十五条で取り締まることのできる「わいせつ」の定義を満たさないからであろう。しかしながら、一九五四年には、「風俗草紙」や「風俗クラブ」が「奇譚クラブ」よりも派手に女性に対する緊縛、責めなどを描いた口絵や写真を掲載しはじめ、これ以降、この種の「グロ雑誌」に対する社会の批判的注目は高まっていた。

奇譚クラブなんというものを見ますと、女の人を裸にして柱や机へ縛りあげて、それを男の人がにたゝゝ笑いながら見ておるというふうな画や写真があるのですね。最初この問題を中央児童福祉審議会で取上げましたときに、そういう本が配られて、警視庁ではエロに関する限りは刑法第百七十五条で或る線を超えたものは取締れるが、グロはこれを取締まる規則がないので困る、児童福祉法の勧告制度を利用してくれないかという申出があつたのが初めであつたわけです。ところが中央児童福祉審議会の委員の中で、それは当局の言い逃れである。グロというけれどもあれはグロじゃなくてエロの極致なんだと、つまり普通の女体の描写くらいでは刺激が足りないのでもつと強力に刺激をさせるためにああいういわゆるグロ的な画を書いたり、文章を書いたりするのであるから、これは刑法第百七十五条で大いに取締れるじゃないかという議論をした人がございました。[39]

これは、一九五四年六月の「婦人と年少者」第二巻第六号に掲載された「座談会 不良の出版物・レコード・映画・玩具から青少年をまもるために」からの抜粋であり、司会を務めた厚生省中央児童福祉審議会委員・高島巌の発言である。ここでも、「奇譚クラブ」はエロではなくグロ雑誌であり、刑法第百七十五条では取り締まることができないという認識が語られている。しかし、審議会では「あれはグロじゃなくてエロの極致」だという論理で大いに取り締まれるのではないかという発言があったという。にわかには信じがたい論理であり、この論理がどの程度支持を集めたか不明だが、「奇譚クラブ」とその模倣誌たちはこの時期以後、刑法第百七十五条に抵触するとして確かに大いに摘発されるようになった。これはどういった事態なのだろうか。

刑法第百七十五条は、条文が定めるところの「わいせつ」の定義があいまいであり、明確な一線を引くことが難しい。かつその一線は時代の推移によって変動を免れないものであることも認識されており、具体的な判断基準は条文解釈ではなく裁判例の集積によって明らかにされるものと考えられている。[40] 本書が研究対象とする時期において指標とされているのは、一九五一年五月十日に最高裁結審した通称「サンデー娯楽」事件（昭和二十六〔あ〕一七二）で示された「わいせつ」の定義である。[41] すなわち、①「徒らに性慾を興奮又は刺戟せしめ」、②「且つ、普通人の正常な性的羞恥心を害し」、③「善良な性的道義観念に反するものをいう」という内容である。

警視庁防犯部および座談会の発言で、問題視されているのは暴力表現である。しかし、「奇譚クラブ」の摘発にあたって、刑法第百七十五条に抵触するとされた具体的箇所や、編集部がその後伏せ字にしている箇所から推測される、抵触の危険があると編集部が見なした箇所は、「肛門」「裸」「股間」などの言葉、強姦・クンニリングスを想起させる描写などであり、暴力表現自体はやはり抵触箇所とはされていない。「グロはエロの極致」という論理はさすがに採用されていないようである。

しかし、これは奇妙な事態である。より過激であった「風俗草紙」はともかく、「奇譚クラブ」はこれまで、刑法第百七十五条による取り締まりを免れてきた。「奇譚クラブ」は、最初期である一九四八年四月号が発禁になったほかは、一九五三年一月号まで発禁はない。誌面は五三年に至って過激化したわけでもなく、むしろ、高まる「不良出版物」批判を受けて慎重になっていた。しかし、その後は一九五三年三月号、一九五四年三月号、[42] 一九五五年四月号が発禁になり、一九五五年五月号をもって四カ月の休刊と出版社名変更を強いられる事態に至る。この事実は、刑法第百七十五条の運用自体がこのころ劇的に変化したことを意味する。

当時の新聞・雑誌上の座談会などの議論や投書には、「責め」「縛り」などの暴力表現を取り締まる新法の制定を要求する声もかなりみられる。しかし、戦中の言論弾圧の記憶はいまだ生々しく、再び言論統制につながりかねない法の制定に対しては強い危惧が出版業界、文壇、そして法律関係者からも示されていた。(43)

このような背景もあり、おそらく警視庁は、暴力表現そのものの取り締まりを可能にする法律制定の方向ではなく、あくまで刑法第百七十五条を用いて「グロ雑誌」を取り締まる方向に向かった。日本国憲法第二十一条の存在も抑止力としてははたらいたと推測される。具体的にどのような方法かといえば、刑法第百七十五条に確実に抵触しないはずの表現に対しても、わいせつ容疑をかけて押収・発禁にするという方法である。

「奇譚クラブ」は一九五三年一月号が発禁になった際、機関誌「KK通信」で「新年号発禁の弁」を掲載し、次のような強気の姿勢を示すとともに発禁とされた五カ所を具体的に掲げている。

昨年末以来の言論抑圧についての逆コース的気配を察知しておりましたので十二分に検討の上絶対の自信を以て発売したものでありまして、新年号がワイセツの容疑を持たれるという事は実に意外というより外はありません。皆様のお手元へ届けるべく心血を注いで作り上げた雑誌がみすみす押収されてゆく事は返えす返えすも残念でなりません。(略)編集子は新年号の容疑内容については固く潔白を信じておりますので、気まぐれ的な処置に対しては一々左顧右眄することなく、今後共更に一層の勇猛心をふるい起して読者諸士の絶大なご期待に副いたいと思います。

(編集子「新年号発禁の弁」「KK通信」一九五三年三月号、六ページ)

「KK通信」という会員だけの機関誌に掲載された記事であるためか、本誌に比して率直に編集部の心境が語られている。具体的な発禁箇所の掲示は控えるが、当時の「エロ雑誌」のなかでは全く穏当な表現といえ、「絶対の自信を以て発売」したという言葉もうなずける。このとき、編集部がこの摘発を「気まぐれ的な処置」と認識している点は注目される。刑法第百七十五条が恣意的に運用されることは実はそれなりにあった。例えば「あまとりあ」創刊号は発禁となったが、該当箇所は表紙絵であり、絵の一部が女性の陰毛と見なされたことによる。[44]しかし、これが不当な摘発であることは実際の絵を見れば明らかというべきである。創刊号表紙は第1章で掲げたので参照されたい（図2）。高橋鐵はしばしば国家権力を揶揄したり糾弾したりするパフォーマンスをおこない、反骨の作家という立場を演出していたため、この発禁には見せしめの意図があったのだろう。[45]一九五三年一月号の段階では、「奇譚クラブ」編集部もまた一月号の発禁を、見せしめのための単発措置だと受け止めたと思われる。

しかしながら、「エロ・グロ雑誌」への取り締まりは一九五三年末から再び大規模におこなわれ、「風俗草紙」一九五四年二月号・四月号、「風俗クラブ」一九五四年五月号、「あまとりあ」一九五四年六月号、そして「夫婦生活」一九五四年四月号が発禁となった。「風俗クラブ」はこのときをもって廃刊となる。「風俗草紙」もこの影響で三月号・五月号・六月号が休刊になり、七月号から十月号まで出したところで終刊を迎える。そして「奇譚クラブ」も一九五三年三月号、翌年三月号が発禁になってしまう。一九五四年一月号掲載の「愛読者の皆様へ」（二〇五ページ）によれば、五二年末から五三年にかけては「実に斯界最悪の年」であったという。さらに、五四年五月刊行の「KK通信」には次のようにある。

取締の件については、従来「刑法に触れない範囲内」では出版の自由は認められると理解していたのだが、法律に触れない程度のものでも、公刊誌として面白くないものは、とにかく〝容疑〟でやっつけるゾ、容疑を持たれるのがイヤなら、うんと自粛せよ、ということだつた。（略）最終判決の如何に拘らず発禁になると困るので従わねばならない。

（編集子「或る提唱に答えて」「KK通信」一九五四年五月号、五ページ）

「新年号発禁の弁」では、潔白を主張し、「気まぐれ的な処置」には負けないという趣旨の主張を述べていた編集部だったが、この段階では、「「刑法に触れない範囲内」では出版の自由は認められると理解していたのだが」そうではなかったこと、つまり、通常のあり方を逸脱した刑法第百七十五条の運用があり、出版の自由はないこと、しかしそれに逆らうことはできない、という認識が示されている。

この段階でも、取り締まりの「成果」はかなりのものだといえるが、「不良出版物」に対する社会の厳しい目は沈静化するどころかますます高まっていた。その一つのきっかけは、一九五四年四月十九日に起きた文京区小二女児殺害事件、すなわち東京・御茶ノ水の小学校のトイレで小学二年生（七歳）の女児が殺害のうえ強姦されたという事件である。当時、若い女性が殺害されたり、未成年が強姦されたりする事件は年にいくつも起きていたが、この事件は被害女児の父親が「読売新聞」の記者であったため、「読売新聞」を中心として大々的に報道された。犯人は「変質者」とされ、このような残虐な性犯罪が起こる原因として、「エロ・グロ雑誌」が名指しされていた。「読売新聞」一九五四年四月二十六日付夕刊には、「犯罪を生むエログロ出版物」という見出しのもと、「最近続出する婦女子に対する凶悪犯の原因を警視庁で調べたところほとんどがエロ・グロ出版物の影響という答えが出てきた」と断定的に書かれている。同記事によると警視庁保安課は、五四年にすでに九種類二万六千八百部のエロ出版物を押収しているが、「さらにこの種の犯罪の絶滅を期すことになった」（傍点は引用者）と述べられている。さらに、「不良出版物」への取り締まりを求める「母の会」の活動も各所で活発化し、なかでも赤坂少年母の会は「見ない読まない買わない、三ない運動」を展開し、不良雑誌を焼却するなどのデモンストレーションをおこなった。

一九五五年一月、総理府の付属機関である中央青少年問題協議会で、「不良出版物対策特別委員会」が設置され、三月には、日本出版団体連合会で「出版倫理化運動実行委員会」を置くことが決定された。同会は、同年五月に声明を出し、不良出版物の取り締まりに賛同する姿勢をみせた。そして同年四月二十八日、警視庁保安課は発行所・取次合計四十二カ所を捜索し、一万三千部を押収、四十人を検挙した。[46] この取り締まりによってゾッキ本が一掃され、「風俗科学」「夫婦生活」が廃刊、「あまとりあ」「りべらる」が八月号をもって廃刊、「奇譚クラブ」も既述のとおり休刊に追い込まれる。[47]『防犯部年報 第4編 昭和30年統計資料』（警視庁防犯部、一九五六年）は、摘発件数が激減したことを記しているが、それは五五年の摘発によってほとんどの雑誌が廃刊になったためだとしている。そして「エロ・グロものの代表的な月刊雑誌が相次いで廃刊し、戦後十年に亘るこれら出版物に一応の終止符を打つに至つた」（六七ページ）とまで記されている。

「奇譚クラブ」以外のすべての戦後風俗雑誌と、その他多くの性を扱う大衆雑誌が根こそぎ廃刊となった一九五五年の取り締まりは、「エロ・グロ雑誌」に自粛を促し統制するといった生やさしいものではなく、刑法の恣意的運用によってでもこれらを根こそぎ廃刊に追い込むことを目的としていたと判断できる。そして実際にこの取り締まりは、「奇譚クラブ」以外の雑誌を廃刊に追い込む苛烈なものであり、法を無視しているという点で取り締まりというよりも弾圧と呼ぶにふさわしい。

6　弾圧以後——「裏窓」の創刊

「奇譚クラブ」は五カ月の休刊ののち復刊するが、表紙はモノクロ印刷になり、その後もしばらく不安定な刊行形態を強いられる。書店販売は不可能になり、部数も激減、編集部に申し込んだ直接購読者への通信販売だけで数年間発行を続ける。作家陣も大きく入れ替わり、それまで人気作家であった古川裕子、吾妻新、二俣志津子、岡田咲子、羽村京子らが誌面から消える。しかし、ほかの雑誌がすべて廃刊になった歴史的状況を踏まえれば、「奇譚クラブ」が細々とでも刊行を続けたことは特筆に値するだろう。モノクロ表紙の期間（「白表紙時代」と読者から呼ばれた）に、土路草一、千草忠夫、団鬼六（花巻京太郎）、佐治麻造などの次世代の人気作家も現れる。「奇譚クラブ」は、再び多くの雑誌が休刊や名称変更に追い込まれた一九六〇年代の悪書追放も生き延び、七五年まで刊行を続ける。

一九五六年十月、「裏窓」という雑誌が創刊される。出版社は久保書店であり、「あまとりあ」を創刊した久保藤吉が新たに立ち上げた出版社だが、編集人は須磨利之だった。つまり「裏窓」は、研究誌と「奇譚クラブ」の両系統が完全に合流して創刊された雑誌といえる。執筆者にも、平野威馬雄、瀬戸口虎雄などの専門家が多くいる一方、無名の人物の告白手記を載せている。

しかしながら、「裏窓」創刊号は、それまでの戦後風俗雑誌とは似ても似つかない外見をしていた。緊縛写真・口絵を掲載せず、表紙は「風俗草紙」の表紙と同じく秋吉巒が担当しているものの、それまでの秋吉とは全く違ったテイストで、サスペンス物に登場するような女性と銃を持った手が描かれている。挿絵も抽象的なものや、サスペンス調になり、緊縛画は二点しか掲載されていない（坂本嘉江「歌舞伎に現れた猟奇犯罪」挿画、伊藤晴雨、八六ページ、上野杜太郎「非人の首」挿画、喜多玲子、一〇六ページ）。さらに、初期の「奇譚クラブ」を除いてほぼ掲載されることがなかったマンガが載っている。掲載作も「美人女中マリヤ事件」「巣鴨の若妻殺し」「衆議院守衛殺人事件」など、B5判時代の「奇譚クラ

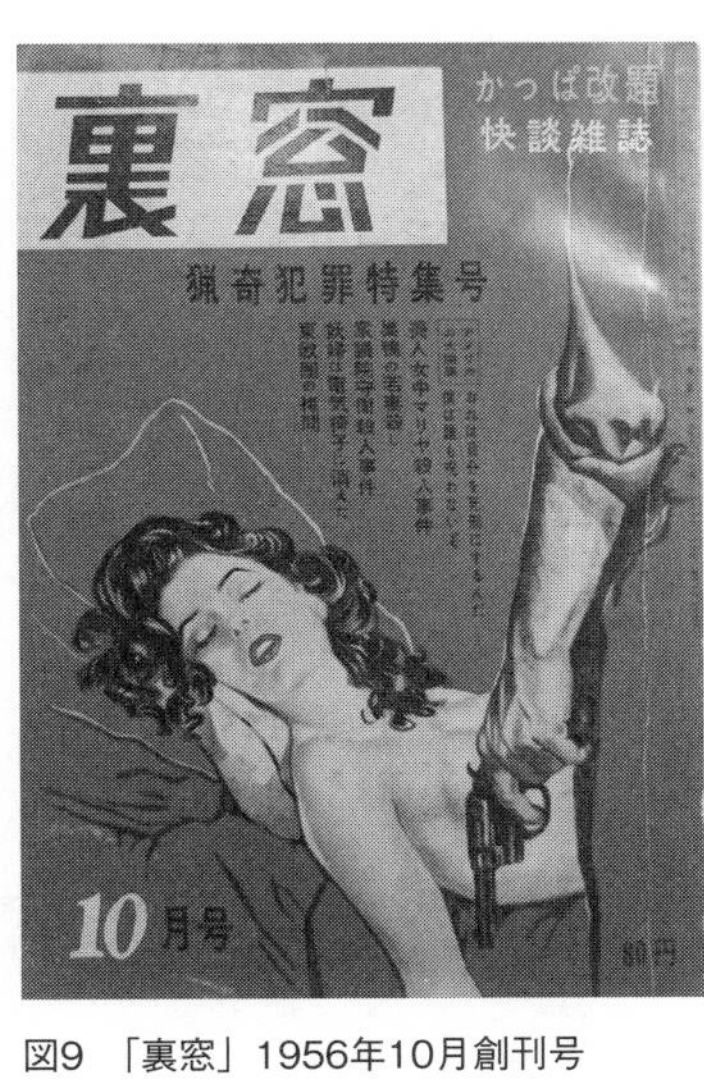

図9 「裏窓」1956年10月創刊号

ブ」を除いてほとんど掲載されることがなかったサスペンス・ミステリー小説調のものが含まれている。このように、「裏窓」創刊号は狭義の変態性欲の要素をほとんど抑制して作られており、須磨利之の名を奥付の編集人に、喜多玲子と伊藤晴雨、古正英生の名を目次に、「倒錯の告白」と題した小作品を二編掲載していることでかろうじてマニアに訴えかけている状態といえる。こうした誌面は、一九五五年の弾圧がどれほど深刻なものだったのかを物語っている。もはやこのような婉曲な表現方法を用いなければ、マニアを読者とする雑誌を刊行することは困難だった。

それでも当時の人々には、「裏窓」と戦後風俗雑誌の連続関係が伝わっていた。のちに「裏窓」の編集長になる飯田豊一は、一九五七年夏に、編集部の須磨を名指しして「裏窓」編集部に短篇原稿を投稿したという(48)(飯田豊吉「青い顔の男」として「裏窓」一九五七年十二月号に掲載)。また、沼正三は、「奇譚クラブ」一九五七年十月号で「裏窓」について以下のように述べている。

> 旧風俗草紙誌の復活と目されるもの。全然黙殺するのもフエアでなかろうから、サド一本槍の誌風からマゾもの併載へ変ったのを機会に、ここで誌名を紹介しておくことにしよう。尤も忌憚なく云って、実感のない作り噺が多すぎ、ニセモノ感が強い。多様性もない。奇クと趣を異にする点である。(49)

沼も飯田と同様に、高橋鐵を非常に嫌っていたため、久保書店に対する反感があったと考えられる。そのためここでの評価は割り引いて考える必要があるが、重要なことは、「裏窓」の表紙や誌面構成は「風俗草紙」とは似ても似つかないにもかかわらず、沼が「風俗草紙」の復活と見なしている点である。当時の読者には、出版社名、そして目次や奥付に現れる「須磨利之」「喜多玲子」「久保藤吉」という名前で十分に雑誌の方向性を看取できたと考えてよい。

「裏窓」は、創刊からしばらくはマニア的要素をかなり減らして抑制的に編集されているが、一九五九年一月号で、表紙の担当が堂昌一に変更されるあたりから、次第にサディズムやマゾヒズム、フェティシズムに特化する雰囲気をみせるようになる。沼のように「裏窓」に厳しい目を向ける読者はいたが、「奇譚クラブ」と「裏窓」の執筆陣はいくぶんか重複しており、編集部同士はおおむね良好な関係にあった。一九六〇年代、再び「悪書追放」の機運が高まった際には、六〇年に創刊される「風俗奇譚」を加えた三誌で協調し、足並みをそろえた取り締まり対策をとるようになる。

久保書店は「裏窓」のほかに、「性問題の研究」という雑誌を一九五五年十一月に創刊している。翌年十二月まで、全十二冊発行された。[50] 永井潜が会長を務めた日本性学会が編集をおこない、性学会の機関誌として旗揚げされたようであり、内容は「あまとりあ」よりさらに学術色が強くなり、挿絵は一切なくなる。同誌は一年で終刊するが、一度も発禁にはなっておらず、終刊の理由はおそらく編集方針の分裂のためである。[51]「性問題の研究」のあり方は、「裏窓」とはまた別の、研究誌としての姿勢を突き詰めることで、弾圧に対応したあり方ということができる。ただし、「性問題の研究」にはマニアの手記が掲載されておらず、マニアに読まれた形跡も全くないため、戦後風俗雑誌には含めない。[52]

おわりに

　ここまで三章にわたって、戦後風俗雑誌の書誌および特色、その終焉までの過程を検討してきた。はなはだ粗雑なものではあるが、戦後風俗雑誌という雑誌群の概要を明らかにすることはできたと考える。以下、簡単にこれまで述べてきたことをまとめて終わりたい。

　第二世代の戦後風俗雑誌の展開過程は、「奇譚クラブ」という雑誌の特徴を引き継いだ模倣誌が、東京で増殖・成長する流れでとらえられる。その立役者は須磨利之であり、画期となるのは「風俗草紙」の創刊である。これら東京発の戦後風俗雑誌のなかには、「風俗科学」など、須磨の関与がない別系統の雑誌も生まれ、広がりをみせていたが、少年非行の増加を背景とした「不良出版物」に対する弾圧の結果、一九五五年までに「奇譚クラブ」を除くすべての雑誌が廃刊となる。この弾圧は、刑法百七十五条の恣意的な運用に基づくものであった。

「奇譚クラブ」は、「風俗草紙」を通じて、「人間探究」「あまとりあ」以外のすべての雑誌の祖型となっている。「奇譚クラブ」に設けられた読者通信欄や、告白手記の投稿を受け付ける体制が後発雑誌に取り入れられたことの意義はきわめて大きい。この結果、そどみや専門のサークルを発足した「風俗科学」を代表例として、性的マイノリティが自ら発言し、交流できる言説空間を各所に芽吹かせることに成功したといいうる。本書では取り上げなかったが、第三世代雑誌の「風俗奇譚」もそのようなメディアとして長く機能した。

戦後風俗雑誌は、これまでの先行研究においては、近代の医科学的まなざしと、当事者の主体性の関係を問うことのできる史料としてしばしば注目されてきた。この点を検討する際には、雑誌のなかの言説空間の分析にとどまるのではなく、雑誌同士、執筆者同士の関係性にこそ、「異種混交」的で、単純な二項対立ではない専門家と当事者のあり方をみることができる。ここまで明らかにしてきたように、研究誌およびそこに設置された「性愛相談」欄は、マイノリティの主体性を読み取るには不向きな媒体である。「奇譚クラブ」という、マニアが自ら活発に主張するメディアがある以上は、主体性に着目する場合はまずはこちらが第一選択となるべきであろう。「奇譚クラブ」の掲載作は、タイトルから中身が推測できないものが多く見落とされがちであるが、例えば同性愛・異性装関係記事もかなりの数が存在する。そして何より、長い間「一強」の存在であった「奇譚クラブ」は多くの知識人層を引き付け、投稿作家の質も抜きん出ていた。第2部以降で検討するように、彼らが誌上でおこなった当事者研究や、発表された小説はきわめて興味深く重要な思想を含んでいる。

ただし、「奇譚クラブ」の記事を読解する際に注意すべきは、「奇譚クラブ」は多種多様な読者の意見をなるべく広く掲載する方針をとっていたが、掲載しない/できない種類の原稿もあったことである。それは第一に、暗く陰惨なサディズム、残虐なだけのサディズム、犯罪と結び付いた欲望を描くもので、具体的には、当時地下本として流通していた『人面鬼』のような作品がそれにあたる。これらは発禁に結び付くだけでなく、「奇譚クラブ」編集部の認識としても、反社会的かつ有害ととらえていた。編集部はしばしば、このような単に暴力的で残虐な作品は掲載できないことを断っている。

第二に、性器的な快楽を中心とする欲望を描く原稿も、刑法百七十五条に抵触するため掲載できない。したがって、挿入行為を描いた作品は掲載されることがない。現代において、SMとは必ずしも挿入行為を重視しないとされており、確かにそれはSM文化の一面を正しく指摘していると思うが、少なくとも「奇譚クラブ」に挿入を中心とする欲望が表れないのは、それが存在しないからではなく、法の規制によるものである。誌上の言説空間は、あらかじめこのような欲望が排除されており、当時のマニアの現実をそのまま反映したものではない点に注意が必要である。

最後に、これ以降、戦後風俗雑誌がたどる歴史を簡単に述べれば、「悪書」に対する弾圧は一九六〇年代再び激化し、「裏窓」は一九六五年二月、「サスペンス・マガジン」に改称して再出発する。これは弾圧対策だったと、当時の編集長・飯田豊一は証言している。[53]「奇譚クラブ」も、弾圧対策に、一九六五年三月号から巻頭の緊縛グラビアを廃止する。SM雑誌への弾圧は七〇年半ばまで続く。しかしこの弾圧は唐突に終わりを迎え、七〇年十一月、東京三世社から「SMセレクト」が創刊、非常によく売れたことをきっかけに、SM雑誌ブームが到来、一挙に十数誌のSM月刊誌が競い合う事態となる。しかし、飯田豊一および、「SMクラブ」の編集長であった柿崎雅人によれば、このSMブームで発行されたSM雑誌は、「SMは売れる」という認識のもと創刊されており、編集側に須磨や飯田、柿崎のようなマニアはほとんどいなかったという。[54]「奇譚クラブ」は、ほかのすべての戦後風俗雑誌が終刊したあとの七五年三月、二十七年五カ月の歴史に幕を下ろした。

注

（1）飯田豊一『『奇譚クラブ』から『裏窓』へ』（「出版人に聞く」⑫）、論創社、二〇一三年、四三ページ

（2）河原梓水「飯田豊一（濡木痴夢男）氏の軌跡とその仕事——新出インタビュー原稿によせて」「立命館文学」第六百七十四号、立命館大学人文学会、二〇二一年、一一ページ

（3）「風俗草紙」にはのちのSM雑誌で活躍する人材、とりわけ画家が多く登場する（秋吉巒、北原環、中川彩子）。そして創刊号から、「読切ロマンス」で「奇譚クラブ」よりも早く緊縛写真を掲載した編集者・上田青柿郎が、おそらく自身で提供したであろう緊縛写真とともに登場している（「新らしい責め・古い責め」）。この点で、「風俗草紙」がのちのSM文化に果たした役割は計り知れない。

（4）石川巧「解題 戦後出版文化史から見た「社会文化史データベース 性風俗稀少雑誌コレクション」」「社会文化史データベース」二〇二二年（https://j-dac.jp/shakaibunka/kaidai_index.html）［二〇二三年十二月二十八日アクセス］

（5）濡木痴夢男『「奇譚クラブ」の絵師たち』（河出文庫）、河出書房新社、二〇〇四年、一一四—一一五ページ

（6）「風俗草紙」一九五三年八月号、裏表紙

（7）前掲『「奇譚クラブ」の絵師たち』一一六—一一八ページ

（8）前掲「飯田豊一（濡木痴夢男）氏の軌跡とその仕事」四七—四八ページ

（9）くろねこ「風俗草紙」「懐かしき奇譚クラブ」（https://nawa-art.com/etc/fs/fs.htm）［二〇二三年十二月二十八日アクセス］

(10)このほか、一九六〇年二月に風俗研究社から同名の雑誌が創刊されているが、復刊である旨の言及がないことと、表紙の雑誌名のデザインが全く異なることから、これを別雑誌と考えて冊数に含めていない。

(11)木下博文編『東京紳士録 昭和28年版』上、第一興信所、一九五三年、一二一一三ページ

(12)前川直哉『〈男性同性愛者〉の社会史――アイデンティティの受容/クローゼットへの解放』作品社、二〇一七年、九三ページ

(13)同書九六ページ

(14)そのほかの「犯罪科学」からの転載で、判明しているものは以下。〔「風俗科学」創刊号〕巻頭口絵「十六世紀の木版画に現れた姦婦妖婦に対する私刑」のイラスト↓「犯罪科学」一九三〇年七月号、巻頭口絵。巻頭口絵「紅毛人の見た江戸風俗」↓「犯罪科学」一九三一年四月号、一一三ページ、「紅毛人の見たる幕末の浴場」。巻頭写真「失礼な訪問者」↓「犯罪科学」一九三一年三月号、一七七ページの写真。一二〇ページと一二八ページのイラスト↓「犯罪科学」一九三〇年十月号、一三六ページ、一四八ページ挿絵。〔「風俗科学」通巻第二号〕表紙↓「犯罪科学」一九三一年一月号、表紙。巻頭口絵・アルフレッド・クービンのペン画↓「犯罪科学」一九三〇年九月号、七二ページ、口絵。巻頭口絵「風はいたずら者よ」↓「犯罪科学」一九三一年三月号、一一二ページ、口絵。〔「風俗科学」通巻第五号(一九五四年一月号)〕表紙↓「犯罪科学」一九三〇年十月号、巻頭口絵。六九ページ写真↓「犯罪科学」一九三〇年七月号、巻頭写真。

(15)例えば、「奇譚クラブ」にもいくつか「犯罪科学」からの流用がある。「奇譚クラブ」一九五二年十月号掲載の茂木芳久「断頭台(ギロッチン)奇談」前半部は、「犯罪科学」一九三一年二月号掲載の濱尾四郎「ギヨチーヌ綺談」からの流用(「龍之巣」〔http://ryunosumika.blog.2nt.com/blog-entry-1.

html〕［二〇二三年十二月二十八日アクセス］）、一九五三年八月号扉ページ口絵は、「犯罪科学」一九三〇年六月号一二一ページ口絵からの流用である。流用には、編集部が自らおこなう場合と、投稿作品が盗作だったが、気づかずに載せてしまう場合がある。口絵の流用は特に問題視された形跡がないが、文の流用は「編集後記」などで注意喚起がなされ、禁止されている。

(16) 比企雄三／扇屋亜夫「同性愛と男根羨望」「風俗科学」一九五四年二月号、扇屋亜夫「FKだより――風俗科学研究会のことども」「風俗科学」一九五四年九月号

(17) 太田典礼『第三の性――性の崩壊？』（妙義社、一九五七年）所収の座談会に扇屋は登場し、同書に扇屋の略歴と住所が記載されている。

(18) 秋吉巒に作風を似せた表紙は、このほか「風俗科学」一九五四年十二月号、一九五五年一月号―三月号。絵師の名も「秋山巒」などとされている。

(19) 河竹春陽「戦後の血族結婚を解剖する」、大林隆吉「私は屍体を賛美する」など。ともに「風俗科学」一九五四年八月号など

(20) 沼正三「スカタロジーという語について――高橋鉄氏に問う」「奇譚クラブ」一九五四年四月号、同「重ねて高橋鉄氏に」「奇譚クラブ」一九五四年六月号、同「手帖雑報欄 二一四」「奇譚クラブ」一九五八年九月号など

(21) 前掲「手帖雑報欄 二一四」一二二ページ

(22) 箕田京二「世にも不思議なヨタ記事――高橋鉄氏へ訊す」、前掲「奇譚クラブ」一九五四年六月号、一八三ページ

(23) 平野威馬雄「鞭打ちの歴史」「秘蔵版 風俗草紙」一九五三年十二月臨時増刊号、日本特集出版社。平野はここで「現代のサドは、あくまで『合意』や妥協のない『心からの泣かせ』を要求しているの

だ」（一八一ページ）と述べ、吾妻が「奇譚クラブ」当時展開していた、合意と持続性に配慮したサディズムのあり方を当てこすっている。

(24) 戦前は、著者や出版社が明らかな合法的出版物は出版法・新聞紙法で規制されており、刑法第百七十五条は秘密出版による春画・春本、性器を模した模造品などに限られていたという。海老澤侑「刑法175条の戦前期の検討」「大学院研究年報　法学研究科篇」第四十八号、中央大学大学院研究年報編集委員会、二〇一九年、二五一ページ

(25) 無署名「不良出版物を締め出せ」（「警察公論」一九五五年六月号、立花書房）ではチャタレイ事件に言及したあと、しかし「だれが見ても青少年に害毒を流すような不良出版物までも警察の取締の対象外においてよいというのではあるまい」と述べ、その例として「エロ・グロ出版物」を挙げている（八五ページ）。

(26) 例えば「あまとりあ」一九五三年一月号「巻頭言」で、「あまとりあ」は性雑誌だが「エロ雑誌」ではないという主張が高橋によってなされるが、そこでは自分たちへの弾圧と等しいものとしてチャタレイ裁判への言及がある。

(27) 矢部敬太「エロ雑誌出版裏ばなし」「丸」一九五五年六月号、聯合プレス社、六四ページ

(28) 「第4章　少年非行と処遇」「平成元年版　犯罪白書」（https://hakusyo1.moj.go.jp/jp/30/nfm/n_30_2_4_4_1_1.html）［二〇二三年十二月二十八日アクセス］

(29) 「わいせつ事犯の種別と傾向」、警視庁防犯部編『防犯部年報　昭和28年編』所収、警視庁防犯部、一九五四年、「エロ雑誌にも赤線区域」「朝日新聞」一九五二年十月二十七日付夕刊

(30) 橋本健午『有害図書と青少年問題——大人のオモチャだった〝青少年〟』明石書店、二〇〇二年、七七ページ。なお摘発件数は前掲『防犯部年報　昭和28年編』に基づくが、長谷川卓也『猥褻出版の

歴史――出版の自由とは？ 昭和22〜37年』（〔三一新書〕、三一書房、一九七八年）巻末の摘発リスト掲載の件数はこれより多い。件数の確定は今後の課題である。

(31)「後記」「人間探究」一九五二年十二月号、一五六ページ

(32)編集子「新年号発禁の弁」「KK通信」一九五三年三月号、六ページ

(33)「読者通信欄について」「奇譚クラブ」一九五二年十二月号、八六ページ

(34)前掲「奇譚クラブ」一九五四年六月号、二〇六ページ

(35)小売店を同罪と見なす立場はかねてから存在し、「一九五一年出版界十大ニュース」の八番目に「ワイセツ出版物取締り処分により地方小売書店被害を受く」が取り上げられている。これによれば、小売書店を対象に、店頭から出版物を押収するだけでなく、店主の出頭を求め、指紋・調書・写真を撮るなどの「精神的苦痛、時間的消費」を与えたという。これに対して「小売、取次、出版の業界三者は当局に抗議と陳情をおこない、かかる出版販売統制への危機を阻止した」が（間評六「一九五一年出版界十大ニュース」「出版ニュース」一九五一年十二月下旬号、出版ニュース社、一二ページ、前掲『猥褻出版の歴史』一七〇―一七二ページも参照のこと）、再度の圧力により、摘発された雑誌の扱いを停止する地方小売店が続出したようである。

(36)前掲「KK通信」一九五三年三月号、七ページ

(37)前掲『有害図書と青少年問題』六七ページ

(38)「わいせつ事犯の種別と傾向」、警視庁防犯部編『防犯部年報 第3編 昭和29年統計資料』所収、警視庁防犯部、一九五五年、五八ページ

(39)関野嘉雄／清水慶子／岡本礼一／宮川まき／渡辺真夫／新井富子／高島巌「座談会 不良の出版物・レコード・映画・玩具から青少年をまもるために」、婦人少年協会編「婦人と年少者」第二巻第

六号、婦人少年協会、一九五四年、五ページ

(40) 前掲「刑法175条の戦前期の検討」

(41) 一九四八年二月、半月刊新聞「サンデー娯楽」(サンデー娯楽社・大阪市北区絹笠町) が摘発された事件。これに加えて、二五年六月二十四日大審院判決も参照されている。鶴田正三/斎藤正躬/美作太郎/瀧内礼作「猥せつ出版の取締と青少年保護条例」「法律時報」一九五五年五月号、日本評論社

(42)「奇譚クラブ」一九五四年四月号も発禁になったとする見解もあり、実際に当時は新聞などでそのように報道されたようだが、「奇譚クラブ」翌月号で誤報であることを編集部が表明している。

(43) 前掲「猥せつ出版の取締と青少年保護条例」

(44) 高橋鐵「性研究ニュース」「あまとりあ」一九五一年四月号

(45) 櫻庭太一「「反・反骨の大衆作家」としての高橋鐵――『南方夢幻郷』とその周辺資料から」「専修人文論集」第九十五号、専修大学学会、二〇一四年

(46)「読売新聞」一九五五年四月二十八日付夕刊

(47) 編集子「伊藤晴雨氏の思い出」(「奇譚クラブ」一九六五年十一月号) によれば、このとき「わいせつ」容疑をかけられたのは伊藤晴雨筆の巻頭口絵だった。完全に着衣の女性が描かれているので一瞥しただけで安心して掲載したところ、絵のなかに数個の張形が巧妙に描かれていることを警察に指摘されてはじめて気づいたという。吉田とおぼしきこの編集子は「氏一流のサービス精神を発揮されたもの」とし、「警察もよく発見したものだと感心させられる」と全く遺恨はない様子だが、「奇譚クラブ」はこの号をもって休刊、その後は数年間、直接購読者だけを対象にした通信販売の形態を余儀なくされる。「白表紙時代」と俗に呼ばれるこの暗黒時代の引き金を引いたのが伊藤晴雨だったという

事実は皮肉だが、伊藤らしいエピソードでもある。

(48) 前掲「飯田豊一(濡木痴夢男)氏の軌跡とその仕事」二二ページ

(49) 沼正三「雑報と雑感」「奇譚クラブ」一九五七年十月号、一三三ページ

(50)「性問題の研究」の書誌情報はあまり知られていないため、創刊号の情報を記す。一九五五年十一月十五日印刷、同年十二月一日発行。編集:日本性学会、発行人:久保藤吉、印刷所:向上印刷、発行所:久保書店(東京都中野区江古田一の二三〇二番地)、全九十二ページ、定価七十円。最終ページには日本性学会の定款と役員名簿が折り込みで挟み込まれている。

(51) 最終号の一九五六年十二月号では、今後は通俗色を排した純学術研究発表誌と、一般向けの性啓蒙雑誌を別々に創刊することになったと記しているが、創刊した形跡はない。おそらく前者は永井が五七年五月に死去したことで、後者は、実現したとすれば中心を担ったはずの高橋鐵が、五六年から刑法第百七十五条をめぐる裁判闘争に関心を移していくことで立ち消えになったと考えられる。

(52) 高橋鐵は一九六九年に「70年の人性誌」と題して「愛苑」を創刊しており、これは研究誌の復活とも考えられるものであるが、本書では時期が下りすぎるため取り上げない。

(53) 前掲「飯田豊一(濡木痴夢男)氏の軌跡とその仕事」四六ページ

(54) 筆者が二〇二三年十一月に柿崎雅人氏におこなったインタビューによる。

第2部　善良な市民になる

第3章　病から遊戯へ
——サディズムの近代化・脱病理化

はじめに

サディズム・マゾヒズムは、精神医学分野における病理概念として十九世紀末に誕生した概念であり、猟奇殺人や強姦、死体損壊など、犯罪行為に至るような病理を基本的に指していた。しかし、近年の日本社会ではこのような病的イメージは随分和らぎ、すっかり普及した「ＳＭ」という言葉には、合意のうえの実践であるという含意がおおむねある。現在ＳＭといえば誰にでも多少は存在する欲望であると語られたり、カップルが合意のうえで楽しむ性の遊戯ととらえられるようになってきたりしている。

このような認識の大きな変化は、決して当たり前ではない。例えばアメリカでサディストといえば、いまだシリアルキラーや強姦魔を想起する人のほうが多く、したがって他人を軽々しくサディストと呼ぶことはない。日米において大きな認識の相違があるのは、おそらく、両国におけるサディズム・マゾヒズムの脱病理化プロセスに大きな違いがあるからである。

北米では、一九七〇年代にSM愛好者たちの当事者組織が形成され、人権獲得運動を展開しはじめる。この過程で大きな貢献を果たしたのが、SSCというスローガンである。SSCは、「安全で、正気で、同意のある（Safe, Sane, and Consensual）」SMを意味し、八三年八月にゲイのマゾヒスト、ディヴィッド・シュタインが中心となって発案された。SSCは、成人同士が同意のもとで安全に配慮しておこなうSMプレイと、他者を一方的に痛めつけるレイプや殺人とが異なるということを社会にアピールする際に大きな役割を果たした。現在、北米を拠点とするBDSM関連団体の非常に多くがこのスローガンをウェブサイトに掲げているし、彼らが提供する教育プログラムやワークショップにもSSCが取り入れられている。

北米でSSCが主張され、サディズム・マゾヒズムの脱病理化運動が活発化するのは一九八〇年代であるが、日本では、すでに五〇年代前半に「奇譚クラブ」で脱病理化理論が提起され、定着する。そして七〇年代には、この理論が大衆化されるかたちで、事実上の脱病理化を達成する。本章では、日本での早期の脱病理化に決定的な影響を与えた、吾妻新によるサディズムの近代化論を検討する。

1　サディズム・マゾヒズム概念の輸入と定着

サディズムとマゾヒズムは、ドイツ・オーストリアの精神医学者であるリヒャルト・フォン・クラフト゠エビングの著名な著書『性的精神病質（Psychopathia Sexualis）』（初版一八八六年）においてはじめて定義されたと一般的に語られることが多い。しかし実は同書の初版にサディズム・マゾヒズムは登場せず、初出はクラフト゠エビングの別の著書、『性的精神病質分野における新研究――医学的・心理学的考察（Neue Forschungen auf dem Gebiet der Psychopathia Sexualis: eine medizinisch-psychologische Studie）』（一八九〇年）である。[1]その後、『性的精神病質』第六版もしくは第七版（一八九二年）から「変態性欲（＝性的倒錯）」の一種として立項され、[2]以後、サディズム・マゾヒズムは、精神疾患として世界に広まっていく。この段階でのサディズムは、人間または動物に苦痛もしくは損傷を与えて快楽を得るものとされ、マゾヒズムはその正反対であるとされた。主に猟奇・連続殺人犯、暴行犯・強姦犯・死体損壊犯などが該当者として想定されていた。

『性的精神病質』の日本への紹介は、ごく初期に森鷗外などによっておこなわれていたが、本格的な紹介は、一八九一年、「裁判医学会雑誌」（裁判医学会）に連載された原著第四版（一八八九年）の邦訳である。[3]この連載は取りまとめられ、一八九四年に『色情狂編』という書名で刊行される。[4]ただし、同書にはフェティシズムは立項されているものの、いまだサディズム・マゾヒズムの項目はない。[5]サディズム・マゾヒズム概念が本格的に日本で紹介されるのは、一九一三年に大日本文明協会から刊行された黒沢良臣訳『変態性欲心理』である。[6]『変態性欲心理』には、「表象的サディズム」「架空的サディズム」「空想的マゾヒズム」[7]といった、他害を含まない想像の領域もまた病理として掲載されていた。こうした文脈では、犯罪と結び付いていないこと、同意があることは病ではない理由にならず、快楽殺人犯も、合意のうえで「遊戯」をおこなう恋人同士も等しく精神病者とされることとなった。実際にアメリカでは、長い間この立場に基づいて犯罪者とSM実践者をひとしなみに精神病者として扱ってきた。アメリカにおいて診断基準が変更され、単にサドマゾヒスティックな空想をしたり、合意のうえで実践をおこなったりしただけでは精神障害とされなくなった（＝脱病理化した）のは、実に二〇一三年のことである。[8]

翻って日本では、これまでSM実践者を精神障害者と診断して当人に何らかの不利益を与えたり、暴行犯として逮捕したりすることは、歴史的には欧米ほど活発にはおこなわれてこなかった。

しかしながら、たとえば、江戸川乱歩の小説「D坂の殺人事件」（一九二五年）は、「遊戯」が過激化して殺人に至ったサディストとマゾヒストのカップルを登場させており、サディズム・マゾヒズムを犯罪の原因とみる見方も広く流布していた。このほか、虐殺や独裁をおこなった歴史上の人物をサディストとして取り上げ、残虐かつ淫蕩な人物として描くことも頻繁におこなわれるようになった。

一九四〇年代に入ると、エーリッヒ・フロムによってホロコーストなどを引き起こす悪しき大衆心理を示す用語として、サディズムとマゾヒズムが用いられ、影響力をもつようになる。[9]さらにサディズムは、病理であると同時に、戦争や虐殺を引き起こす野蛮な本能であり、サディストは文明化していない「未開人」、獣性をもった先祖返りとも見なされた。[10] このような展開は欧米にもみられ、アリソン・ムーアは戦後すぐから、ナチスの収容所看守が性的倒錯者として描写されていることを指摘している。[11] サディズムは、特に性的な文脈に限定されず、児童虐待から性犯罪、猟奇殺人、歴史上の刑罰、殺戮に至るまでの多種多様な残虐行為に接続され、「残虐行為のごみ捨て場」の観を呈しており、[12] 実行者はすべて「異常者」「狂人」としてひとまとめにされていた。サディズムの名のもとに、ささやかな加虐嗜好から鞭打ち、虐待・猟奇殺人、ヒトラーのような戦争犯罪者までが一直線に接続されたのである。このような状況のなかで「奇譚クラブ」に登場したのが、吾妻新である。

2　フェミニストなサディスト

吾妻新は、一九五三年から六一年まで活躍した、異性愛の男性サディストを名乗る投稿作家である。現在は全く無名の存在だが、同時期の読者の投稿文では、「吾妻氏と沼氏とを得られたのは奇クの最大の収穫」「奇クの執筆陣に吾妻新、沼正三の両氏を迎えたことは正に双璧とも称すべきでしょう」[13] などの評価がみえ、当時、吾妻が沼正三に匹敵する作家と見なされていたことがわかる。吾妻が「奇譚クラブ」に現れなくなって相当に長い年月が過ぎても、「奇譚クラブ」やそのほかの

SM雑誌に、吾妻に言及する者が定期的に現れることも、彼が大きなインパクトを残した作家だったことを裏付けている。(14) それほどに彼のサディズム論は画期的であり、日本におけるそれまでのサディズム概念を塗り替えるほどの影響力をもっていた。

吾妻は匿名作家であったが、その正体は、服装史、女性史、医療問題など、様々な分野で業績を残した在野の研究者・作家の村上信彦である（補論1「作家の実名①吾妻新（村上信彦）――戦後の民主的平等論者の分身」を参照）。村上はラディカルな女性解放論者として知られ、『女について――反女性論的考察』（興風館、一九四七年）、「明治女性史」シリーズ（全四巻、理論社、一九六九―七二年）、「服装の歴史」シリーズ（全五巻、理論社、一九五五―七五年）など、その後の服装史・女性史に影響を与えた多数の著作がある。『音高く流れぬ』（全三巻、興風館、一九四〇―四二年）、『出版屋庄平の悲劇』（全二巻、西荻書店、一九五〇年）など、小説も複数発表している。

一九四七年に刊行された村上の著書『女について』は、「女らしさ」の構築性について論じたものであり、性差が社会的に構成されることを様々な例証を挙げて論じ、本来男女の間に、性器の形状以外の相違はないと主張している。現在でいえば、セックスとジェンダーの違いを論じており、両者の違いは現在では広く知られつつある。しかし、四七年においては全くそうではなかった。第二波フェミニズムの勃興は六〇年代であり、「人は女に生まれない。女になるのだ」という文言で広く知られるシモーヌ・ド・ボーヴォワールの著書『第二の性』がフランスで刊行されたのは四九年である。こぶし書房版『女について』の解説を担当した篠原三郎は、「『第二の性』が発表される二年前に、村上氏は、女はつくられたものであることを発見していた」（同書二四二―二四三ページ）と述べ、『女について』の先見性を高く評価している。四七年といえば、政府・文部省が「純潔教育」の実施を定めた年である。[15] 戦後、「女性解放」が叫ばれてはいても、その内容は現代からみれば女性差別的なものであり、当時の主流の女性解放論のほとんどは、性別役割分担を暗に前提としたものであった。このようななかで、セックスとジェンダーの相違を主張し、男女間には生まれ持った能力に差がないと主張した村上の先駆性、ラディカルさはいくら強調してもしすぎることはない。

このように、非常に先駆的な女性解放思想を抱いていた村上が、女性を苛むサディストとして「奇譚クラブ」で活躍したことは、一般論としては奇妙にみえるかもしれない。しかし吾妻のサディズム論は村上の女性解放論と矛盾するどころか、完全に同じ思想に立脚するものとして展開されていた。吾妻が提起したサディズムの近代化論は、SM実践にとどまらず、多数派である異性愛の実践を考えるうえでも重要な論点を含んでいる。本章では、吾妻が「奇譚クラブ」で展開したサディズムの近代化論がどのようなものだったのかを確認したい。

3　吾妻新によるサディズムの近代化論

サドは真のサディストではない

吾妻新は、「奇譚クラブ」一九五三年三月号からおよそ三年にわたり、サディストの立場からほぼ毎号一編以上の著作を発表しつづけた。著作一覧は補論1で示したので適宜参照されたい。これらの著作で、吾妻は、同時代に主流だったサディズム理解とは全く異なる自説を展開した。

サディズムといえば、誰しもまずはサディズムの語源になった人物、十八世紀フランスに生きたサド侯爵を想起する。そして、彼が小説に描いたところの、他者に対する激しい身体的暴力をサディズムとして想起する。しかし吾妻は、サドの小説に代表されるような、「被害者」の同意なく、相手を肉体的に傷つけ、殺傷するなどの激しい加虐行為は、古いサディズムであり、真のサディズムではないと主張した。

吾妻は、「サードは稀代のサデイストといえますが、だから彼のサデイズムが比類ないとか完全だとか云うのは誤り[16]」だとする。そしてこれを近代以前の粗野な古い型だとして批判する。すなわち、「単純な残酷さを生命とする」サドのサディズムは「古代からあり、現代にもどこにでもある極めてありふれた抑圧衝動の変型」であり、これらはいわば「飢餓をみたすための衝動[17]」にすぎないという。「乱歩の小説にしても、すぐにメスで切り刻んだり、手足をバラ〳〵にしたりするが、この種の惨酷さはどんなに手を代え品を代えても単純極まるもので」「真のサデイストにとつては少しも満足しないのです[18]」

それでは、どのようなものが真のサディズム／サディストなのか。吾妻は、「本誌の読者投稿欄にもみられる「軽微な」「穏和な」「かるい」サディズムという言葉からもわかるように、本格的なサディズムはまるでどこかに厳然とした御神体を持ち、狂暴無比な純粋性を誇っているかのよう[19]」であると述べ、サディズムの真正さを、振るわれる暴力の強弱で測る考えを批判する。そして真のサディズムとは、「拷問ではなくて折檻」「惨酷ではなくて凌辱」であるべきだと主張する。拷問と折檻、惨酷と凌辱の相違は現代的観点からは理解しづらいが、次の記述が参考になる。

この点に古いサデイズムと新らしいサデイズムの根本的相違があるので、サードはただ苦しめればよかつたのでしようが、私たちは縛つたり吊すこと自体に苦痛を与えぬよう細心の注意を払います。つまり凌辱するためにやるのです。

（「風流責各態」「奇譚クラブ」一九五三年五月号、二九ページ）

われわれの好むのは拷問でなく折檻であり、（略）犠牲者に傷を与えることもほとんどありません。また、こうした行為によつて狂暴な線に発展してゆくおそれもありません。この快楽はきわめて持続的です。

（同記事三三ページ）

ただ相手を縛ったり吊るしたりして肉体的苦痛のみを与えることは、拷問・残酷に相当する。そうではなくて、身体を極力傷つけることのない暴力、すなわち心理的な羞恥心や汚辱感を利用することを、凌辱と呼んでいると解せる。サドのような、激しい身体的暴力を振るってしまえば、相手は傷つき、すぐに死んでしまうため、関係が持続することがない。このようなサディズムを行使する場合、サディストはまさに猟奇殺人犯と変わりないものとなる。しかし、心理的汚辱に焦点を移動させることによって、これらの行為は「持続的」となり、対等な人間同士の性愛の遊戯となる道が開かれるのである。

さらに彼は、「サディスムはほんらい性心理の分野の言葉ですが、私はそれを狭義の性生活に限定しています」（「古川裕子への手紙」七九ページ）として、犯罪的な単なる残虐行為をサディズムの領域から切り離す。吾妻は、当時最大限に肥大化していたサディズムを、性の領域のみに切り詰め、さらには愛し合う人間同士の寝室にのみ限定し、サディズムが社会に敵対しないかたちで存続できるのはこの場合のみだとする。寝室に限定するのは、日常生活において、両者の対等性が確保される必要性があるからである。吾妻は、近代化されたサディズムの実践には、相手の同意は当然必要だと考えていたが、ただの同意では不十分だと考えていた。「古いギセイ心や因習道徳」によって男性に逆らうことができず、男性のサディズムに女性が同意するような場合は、真の同意とはいえないからである。

男女の性生活における対等関係は、戦後、高橋鐵らによって「快楽の平等」というかたちでまず論じられていた。[20] これまで不可視だった女性、とりわけ妻の快楽が発見され、彼女たちに男性と同等に快楽を感じさせなければいけないと考えられ始めたのが、戦後から一九五〇年代にかけての時期であった。これらは「あまとりあ」をはじめ「夫婦生活」などの夫婦雑誌で大々的に取り扱われた。

しかし、こうした快楽の平等主義は、あくまで男性が主体になり、「性愛技戯」によって女性たちを「救う」という男性本位の価値観に支配されたものであった。[21] これらは現実生活での男性の主導権を温存しながら、寝室でのみ見せかけの「平等」を実現しようとしたものである。しかし吾妻がサディズム論を通じて主張した男女平等は、現実生活での対等関係によって、逆に寝室での不平等を正当化しようとするものといえ、当時社会に浸透しつつあった快楽の平等主義とは一線を画する。

啓蒙小説「感情教育」

吾妻は理念を提示するのみならず、これをフィクションに落とし込み、新しいサディズムの実践を具体的に示そうとした。吾妻が最初に「奇譚クラブ」に連載した小説「感情教育」は、吾妻とその妻をモデルにした章三郎と由紀という男女が、日常生活にいかにサディズムを取り込み、持続的かつ幸福に実践していったかを描いたものである（一九五三年十一月号—五四年九月号連載、全十一回）。主人公・章三郎はフェミニストであり、かつサディストであるとされ、「心の底から男女平等を求め」（一九五三年十一月号、一七六ページ）、「あかるい平和な明日の社会を信ずる」（同記事、一七七ページ）人間として造形されている。このような、フェミニストかつサディストという人物像は、これ以前の日本にはほとんど存在しなかったものであった。さらに本作は、由紀はマゾヒストではなく「正常」な女性と設定されている点に最大の特徴がある。にもかかわらず、由紀は夫である章三郎のサディズムと折り合いをつけ、愛情に満ちた夫婦生活を営む。吾妻は、「「感情教育」はいかにして正常な女をマゾヒストに仕上げたかの物語ではなく、正常な女のままで、なぜ章三郎のサディズムがみたされたかの歴史[22]」を描いているという。

吾妻のサディズム論は、基本的にサディストとマゾヒストのカップルではなく、片方のみがそうであるカップル、とりわけサディスト男性とマゾヒストではない女性を想定して立論されていた。なぜなら、欲望がぴったり一致する相手と出会うことは、当時不可能に近かったこと、そして、仮に出会えたとしても、その人物を恋愛や結婚の相手に選ぶことが、必ずしもよしとはされなかったからである。

戦後日本では、女性解放のかけ声のもと、対等な男女間での恋愛結婚が理想視される傾向があった。ありていにいえば、相手の人格をよく見極めたうえで、お互いに尊敬できる相手と婚前交渉を経ないまま結婚することが、近代的で理想的な男女のあり方だとしてしばしば称揚されていた。吾妻は、このような理想をそのまま称賛していたわけではなかったが、性生活の相性よりも人格的相性を重視していたことには疑いがない。それは彼が、サディスティックな性的欲望を野蛮な本能の残滓とみて、それを統御する理性として人格を位置付け、両者を分離させることによって、サディストを擁護したことによる。性的嗜好によって愛する相手を選ぶということは、野蛮で危険な本能にとらわれていることを意味し、近代的な理性が本能に敗北することだと、吾妻には思われたのである。

この点は、性的嗜好が合致する相手とSMを実践することが自明視されてきた欧米のSM擁護論とは大きく異なる。欧米では、マゾヒストではない人間がサディストの行為に同意するとは考えられておらず、サディスト・マゾヒストのカップリングは、同意の有効性を支えるものと見なされてきた。(23)

欲望の一致なくして、吾妻はいかに同意を保証するのか。それは、夫婦間の完全な対等関係である。作中において章三郎は、結婚当初、従順で古風な受動性を備えていた妻に男女対等を説き「啓蒙」しつつ、対等な夫婦関係を実践する。その様子は由紀の口を借りて以下のように語られている。

私たちの家庭をたずねたお客さまのなかで、私だけが台所に閉じこもつたり、べつの部屋で食事したりするのを見た方はいないはずです。どんな初対面の人でも、地位のある方でも、私たちは一緒に話し、一緒の膳で、一緒のおかずで食べました。私は章三郎より早く起きたり、おそく寝たりする必要がありませんでした。(略) 彼は収入を全部私にわたし、お互いに、好きなときに勝手に出してそれを使いました。(略) 私は好きなときに、ひとりで映画を見にゆくこともできたし、どんな異性の友人をつくることもできました。

(「感情教育」「奇譚クラブ」一九五四年五月号、五四―五五ページ)

由紀と章三郎の結婚は、昭和九年(一九三四年)五月十四日のことであると作中で示されている。由紀が語る対等な夫婦生活は、一九三四年段階ではありえないほど先進的であり、「感情教育」が連載された五〇年代においてもきわめて珍しかったと判断できる。このような夫婦生活が実際に村上夫妻によって営まれたのかはもちろん確定できず、女性を「啓蒙する」という姿勢に、男性側の権力的な姿勢を読み込むことは正当である。しかし、当時の読者にとってより重要なことは、たとえ小説の話だとしても、「正常」な夫婦間でも実現していない男女の対等性が、ほかならぬサディスト男性とその妻の間に描かれたことである。フェミニストなサディストという人物造形すら画期的であった当時、このような、サディズムの実践と夫婦の対等関係の両立は衝撃的であったといいうる。編集部によると「感情教育」への反響は「夥しい読者の賛美の声となって殺到し[24]」た。誌上の反応からもその様子はうかがえる。

吾妻新様、裕子が本誌の寄稿者中、誰が一番好きかときかれれば、何の躊躇もなくこのかただと申しあげます。（略）「感情教育」は本当に面白い。面白いといつては失礼かも知れませんが、好ましいものだと愛読しております。フレーフレーと声援を送りたいような無邪気な気になつております。（古川裕子「わが心の記」、前掲「奇譚クラブ」一九五四年六月号、七二―七三ページ）

私の一番愛読いたしておりますのは、吾妻新さんの感情教育です。特にこれは私だけの感じかもしれませんが、五月号で結城由紀さんの告白のところが、よかつたように思いました。

（堀川恭子「無題（読者通信）」、同誌六〇ページ）

真に対等な状態での信頼関係、愛情関係を築くことができれば、それに基づいた実践、サディスティックな行為もまた、苦痛や嫌悪ではなく快楽につながる道がある。サディズムが存在できるのはこのような場合のみであると吾妻は小説・論考を通じて何度も主張していく。サドのようなサディズムは「原始的本能」として存在を認めるものの、この本能は性生活に限定し、性の遊戯とすることが必要であると説いたのである。

このような吾妻の主張は多くの賛同者を獲得した。読者投稿欄には賛意を示す投稿が相次ぎ、「新しいサディズム」「洗練されたサディズム」という言葉が用いられるようになる[25]。

吾妻が主張したサディズムの近代化は、戦争の原因の一つであると見なされた封建的価値観を克服し、近代的自律性を確立することを説いた戦後日本の民主化・近代化論と親和的でもあった。例えば、同時期に「民主的家族」を論じた川島武宜は、「民主的＝近代的な社会関係の特質」とは、「人が自らの行動について自主的に判断し決定することと、その必然的な他の一面としての人間人格の相互的な尊重[26]」であると述べている。吾妻はこのような主体的な男女間の愛情行為のバリエーションとして、近代化されたサディズムの実践を構想したといえる。

川島は続けて人身売買について言及し、以下のように支配と服従について述べている。

儒教的倫理は、子を売って醜業に従事させる親の「自由」をみとめる（略）。ここでは親子や夫婦の関係は、一方的な支配と一方的な服従の関係、一方が権利のみを有し他方は義務のみを負う関係であり、両者が互いに「権利」をもち「義務」を負うという関係ではない[27]。

川島の主張を裏返すなら、双方が民主的で平等な関係を基礎とし、相互に権利と義務を負うなら、さらに、相互に支配と服従の関係に合意するなら、サディズムも正当化されることになる。このように、吾妻のサディズム論と封建制批判は対になっていたのである。

サディズムの馴致

サディズムから残虐行為を切り分け、病から遊戯へと転換させようとした吾妻だが、一方で彼は、犯罪心理としてのサディズムと遊戯としてのサディズムを強固に連続的にとらえてもいた面もある。吾妻がしばしば引用したハヴロック・エリスは、サディズムを人間の「原始本能」と見なしていたが、吾妻もこの仮説を肯定的にとらえていた。そのため吾妻は、サディズムは、「だから軍隊や警察や戦場のように、ある条件が与えられるとほとんどすべての人間に、程度の差こそあれ復活[28]」すると述べる。つまり吾妻は、人間は全員潜在的にサディズムという本能をもっていると考え、マゾヒズムとは非対称にこれをとらえていた。

かなしいことにこの種の衝動は、教養や節度をもった人間にも、高い思想や正義感の持主にも残存しているのです。暴力を好まず、弱者を虐げるものに義憤をかんじ、男女の平等を真剣に求めるものにすら、有りえます。なぜならそれは性衝動だからです[29]。

ここで語られている「教養や節度をもった人間」には、吾妻自身が含まれる。吾妻は、村上名義で発表した自叙伝的小説『音高く流れぬ』(興風館、一九四〇年)、そして「ドキュメント小説」とされる『黒助の日記』(全三巻、偕成社、一九七七年)において、少年時代の同性愛傾向や強い性欲に苦しめられたことにふれ、エリスやクラフト゠エビングの書籍を熟読したと書いている。これらの小説で彼はサディズムには全くふれていないが、おそらく少年時代の彼の悩みのなかには、自身のサディズム的傾向に関するものが少なからず含まれていたはずである。ままならない思いに悩まされた経験が、サディズムを本能とみる視角に結び付いているのだろう。吾妻はさらに、シモーヌ・ド・ボーヴォワールを引きながら、親子間のサディズム、会社や学校での上下関係、幼年時代の遊戯、闘争的なあらゆる面での競争、そして家父長制や夫権、嫁いびりなどもすべて明らかな「サディズムの変形」だとする。(30) これは、当時の通俗的なサディズム理解の一つである。

したがって吾妻は、「だから問題は、人がどんな欲望をもっているかではなく、社会的に行為として現れた場合である(31)」として、サディズムが発露する際の社会的条件を重視する。一九五四年九月号掲載の「私は訴える」は、同年に起きた文京区小二女児殺害事件を受け高まっていた、戦後風俗雑誌およびサディストに対する社会の憎悪を受けて書かれたものであるが、ここで吾妻は、戦後の少年犯罪と売春風俗の激増についてふれ、「今日の日本社会はすべての人間を変質化する条件をそなえている(32)」としてこれらを強く危険視する。変質化とは、サディズムが発露し、「異常」な反社会的行動に導かれてしまうことを指している。

吾妻のサディズム論は、なぜ彼がサディズムという概念にここまでこだわるのか、という点で不可解であった。例えばサディズムを逆に残虐行為に限定し、同意のうえの行為をサディズムから切り離すこともできたはずだからである。事実、欧米のSM擁護論にはその傾向があり、病的・犯罪的ニュアンスをもつサディスト・マゾヒストの語を避け、サディストをトップやドム、マゾヒストをボトムやサブと言い換えることがおこなわれている。吾妻のサディズムの近代化論は、このような新しい自称を病理概念に対抗させたアメリカと異なり、サディズムという概念そのものを脱病理化するものであった。

吾妻がサディズム概念を最後まで手放さなかったのは、サディズムが普遍的に存在する本能であり、これらは家父長制の維持に貢献しており、したがってサディズムを「馴致する」ことこそが、当時の日本社会にとって取り組むべき課題だと考えていたからだと考えられる。吾妻が近代化されたサディズムを「愛と平和の心理」と評した理由もこの点にある。

猛獣は弾で撃ち殺せるが、すべての人間に潜在する本能を殺す武器はないのだ。だとすれば、これを暗い抑圧の世界に追いやって、社会的に危険な爆発薬に転化させるよりも、個人の性生活のなかで無害に発散または昇華させねばならない。(33)

吾妻にとって、多くの犯罪・社会問題の淵源はサディズムにあり、この野蛮な原始的本能をただ抑圧するだけでは、社会に危険な「爆発薬」としてそれを内包しつづけることになる。そうではなくて、サディズムを個人の性生活に限定して飼いならすことこそが、現代の様々な犯罪、悲劇を抑止することにつながるのである。吾妻は以下のようにいう。

文明は、過去には危険であった原始的本能をつぎつぎに馴致し、変形し、てなずけてきた。(略)サディズムの馴致こそは僕らに残された現代のいちばん大きい課題である。(34)

吾妻がいう「文明」とは、とりもなおさず人間の理性と意志を指している。この近代的な二つの武器によって、サディズムを近代化させ「馴致」することを「現代のいちばん大きい課題」とする。サディズムの近代化はサディストを自認する吾妻らの個人的生活だけの問題なのではなく、全人類の問題なのだった。

サディズムの近代化の障害として吾妻が第一に取り上げるのが、理性と意志の力を弱めるヒロポン中毒である。これは国家が蔓延させたものであり、吾妻はここに少年犯罪増加の原因をみる。そして第二に、性衝動を刺激し、さらに女性をモノとして扱う売春風俗が人々に与える影響を重大視する。ここに至って、彼のサディズム論ははっきりと女性解放論に接続される。彼が女性論のなかで、公娼制度の廃止を重視した理由の一つはここにあり、様々な家父長制下の女性の抑圧は、サディズムの悪しき発露を促す装置として彼に認識されていた。

おわりに

吾妻によるサディズムの近代化論をまとめれば、サディズムに新旧の区分を設け、単純な暴力・虐待である「サド的」なサディズムを古いものとし、新たに、完全な男女平等関係と信頼関係を前提とし、寝室に限定される、すなわち日常生活に影響を及ぼさない加虐・被虐関係を「近代化されたサディズム」として提唱するものだった。それはアメリカで展開した議論と同様、殺人や虐待とSMの実践を切り分けようとする点で、脱病理化論だということができる。

吾妻のサディズムの近代化論は、サディズムという概念そのものを脱病理化するものだったため、以後「奇譚クラブ」誌上に「真のサディズムは暴力的ではない」「真のサディストは女性に優しい」「真のSMは愛情行為」など、サディズムと暴力の結び付きを誤った理解として否定する言説を生み出していくことになった。サディズムという語の成立時の意味を踏まえればこれは明らかな誤りであるが、「奇譚クラブ」の読者はこの説明に飛びついた。以後、「奇譚クラブ」には愛し合うカップル同士の遊戯としてサディズム・マゾヒズムの実践を語る言説が頻出するようになり、定着していく。(35) こうした展開をたどったことには、「奇譚クラブ」が陰惨で残酷な言説よりも、明るく、希望がもてる言説を積極的に掲載する編集方針をとっていたことの影響も大きい。ともあれ以後、このようなレトリックは誌上に定着し、読者に多く含まれた知識人層にも広まっていく。現在の日本において、SM愛好者が直ちに精神障害者や強姦魔、DV加害者とその被害者と見なされないのは、このような脱病理化したサディズムの用法の影響があると考えられ、つまりは吾妻新のこれらの一連の仕事によるところが大きい。

以上、日本では北米よりも三十年ほども早くサディズムの脱病理化論が起こり、超早期の脱病理化を達成する。そしてこの近代化・脱病理化論の潮流を土台にして、以下検討していく種々の議論が展開していくのである。

注

（1）Renate Irene Hauser, "Sexuality, Neurasthenia and the Law: Richard von Krafft-Ebing (1840-1902)," Ph, D. dissertation, University of London, 1992.

（2）Renate Hauser, "Krafft-Ebing's Psychological Understanding of Sexual Behaviour," in Roy Porter and Mikulas Teich eds., *Sexual Knowledge, Sexual Science: The History of Attitudes to Sexuality*, Cambridge University Press, 1994、斎藤光「Psychopathia Sexualis の初邦訳について――邦訳の原典は原著第何版か?」「京都精華大学紀要」第十七号、京都精華大学、一九九九年

（3）前掲「Psychopathia Sexualis の初邦訳について」

（4）クラフトエビング『色情狂編』法医学会訳、法医学会、一八九四年

（5）斎藤光「クラフト＝エビングの『性的精神病質』とその内容の初期移入史」「京都精華大学紀要」第十号、一九九六年

（6）同論文、斎藤光「解説」、R・V・クラフト＝エビング、斎藤光編『変態性欲心理――変態性欲と近代社会』黒沢良臣訳（「近代日本のセクシュアリティ」第二巻）、ゆまに書房、二〇〇六年

（7）訳語は、前掲『変態性欲心理』によった。

（8）SM実践者に対する欧米での病理化とその後の展開については、河原梓水「現代日本のSMクラブにおける「暴力的」な実践――女王様とマゾヒストの完全奴隷プレイをめぐって」（「臨床哲学ニューズレター」第三号、大阪大学大学院文学研究科臨床哲学研究室、二〇二一年）を参照。

（9）エーリッヒ・フロム『自由からの逃走 新版』日高六郎訳、東京創元社、一九六五年、原著：一九四一年

(10)「残忍な行為は人間の天性の特徴である。それは文明の進んでいない人間の間には再三あらわれているのである。戦争はこの残忍性をあますところなくあらわしている。こうした一連の残虐性が、性と結びつくことによってサディスムが成立つのである」(井上泰宏『歪められた本能──性犯罪の事例と研究』久保書店、一九五五年、二四ページ)

(11)ヨーロッパを中心とするサディスト・マゾヒストの戦後表象については、Alison M. Moore, *Sexual Myths of Modernity: Sadism, Masochism, and Historical Teleology*, Lexington Books, 2015 を参照。

(12)吾妻新「私は訴える」「奇譚クラブ」一九五四年九月号、五一ページ

(13)佐渡魔造「私評 一九五三年上半期のベスト・テン」、福岡NO・1604「無題(読者通信)」、ともに「KK通信」一九五三年八月号

(14)保藤久人「溺れる心」(「奇譚クラブ」一九六四年十一月号)など。そのほか、「週刊スリラー」一九六〇年五月二十七日号(森脇文庫)掲載の「奇譚クラブ」特集記事「倒錯雑誌の執筆メンバー」では、取り上げられている主要作家五人のなかに吾妻新が含まれている。

(15)小山静子「純潔教育の登場──男女共学と男女交際」、小山静子/赤枝香奈子/今田絵里香編『セクシュアリティの戦後史』(変容する親密圏/公共圏)所収、京都大学学術出版会、二〇一四年

(16)吾妻新「サディズムの精髄──古川裕子氏の「囚衣」をよんで」「奇譚クラブ」一九五三年三月号、二〇ページ

(17)同記事二〇─二一ページ

(18)同記事二一ページ

(19)吾妻新「古川裕子への手紙」「奇譚クラブ」一九六一年五月号、七九ページ

(20) 赤川学『セクシュアリティの歴史社会学』勁草書房、一九九九年、鈴木敏文『性の伝道者 高橋鐵』河出書房新社、一九九三年

(21) 田中亜以子「「感じさせられる女」と「感じさせる男」」、小山静子/赤枝香奈子/今田絵里香編『セクシュアリティの戦後史』(変容する親密圏/公共圏)所収、京都大学学術出版会、二〇一四年

(22) 吾妻新「感情教育(六)」「奇譚クラブ」一九五四年四月号、一六四ページ

(23) Margot Weiss, *Techniques of Pleasure: BDSM and the Circuits of Sexuality*, Duke University Press, 2011.

(24) 吾妻新「感情教育(五)」「奇譚クラブ」一九五四年三月号、一三〇ページ

(25) 「吾妻新氏の(サディズムの精髄)なる一文はまことに立派な論文であり明解にして堂々たる主張で(略)特に近代のサディズムの本質は女性を肉体的に苦めるよりも、より多く精神的な苦痛を与えることなりという点は全然同感です」(S・H「無題(読者通信)」一九五三年四月号、六四ページ)

(26) 川島武宜『日本社会の家族的構成』日本評論新社、一九五〇年、八ページ

(27) 同書一〇ページ

(28) 前掲「サディズムの精髄」二〇—二一ページ

(29) 前掲「古川裕子への手紙」七九ページ

(30) 前掲「私は訴える」四六ページ

(31) 同記事四四ページ

(32) 同記事四四ページ

(33) 同記事五一ページ

(34) 類似の言説は、アメリカではSSCの定着後、SSC的なSMを「真のSM」と位置付ける言説と

して表舞台に登場する。

(35) ただし、すべての愛好者が吾妻の主張に同意したわけではなかった。第８章を参照のこと。

第4章　〈告白〉という営み

——セクシュアリティの生活記録運動

はじめに

私達の寝室は土曜日ごとに極度に淫らな責め場に変りました。私達は夫の提案で、主として私の体をこわさないために、特別な享楽を一週一回に限定したのでした。(略) 憲法記念日は私達の結婚の一週(ママ)年記念日でした。(略) 夫は私を犬のように四つんばいにしてポンプでお尻からどんぐ〱空気を入れました。(略) まん丸く突き出した腹に、(略) 出刃庖丁の鋭い切先が、ぷつつと音でも立てそうに触れた時、突然恍惚の不思議な転換が起つて、全身が激しくけいれんすると同時に私は強い快感にひきこまれました。

現代のほとんどの読者は、これを官能小説か、SM雑誌の創作記事の一節だと推測するのではないだろうか。これは、「奇譚クラブ」一九五二年九月号に掲載された告白手記、羽村京子「狂い咲くカンナ」の一節である（二一―二三ページ）。第1部で述べたように、「奇譚クラブ」には本作のような、一人称のエロティックな告白手記が多数掲載され、雑誌の目玉になっていた。

告白手記はもちろんポルノとして読まれ、楽しまれた。しかし一方で別の受け止められ方もした。それなりに多くの人々が、これらの作品は「真実」を描いていると感動し、絶賛し、そして彼ら自身も「真実を語りたい」として、「奇譚クラブ」に類似の告白手記を投稿したのである。「奇譚クラブ」は、当時「変態性欲」と呼ばれた同性愛、異性装、サディズム、マゾヒズム、フェティシズムなどを愛好する者たち（マニア）の交流の場として確固たる地位を築いていたが、告白手記へのこうした熱情はその原動力になったといってよい。[1]

従来、戦後風俗雑誌が分析される際、これらの小説じみた作品、明らかに扇情的目的をもつ作品は、単に性的ファンタジーを提供し、筆者・読者双方の欲望を満たすポルノだとして、それ以上は十分に掘り下げられてこなかった。雑誌自体は、男性・女性同性愛や異性装研究などで着目されてきたが、その多くは批評やエッセー、ルポルタージュ、読者からの便りを掲載した「読者通信」欄を主たる分析対象にしてきた。例外的にマーク・マクレランドは女性同性愛を描いたエロティックな読物について分析しているが、あくまでもこれをポルノとしてとらえている。[2]

確かに告白手記はポルノとして、読者の欲望を満たす機能を確実に果たしていた。しかしながら、単にポルノであるだけならば、真実性よりもエロティックな表現の巧拙やその過激さなど、いわば実用性に関する論評が通信欄を占めてもいいはずである。先学の位置付けでは、なぜ「奇譚クラブ」の読者が、これらの読物を真実と見なして絶賛したのか、そしてなぜ自らも次々とポルノじみた読物を、しかも自らを題材とする読物を、「真実の追求」として書き始めたのかを理解することができない。彼らにとって、書くことを通じた真実の追求とはどのような営みだったのだろうか。「奇譚クラブ」に掲載された告白手記のうち、とりわけ夫婦間のサディズム・マゾヒズムを描いた作品に着目し、この問いを明らかにすることが本章の目的である。これを通じて、匿名作家によるポルノ作品を史料として活用する道をあわせて示したい。

1 〈告白〉に対する二つの態度

本章で分析する「奇譚クラブ」に典型的にみられる、マニア自身によって書かれた告白・記録の体裁をとる読物を、以下、〈告白〉と総称することにしたい。〈告白〉とは、雑誌上では「告白」「記録」「手記」「実録」「日記」などと称され、作者自身の一人称、あるいは三人称で自身の性的欲望や過去の性体験を語る、当事者性をもった記事を指す。定義のうえでは題材を狭義の変態性欲に限定しないが、本章で扱う「奇譚クラブ」の〈告白〉は、基本的に狭義の変態性欲について語るものである。医師や性科学者などの専門家ではなく、同好の人々に向けて書かれたものであり、自身の悩みについて書かれていたとしても、診断や治療を求めてはいない。そして数人の例外はあるが、自身原則として匿名で、無名のマニアの立場から書かれている。[3]

三人称作品については、著者と同名、もしくは別名であっても明らかに著者自身だと読者にわかる人物を主役に据え、作者自身の性的欲望や過去の性体験を語る作品に限って含める。これらの作品も〈告白〉に含めるのは、三人称作品はしばしば、一人称作品と同様の真実の告白として誌上で扱われているからである。逆に、「読者通信」欄にみえる性についての告白はこれに含めない。三人称作品とは逆に、これらは誌上で真実の告白として言及されることが少ないからである。

第1部で示したように、「奇譚クラブ」が一人称の告白的な読物を掲載しはじめたのは一九五〇年ごろであり、一九五二年九月号を画期としてはっきりと誌上に〈告白〉が定着する。これらの〈告白〉にはしばしば「これはありのままの真実の告白／記録です」という文言が付されているが、これは決まり文句であり、当時の雑誌や書籍に掲載された告白・記録にはしばしば同じ文言が付されている。これを信じる者は少なかっただろう。しかし、「奇譚クラブ」では、「読者通信」欄や、読者から投稿されたエッセーや評論のなかにも、〈告白〉を真実だと評価する声が頻繁に見受けられる。

六月号から十二月号迄通して受ける強い印象には圧倒されます。（略）殊に人生体験の告白としての記事の持つ真実さは、私自身苦しんだ問題なので心を強く打たれます。

（S・I「無題（読者の便り）」「奇譚クラブ」一九五三年一月号、一四〇ページ）

特集告白はそれぞれに皆面白く御誌ならでは企て得られない貴重な読者の真実の告白で嬉しく思いました。

（M・N「無題（読者通信）」「奇譚クラブ」一九五四年七月号、九三ページ）

S・Iは、一九五二年六月（五・六月合併号）以降の「奇譚クラブ」に強い印象を受け、圧倒されたという。そして、「人生体験の告白」記事がもつ「真実さ」に心を強く打たれたと述べている。この時期に〈告白〉として掲載された作品には、本章冒頭で掲げた羽村京子「狂い咲くカンナ」が含まれる。次に、M・Nが「貴重な読者の真実の告白」とした「特集告白」とは、時期からみて一九五四年六月号掲載の特集記事を指しているが、この特集にも、直ちには事実と見なせない語りが含まれている。「奇譚クラブ」読者が〈告白〉に見いだした真実とは、単に実話であること、あるいは客観的事実であることだとは考えられない。

なお、読者投稿のすべてが真に読者からの投稿だったかは定かではない。そもそも雑誌の通信欄の投稿文は「やらせ」が簡単にでき、編集部の意向を直接反映しやすい記事カテゴリーである。[4]複数の雑誌を通覧すれば、どの雑誌も、雑誌の独自性を強調し、絶賛する読者の声を掲載していることがわかるだろう。通信欄に浮かび上がる雑誌像は、編集部側が見せたい雑誌の姿でもあるため、とりわけ創刊号と創刊から数号の「読者通信」欄の内容を本当の読者の反応として取り上げることには慎重にならなければいけない。[5]これは、「編集後記」や「創刊の辞」も同様である。「奇譚クラブ」にみられるこのような〈告白〉への賛辞も、まずは編集部が〈告白〉を雑誌の売りにしたいという意識の反映だととらえるべきである。しかし、それを考慮してもなお、〈告白〉への賛辞は無視できない。第1部で示したように、「奇譚クラブ」は客観的事実として、変態性欲者を自認する読者からの投稿を一手に集めていた雑誌であり、この〈告白〉への熱情はそれを可能にしたメカニズムを説明するものと思われるからである。

〈告白〉に対して客観的事実とは異なる「真実」を見いだし重視する態度は、同時期の性を扱う雑誌にはほとんど見られない。第1章で指摘したとおり、〈告白〉は当時「奇譚クラブ」以外の雑誌にはほとんど掲載されていない。それはなぜなのかを検討することで、「奇譚クラブ」の〈告白〉の位置付けを明確化したい。

研究誌と〈告白〉――「生心リポート」

第1部で、「人間探究」「あまとりあ」などの研究誌にマニアの告白手記がほとんどみられないことを指摘したが、それは当時の近代医科学的文脈で、当事者の語りが重視されていなかったことを直ちに意味しない。むしろ、性の告白は非常に重視されていた。高橋鐵は、アルフレッド・キンゼイの通称「キンゼイリポート」に共鳴したとして、自身が設立した日本生活心理学会の機関誌「生心リポート」で、性生活に関する告白を大量に紹介している。日本生活心理学会は、その会則として、客員と会員は、学歴や職歴、家族関係などの個人情報に加えて、「性歴」を届け出ることが義務付けられていたという(6)。

しかしながら、高橋が収集した「性歴」などをもとにしたと考えられる「生心リポート」にみえる性の告白の様式は、「奇譚クラブ」の〈告白〉とは全く異なっていた。「生心リポート」第二号掲載の性の告白で、高橋が「冷たく鋭い観察と深い反省とに貫かれて」いて、「古今東西の資料を読破した中でも、最も興味津々、無限の素材として、おそらく比類稀なもの」と絶賛した告白がどのようなものか、確認したい。

A女（三六才）付添婦。数へ年一六才の時高小卒後九州南部より上阪女工となる。一八才の春、初潮と発毛みる晩熟、性知識なく猥談はよく知るも理解なく、（略）A女の肉体。身体は中肉中背稍々肥り肉、乳房は小さく経産婦にしては乳首も小さく色薄く、こんもりお椀型（略）上付き、小陰唇は薄く鮮明なる肉色、陰挺は差程発達せず、手が触れて揉めば大豆大に固く勃起し明瞭に摩擦可能、刺激は一五分に〇分でオルガスムスに達す、

（N「一八歳より接した女性より得た記録」「生心リポート」第二号、一九五三年一〇月カ）[7]

この記録では、男性告白者によって、性行為をおこなった相手の女性の成育歴、出身、初潮の年齢や陰毛が生えた時期、容姿、性器の形、自慰経験、職業などのデータが詳細に述べられている。これらはあたかも医師の問診に備えたメモのような記載方法である。引用しないが、以降では性行為についての執拗かつ細密な具体的描写が長文で展開される。

「生心リポート」に掲載された告白・記録のすべてがここまで徹底した記述様式をとるわけではない。なかには、告白者が性行為に際して感じた驚きや悲しみ、喜びなどが「奇譚クラブ」の〈告白〉と変わりない口調で述べられているものもある。しかし、総合的にみて、「生心リポート」の

告白は〈告白〉よりも直接的な性行為の描写を重視し、それを客観的に記述しようとする傾向がある。そのうえで、告白の「まえがき」や途中、末尾などに、高橋鐵やそのほかの専門家の「精神分析」「解説」が付される。告白者の多くは生活心理学会会員であり、誌上ではイニシャルや仮名で記されるが、高橋は彼らの詳細な個人情報を把握していた。

性器や挿入行為の直接的描写は、刑法第百七十五条「わいせつ物頒布等罪」に抵触し、掲載した刊行物は発売禁止になる。「生心リポート」の性描写の多くがこれに該当する。そのためこれらの告白は、彼が同時に手がけていた「あまとりあ」などの公刊誌にはそのまま掲載することが不可能であった。「生心リポート」は日本生活心理学会会員にだけ頒布した非公刊の冊子だったため、わいせつ物頒布に該当しないという考えから、高橋らは堂々と挿入描写を掲載した。しかし、やはりこれらも頒布にあたるとして、一九五六年に高橋は逮捕・起訴されている。[8]

このように、高橋らは性の告白を軽視していたわけではなく、むしろ重視していたが、彼らが性の告白として重視したものは、公刊誌に掲載できないような赤裸々な性行為の描写を意味していた。「奇譚クラブ」の〈告白〉には、このような性行為の直接描写はない。この相違は、「人間探究」や「あまとりあ」が、当事者の語りのどこに価値を見いだすかという点で、「奇譚クラブ」と全く異なる姿勢をとっていたことから生まれている。高橋らは、科学を標榜していたがために、正確なデータと客観的事実を重視し、「奇譚クラブ」で展開したようなフィクション性が強い〈告白〉に価値を認めなかった。告白はあくまで専門家の分析素材として価値があるのであり、そのため、当事者の語りは、必ず専門家の見解とあわせて掲載される。誌上に掲載された性愛相談には当然専門家からの応答が付されていたし、同性愛者を招いておこなった座談会もまた、メンバーに専門家を含み、彼らの語りを診断・評価する言説が含まれていた。フィクションが掲載される場合は、古典的な艶笑小説などが「貴重な資料」という建前で掲載されることが多い。このように、研究誌では、主観を廃した客観的記述こそが、真実を明らかにするために必要と見なされ、真実に迫るのは専門家の役割とされた。

「人間探究」「あまとりあ」にみえる性科学的なまなざしは、変態性欲者に対する強い差別性を伴っているが、とはいえ性について客観的基準を設けて分析しようとする姿勢自体は、現代の科学的態度に一応は通じるものがあるだろう。しかし「奇譚クラブ」では、このような客観的姿勢をとらず、また、挿入行為など直接的な性行動の描写に主眼を置くことなく、小説といったほうが正確なほどの、フィクション性の強い〈告白〉に真実を見いだしていた。

2 〈告白〉とフィクションと真実

では、「奇譚クラブ」の〈告白〉の内容はどのようなものだったのか。「奇譚クラブ」は公刊誌であり、性器の描写や挿入行為の描写などはすべて削除され、編集部での修正を経て掲載された。しかしそもそも、サディズム・マゾヒズム・フェティシズムなどを描く場合、性器や挿入描写は必ずしも重要というわけではないし、これらの直接的な性交描写をおこなうことが「奇譚クラブ」の

〈告白〉の主眼でなかったことは明らかである。さらに、「奇譚クラブ」の読者のなかには、賛辞を贈るだけでなく、実際に〈告白〉を投稿しはじめる者が多くいた。彼らの〈告白〉から執筆動機を記した部分を参照したい。

僕は此の文章に自己告白慾と虚栄が混つて無いとは云わない。然しそれだけではない。真実を知りたい。（略）矛盾を統一して調和に達する為への、自己完成への考察である。（無論〝奇ク〟には僕の一部である〝変態〟に就いてのみ書いた訳で、将来何年か、かゝつて僕の凡ての面をみごとに統一した小説を書きたいと夢想しているが）そして又、世の中で、自分の心の矛盾に悩んでいる人、自己の異常性に絶望している人々に向つて、自己を語りたかつたからでもある。（略）然し僕にとつて〝奇ク〟と云う発表機関が出来た事も、トルストイやヒルテイに劣らず大切な進歩への原動力だつたのである。

（黒井珍平「僕の記録 完結編」、前掲「奇譚クラブ」一九五三年五月号、四六―四七ページ）

黒井珍平は、女性に対する緊縛の愛好者だと表明していた人物で、長く誌上で活躍した。黒井がこの記録を書くのは「真実を知りたい」からだという。〈告白〉することは、それを読む者だけでなく、本人にとっても真実を知るための営みであったということになる。そして次に、「自己の異常性に絶望している人々に向つて、自己を語りたかつたから」と述べている。この二つはしばしば併記され、〈告白〉の動機として述べられる。彼らは専門家にではなく、同じマニアに向けて〈告白〉を書いている。黒井はさらに、自己の矛盾を統一し、自己を完成させることがその目的であるとして、真実に到達するという目的を説明している。ここで黒井は、将来的には自身のすべての面を統一した「小説」を書きたいと述べていて、彼にとっての〈告白〉が小説と類似的なものであることがわかるが、フィクションであることは真実性を損なわないもののようである。研究誌における〈告白〉に対する態度とは全く異なる姿勢が、ここに見て取れる。

次に、羽村京子「狂い咲くカンナ」の執筆動機を確認したい。

恐らく誰でも、このような告白を公けにすることには非常な勇気を必要とします。しかしそれにも拘らず私は敢えて書いてみようと思います。それは二つの理由からです。一つには、私自身のために、告白することによつて自分を客観化して自己の反省と安心とを得るためと、もう一つは、他の人達に、この私の経験が何かの参考になりはしないかと思うからです。[9]

羽村は、浣腸・蛙腹ファンタジーの愛好者として当時絶大な人気を誇った投稿者であり、本作以降、常連投稿者になり長く活躍した。後年の筆名には羽鳥水江がある。羽村もまた〈告白〉する動機として、第一に、自分を客観化して反省と安心を得ること、第二に、読者のための参考という理由を挙げている。自身の欲望について、専門家に相談・診断を仰ぐという姿勢ではない。「自分を客観化」するとは、自己を見つめ直して整理することを指している。黒井と同様に、〈告白〉によって自己の真実を導き出し、そこから「反省と安心とを得る」ことを目指しているといえる。

このほか、〈告白〉は、真実であるという評価に加えて、「研究」として優れているという評価が誌面にみえる。「貴誌の性研究の徹底的なのに驚くと共に非常な魅力を感じます」[10]「一つの「傾向性」についてあらゆる角度から集中的に追求している点が御誌のよい所だと思います」[11]という評価があるが、彼らが「徹底的」であり「集中的に追求している」とした研究の具体例が〈告白〉だった。つまり〈告白〉は、性科学的なアプローチよりも徹底的で、異なる角度——おそらくマニア自身——から集中的に変態性欲について研究したものだという見方が一定数存在した。「奇譚クラブ」での〈告白〉はポルノでありながら当事者による研究でもあったのである。

黒井にみられるように、自己の真実はフィクションという形態のなかで描写することができるという発想も、誌上では珍しくない。〈告白〉は「記録」と称されることも多かったが、誌上では文学と評す者もいた。文学の真実性についての認識は、一九五〇年代に文学にかけられていた社会の期待を考慮すれば驚くにはあたらないが、一方で当該期は、文学とは異なる方法で真実に迫りたいという機運が高まっていた時期でもあった。そして、扇情的な描写が多く含まれる作品や、ポルノとしての消費を当て込んでいるかにみえる作品は、真実性という点で一般的には低く評価されるはずである。「奇譚クラブ」で、真実の追求や研究という営みがポルノ的な表現と両立しうると考えられた事態が何を示すのかについて、検討することには意義があるだろう。

フィクションと真実

鳥羽耕史は、一九五〇年代を「記録の時代」と総括し、この時期には報道への懐疑が共有され、一般に報道されない真実を知りたいという機運が醸成されたこと、私小説や自然主義文学に対する根強い嫌悪感などを背景に、いままでとは異なる新しいリアリズムを確立する方法として「記録」という様式に期待がかけられていたことを指摘する[12]。国民文学運動や、農村女性にまで広がった生活綴方・記録運動など、戦後は平和への希求と近代的主体の確立をめぐって、文化運動が強い盛り上がりをみせた。しかし、この時期の変態性欲言説の研究のなかで、これら同時代の文化運動との関係は十分に検討されてこなかった。

しかしながら、前章で明らかにしたように、一九五〇年代の「奇譚クラブ」誌上にはサディズムの近代化論が登場し、変態性欲の近代化・脱病理化論が展開していた。「奇譚クラブ」の誌面が近代化や民主化一色だったわけではなかったが（第3部を参照）、啓蒙主義的な近代化論が誌面で支持を得て、強い影響力をもっていたことには疑いがない。そうだとするならば、同時代の近代化論は重要な要素と見なす必要がある。

以上の想定に基づき、本章では、一九五〇年代前半に日本列島中に広がって大流行した生活記録運動と〈告白〉の関係について検討する。生活記録運動は、子どもと大人を対象にしたものがあり、その理論も様々だが、ここでは後者のうち、鶴見和子と野間宏の理論に着目する。鶴見によれば、新生活記録運動とは、個人個人が生活を「ありのままに記録」することを通じて自己改造を図り、新時代にふさわしい新しい自己、言い換えれば近代的な自己になろうとする文化運動であった[13]。告白することと記録することには通常では大きな隔たりがあるが、変態性欲の記録の場合は告白的な性質を不可避的にはらむため、一定の共通性を見いだすことが可能である。

「奇譚クラブ」の投稿者や読者は多くの階層にまたがっていたが、誌上で活躍したのは圧倒的に知識人層である。翻って生活綴方・記録運動は、「文章の素人がエンピツを握るところから始まった」[14]とされ、民衆発の草の根運動であり、知識人の優位性を揺るがす運動であった点が評価されてきたといえる。しかしその一方で、運動に関与した学者や教師の隠れた主導性を指摘する研究も増えている。[15]このような生活記録運動における知識人の位置取りは、「奇譚クラブ」の言説空間と図らずも共通性がある。「奇譚クラブ」ではほぼ全員が筆名を用いていたため、知識人側の主観からすれば、変態性欲者・異常性欲者という負のレッテルを貼られた者同士、「民衆」とも同じ地平に立てるという幻想を抱くことができた。そして民衆側もまた、彼らを「仲間」と認識し、彼らの言葉を、上から降ってきたものではなく「仲間」同士の話し合いから生まれたものと見なすことができた。「奇譚クラブ」という空間は、生活記録運動の場になったサークルによく似た構造をもっている。このように、「奇譚クラブ」に集ったマニアたちの活動に、生活記録運動の影響を読み込むことは、たとえ「奇譚クラブ」が変態性欲を主題とする雑誌であり、さらに知識人を主たる執筆者とする雑誌だったとしても、決して荒唐無稽ではないはずである。

さて、戦後に展開した生活記録運動は、「ありのままに記録」することが重要とされ、ここでの「記録」を客観的事実と考えれば、研究誌の態度と共通性をもつといえるかもしれない。しかし、生活記録が本当に「ありのまま」を記録するものだったかについては議論がある。

主として作家の立場から生活記録運動に深く関与した野間宏[16]は、同時期、記録とフィクションの関係について論じている。野間は、自身が編集長を務めた文芸批評誌「生活と文学」(百合出版)

で、「生活綴方・記録と小説・文学」と題し、生活綴方と記録、小説と文学の関係性について、フィクションと真実という視点から検討を加えている。同連載は、創刊号から一九五六年六月号まで計八回にわたって連載され、同年刊行の著書『真実の探求——現代文学の方法』(理論社)に収録された。以下、同書に基づいて野間の主張を検討したい。

生活記録運動におけるフィクションと真実

野間は当時、鶴見和子と交流しており、四日市市東亜紡織株式会社泊工場サークル「生活を綴る会」に参加することもあった。[17]「生活綴方・記録と小説・文学」は、野間が「生活を綴る会」に関わる過程で浮上した問題について、文学者の立場から論じたものである。そして、会で当時喫緊の課題として浮上していたのは、生活綴方にフィクションを入れることの是非であったと述べている。

野間によれば、綴方は原則実名で、事実をありのままに書いていく点にその方法論的枠組みがある。しかし、数年綴方を書き続けている人々のなかには「もはや事実をありのままに書いていくところにとどまっていることができないという感じに動かされているよう」な人がいて、自分が実際に見たり出合ったりしたことがないことも綴方のなかに書きたいという欲求、また生活綴方を小説のほうへも広げてみたいという欲求をもつ人が当時多く現れていたという。「生活を綴る会」において「小説の問題を考えない会の人はほとんど一人もいないといってもよいほど[18]」だとも述べている。当時の生活綴方・記録と小説・文学の位置が存外近かったこと、さらにこの点をめぐって議論があった様子がうかがえる。

野間はこの欲求を受けて、生活綴方と小説・文学とがどのような関係をもっているのかを解き明かそうとする。野間によれば、小説におけるフィクションはそもそも、物事の本質をはっきりととらえ、それを表現したいときにおこなわれる誇張・強調であり、真実の探求のためにおこなわれるものである。真実の追求という目的を同じくする綴方・記録にもフィクションを求める要素は内在しており、両者を対立的にとらえる必要がないと野間は説く。

野間の議論を「奇譚クラブ」の黒井たちの主張に当てはめれば、黒井が「小説を書きたい」と述べた理由は理解できる。フィクションが、より真実に近づくための一つの技法なのだとすれば、〈告白〉にフィクションが含まれることは何ら問題にならない。そして、「奇譚クラブ」の〈告白〉について考慮されるべき特徴として、彼らが語ろうとした自らの性的欲望は、彼らが感じたり考えたりしたことであっても、現実に語られたりおこなわれたりしたものではないものが大半であるということがある。彼らの夢や欲望を正確に語るためには、フィクションが確実に必要であり、またそれによって事実よりもより真実に迫った内容を浮かび上がらせることができるならば、フィクションは真実の探求と矛盾しない。しかし、なぜ「奇譚クラブ」の投稿者は、自身の夢や欲望について、フィクションを交えて描写することを通じて、真実に迫れると考えたのだろうか。彼らが迫りたかった真実とは、そもそも何を指しているのだろうか。

3　〈告白〉が描こうとしたもの

夫婦生活と「新らしい愛情」

ミシェル・フーコーによる「告白を通じた真理の産出」論――自身の性について告白することを通じて、告白されるべき内面がつくられ、自己の真理を産出する――を踏まえれば[19]、変態性欲の告白が真実を生み出すことは、問うまでもなく自明のことのようにも思われる。しかし、フーコーが着目した真理とは、高橋鐵らが推進したような、性科学や精神分析を通じて産出される真実だと一般的には理解されている。その場合、告白は専門家による統治を呼び込むはずである。高橋らの活動と際立った相違がある「奇譚クラブ」で起きていた事態は、このような、告白を通じた真理の産出および統治と同じものとは直ちに見なせない。したがって、彼らが〈告白〉を通じて何をなそうとしていたのかを、〈告白〉のなかでも、夫婦間の変態性欲を語るものに焦点を当てて検討したい。なぜなら夫婦という単位は、民主的で近代的な新しい性のあり方が打ち立てられるべき関係として、当時しばしば注目されていたからである[20]。

新時代の夫婦のあるべき姿について、戦後、主に女性と家という問題に着目して啓蒙をおこなった鶴見和子らの主張をみていきたい。彼女が推進した生活記録運動は、生活を記録することを通じて「自己改造」をおこない、女性たちを封建的な家制度から解放し、自律的な「新らしい女性」を生み出すことをその大きな目的としていた。鶴見和子、野間宏、平井潔によっておこなわれた座談会の記録の鶴見の発言を確認する。

鶴見「いま職場の間に非常にいい恋愛が、目立たない形でたくさん出てきていると思うのですよ。（略）これは女も男もおなじだけれど、愛情の面でも新らしい人が、人間として新らしいと思うのです。愛情の問題は、人間改造の試金石だと思うのですが。[21]」

鶴見は「愛情の面でも新らしい人が、人間として新らしい」と述べ、愛情の問題は「人間改造の試金石」だとまで述べている。封建的ではない、民主的・近代的な愛情を育むことは、近代的な自己を確立するうえで重要だと考えていることがうかがえる。近代的な新しい夫婦の間に必要な「新らしい愛情」は「美しい愛情」とも呼ばれ、封建制から脱却し、対等な男女間が育むものとされ、民主化の潮流のもとでアメリカをモデルとして推進されていた。

鶴見や、当時の多くの女性解放論者にとって、「新らしい女性」とは、男性と対等に考え、男性と対等な恋愛関係・夫婦関係を結ぶことができる女性であった。このような対等な男女関係に重要なのが「愛情」の問題であると鶴見は考える。鶴見らの運動では「新らしい愛情」確立の問題は、おおむね理念と心情の不一致の問題としてとらえられていた。例えば、組合運動に参加している男性が、結婚するなら組合の活動をしていない女性がいいと発言したり、自立を目指したいと主張する女性が、結婚してからは家庭に入りたいと思ったりというもので、要するに学んだ思想と、意識下に染み付いた封建的価値観の対立ととらえられるものである。この問題は、「自己改造」と、男女間に依然として残る封建的構造を取り除くことで解決されると見なされていた。さらにこの議論では、結婚はゴールと見なされ、それまでの過程が重視される。結婚前にお互いがよく話し合い、お互いの意見を確認して結婚することで、「新らしい愛情」は確立できるとされた。

しかし、座談会や、鶴見や平井のそのほかの女性論を参照しても、どのような愛情が新しいのか、具体的な内容は現れない。愛情の問題は性愛とつながるはずだが、この点にふれるものはまれで、ふれたとしてもたいていは恋愛の問題にすり替えられてしまう。新しい愛情の詳細については、例えば平井は以下のように説明する。

新らしい愛情は、相手への誠実な奉仕から生れます。相手の幸福のために努力するという関係の中から、感謝も理解もうまれてきます。（略）相互の立場は異り、仕事の性質内容が異ろうとも、相互の立場を理解し、お互に協力援助してゆく生活の中から、愛情が育って行くのです。（略）これは男女夫婦の愛情ばかりではありません。親子、兄弟においても同様です。[22]

「新らしい愛情」は、相手への誠実さや感謝、協力、理解などという一般的道徳と結び付けて語られている。親子や兄弟に対する愛情と同様と語られていることから、ここで述べている「新らしい愛情」が性生活に直接関わるものではないことがわかる。これは性を直接的にタイトルに掲げて論じられる場合も同様である。

あたらしい性のモラルは、男女の新らしい協力関係のなかから生れていきます。お互いの立場を理解し、お互いの苦しみを知り、お互いの人間性を尊重する心がけのなかから生れていきます。（略）あたらしいモラルは、職場、サークル、仲間、家族などの集団生活のなかから、相互の点検、批判、援助を通じて生れていくということです。瞬間の快楽ではなく、永遠の愛情を求めるならば、男女のあたらしい関係も、友人や家族や隣近所の人たちにささえられ、承認されるようなものとなるでしょう。またそうなることへの努力をぬきにしては発展も成長も望めないでしょう。[23]

「あたらしい性のモラル」とされるものは、集団生活のなかで点検されながら生じ、さらにそれは友人や家族、隣近所の人々に承認されなければならないという。ここで述べている性のモラルとは、周囲に開陳できるものであり、つまり性生活についてではなく、やはり恋愛や結婚の進め方を指していると見なせる。このように、一九五〇年代前半から半ばごろまでの生活記録運動やサークル活動、文学運動において、愛情や性の議論は実質的には恋愛や結婚に至るまでの過程を論じており、性愛という面から夫婦の「新らしい愛情」が論じられたことはほとんどなかったと評価できる。夫婦の性愛論を提供したのは高橋鐵らによる性科学的な言説だが、これらは性別役割分担などを前提とし、またその語り口もとうてい真剣なものとはいえなかった。このようななかに現れたのが「奇譚クラブ」の〈告白〉である。

〈告白〉に描かれた夫婦生活

夫婦間における狭義の変態性欲を題材とする〈告白〉やエッセーは、「奇譚クラブ」において主流ジャンルというほどではないがかなりの数がある。これらが何を描いているのかを検討したい。〈告白〉の多くは、当時の性を肯定しようとする際にしばしば用いられた「性の解放」や性の民主化というロジックを用いていない。むしろ「奇譚クラブ」には、これら主流派言説に対する批判が定期的に掲載され、一般社会の変態性欲に対する態度、とりわけ高橋ら研究誌のロジックに関して対立的な姿勢が目立つ。

「奇譚クラブ」の〈告白〉はポルノでもあるとすでに述べたが、〈告白〉のなかには、エロティックな描写が少ないかほとんどなく、単に日常生活や著者の感情をつづっただけの、単なるポルノとは解しがたい内容のものも多くある。[24] ポルノ的な表現を明確に含むものも、「生心リポート」掲載の告白に比べれば明らかに性的な描写の割合は少ない。これらの〈告白〉の多くは、性の実践そのものよりも、むしろ夫婦の日常生活や関係性について、しばしば詳細に描写している。

①奥の六畳の間の天井は空襲の激しかった頃の名残で真中がとりはずせるようになつていました。私達はその二尺四方位の穴を通して、梁から綱を滑車で上下して私の体を吊り上げることの出来るようにしました（略）私達は、私達の寝室の雰囲気をいやが上にも怪妖なものにするために、様々な工夫をしました。赤や青の電燈、どぎつい色の壁掛け、全身をうつして見るこ

との出来る姿見などがそれです。私達の部屋は以前の何倍かの明るさに照明出来るようになったのです。

（前掲「狂い咲くカンナ」二二一—二二ページ）

②折檻部屋は、地下室で、それまでは物置に使っていたところです。丁度六畳ばかりの広さがあり、茶の間の床をあげると階段がありそこへおりてゆかれます。息抜以外には一つの窓もないコンクリート壁の地下室で、階段の尽きるところには鉄の扉があります。私たちはここを片付けて舞台装置をしました。壁の四方及び天井には鏡をつけ、鏡をおけない場所には、黒い紙をはさんだガラスをその代用としました。（略）床には赤い毛布をしきつめ、寝台用のマットをおきましたこの部屋は、鉄の柱や天井に近い部に鉄の梁がありますので縛ったり吊したりするには、もってこいなのです。

（古川裕子「囚衣——ある人妻の生活の記録」、前掲「奇譚クラブ」一九五二年十二月号、一二〇—一二一ページ）

両作で描写されているのは、いずれも寝食分離がなされた夫婦の性愛の空間である。これらはポルノとして、場の情景を想像させるための仕掛けともとらえられるが、それにしては分量を割きすぎている。当時、夫婦だけの寝室、すなわち性愛空間としての夫婦用の個室は特別な意味をもっていたことを想起する必要がある。

戦後の住宅理論を分析した西川祐子によれば、当時の住宅理論のキーワードは封建制批判であった。家長の統治する空間であり、前時代的な「イエ」の営みを容れる器でしかなかったこれまでの日本の「封建的住宅」に対抗するものとして、核家族のみの居住を前提とし、「夫婦の私生活」空間の確立を重視する住宅がこぞって提案されたという。この近代的核家族におけるよき夫婦像は、アメリカをモデルに、まず空間的にイメージされていた。[25]

加えて赤川学によれば、戦前期日本では、婚姻外性行動を規制し、夫婦間に性愛を限定しようとする言説が形成され、夫婦間性行動のエロス化が進行する。[26]戦後に至り、一九四六年に再版されたヴァン・デ・ヴェルデ『完全なる結婚』は、夫婦の性生活の重要性、特に女性のオーガズムの重要性を説いていた。「キンゼイリポート」でも、女性の自慰経験者が六割を超えていることなどが示され、女性の性欲の可視化を後押しした。同時期に展開した産児調節運動もまた、生殖から夫婦の性行動を切断し、性愛化を促進させたという。[27]「夫婦生活」を代表とする、夫婦の性生活をメインテーマとした一群の大衆雑誌では、毎号裏表紙に、夫婦二人だけの家や寝室プランの提案を間取り付きで紹介していた。ほかの家族にじゃまされず、性生活を営める夫婦二人だけの家と寝室は、単にエロティックな好奇心をそそるだけでなく、ポジティブな新時代の夫婦イメージ、つまり封建制を克服した近代的な夫婦像を喚起するものだった。

夫婦の寝室が置かれたこのような当時の文脈を踏まえて①②の記述を読み直すなら、詳細な寝室の描写に、近代的な夫婦像を提示しようとする意図を読み込むことが可能である。寝室をエロティックな空間として作り上げるのが「私達」という、夫婦二人になっていることも重要である。妻が主体的に振る舞い、そして夫と対等に何かを共同で成し遂げること、これは当時理想とされた近代的夫婦のあり方である。つまり、①②では、夫婦間の変態性欲の実践が、戦後民主主義にのっとった近代的夫婦像と重ね合わせるようにして描写されていると考えられる。当時、変態性欲者とは狂人か犯罪者、あるいはいまだ罪を犯してはいないが将来起こすだろう潜在犯罪者を指しており、強くスティグマ化されていた。つまり、近代性とは対極にある野蛮で危険な人々だと認識されていた。近代性と結び付いた変態性欲者たちの姿は、確かにほかのメディアにそれまで存在しなかったものであり、読者に衝撃を与え、当事者を感動させたことはうなずける。

羽村京子は、「狂い咲くカンナ」は結婚後一年間の出来事をテーマにしており、「その一年間の出事来(ママ)を詳しく書くことこそ、この告白の主な目的だつたのです」[28]と述べている。実際に本作では、羽村が自由恋愛の末に現在の夫と結婚したことと、その後の幸せな日常と性生活が語られる。彼らは、結婚一周年の記念日の連休に、思う存分、自由に「しびれるような歓喜に浸りきった」と述べ、この数日は、羽村夫婦の愛情関係のなかで画期となる期間として語られる。彼らの結婚記念日は、五月三日の憲法記念日であると明記され、とりわけ作中の日付である一九五二年五月三日は、「講和条約発効のすぐ後でもあつたので、誰も彼もうきうきとその数日をすごし」た。羽村夫妻の、変態性欲を介した愛情の深まりという喜びが、憲法記念日と、日本の主権回復という新しい出発の日の歓喜と重ねて描写されていることは示唆的である。羽村の〈告白〉は、夫婦間の変態性欲の実践が、封建的で野蛮な暴力ではなく、あくまで近代的で進歩的な夫婦のあり方に沿うものだということを示そうとしているのである。

変態性欲の実践と近代的な夫婦のあり方をあわせて描写する作品は数多い。吾妻新「感情教育」(「奇譚クラブ」一九五三年十一月号―五四年九月号)もまた、性生活ではない夫婦の日常生活の描写が半分近くを占め、妻と夫との対等性を強調している。一九五四年七月号に掲載された久留木栄「夫から妻から」は、夫婦の往復書簡という体裁をとっており、「縛るということより、それを通じてみた夫婦生活の考察」という副題が付されている。本作品は手紙の形態をとりながら、彼らの性生活がどのように進展し、それが愛情の深まりとどのように連関しているかということを描写するものである。菅野房江「眼帯マニアの妻の日記」(一九五五年一月号)は、日記形式で夫との眼帯プレイの様子を描くものであるが、性の実践以外に多くの日常生活の描写を含む。そのほか、若林啓子「被虐の愛情」(一九五三年八月号)、西沢芳造「夫婦愛の表現法としての裸女緊縛について」(一九五三年八月号)など、変態性欲を愛情と結び付ける意図をもった作品が定期的に登場するようになる。

これらの作品は、いずれも変態性欲と夫婦の愛情の深まりがどのように関連しているかということ、そして変態性欲を実践する夫婦にもきわめて常識的・一般的な日常生活が存在するということについて、熱心に描写していると評価することができる。なぜ彼らはそうしたのか。それは、変態性欲と夫婦の愛情の結合こそが、「新らしい愛情」という語の具体的な内実として「奇譚クラブ」で読み替えられたからである。

愛の読み替え

美の探究者を以て自任する私が今迄本誌の存在を知らなかつたというのは全く不覚の至りです。(略)殊に羽村京子さんの「狂い咲くカンナ」の如きは讃嘆するばかりです。

（三木「無題（読者通信）」、前掲「奇譚クラブ」一九五三年三月号、六二ページ）

夫婦の性生活を描く〈告白〉が「美」を表現しているという評価は同時期の「読者通信」欄に頻繁にみることができ、ここで「狂い咲くカンナ」に向けられている「美」という賛辞は、外見的な何らかの美しさを称賛するものではなく、夫婦の愛情を形容していると判断できる。〈告白〉に描かれる愛情は、変態性欲を介して成立するものだが、男女の対等性や女性の意見の尊重という点だけをみれば、鶴見和子や平井潔が主張した「新らしい愛情」のありようと矛盾するどころか、ぴったりと一致する。また、変態性欲と結び付けて描かれた夫婦の愛情のあり方は、「奇譚クラブ」では病理や異常ではなく「進歩的な性欲観」だと表現されることもある。変態性欲は、既存の性愛から逸脱するという点で、「新らしさ」や「進歩」と接続する余地もあった。ここに、鶴見や平井らが描くことができなかった具体的な近代的夫婦の性生活と「新らしい愛情」が、変態性欲を介することで具体的に描かれているといえるのではないか。

〈告白〉が描く文脈では、変態性欲の過激さや逸脱性は、「新らしい愛情」の成立を妨げるどころか補強する。なぜなら、「異常」で「暴力的」な実践を含みながらも夫婦関係が円満に維持されるのは、日常生活のなかで対等で民主的な男女関係、相手への誠実さや感謝、協力、理解によって成り立つとされた近代的関係が確立しているからこそである、と見なされたからである。すなわち、夫婦の変態性欲を描く〈告白〉は、変態性欲の実践そのものではなく、むしろ平凡だが近代的な日常生活を描くことにその主たる目的があった。

「奇譚クラブ」で〈告白〉と近代化という言葉が直接的に結び付く契機となったのは、一九五二年十二月号に掲載された古川裕子「囚衣——ある人妻の生活記録」（傍点は引用者）と、それに呼応した吾妻新＝村上信彦の一連のサディズムの近代化論である（第3章を参照）。古川の「ある人妻の生活記録」という副題からは、編集部が「囚衣」を生活記録と重ね合わせようとしていたことがうかがえる[29]。その意図は、実名でありのままをつづることが原則の生活綴方・記録と重ね合わせることによって、作品のリアリティを補強しようとしたものとまずは見なせるだろう。古川は、その後「奇譚クラブ」に作品を連載するにあたり、編集部から「日常のこまごました生活や心理について書いてほしい」と依頼されたと述べている[30]。編集部が古川の記録に求めていたのは、ポルノ的な描写のリアリティというよりも、日常生活のリアリティだったと判断できる。

「奇譚クラブ」一九五四年七月号掲載の狩井麗作「眼帯とマスク」では、以下のように語られる。

> 残虐・惨忍・変態のあらゆる情景だけを次々に読ませられるのでは、刺戟は充分ですが、読み終ってから、心身に何か栄養になったと云う喜びや安らぎを多く感じる事が出来ないのです。別に教訓を望むのではなく、舌に強い刺戟性飲料としてでなく明日の生活の為の糧となるものが欲しいのです。アブ専門の雑誌にしても、その基盤となっているのは、性探求と云う事だと思います。（略）ささかや（ママ）ではあるが人に知られない愛の美しい表現形式。（略）があってもいいと思います。
>
> （「眼帯とマスク」五三—五四ページ）

狩井は、残虐・残忍・変態の情景を描写するだけでは、喜びや安らぎを多く感じることができないと述べている。これらを感じることができ、明日の生活のための糧になるものとして、「愛の美しい表現形式」を望んでいる。「愛の美しい表現形式」とは、愛情と結合した変態性欲の実践のことを指している。

高橋鐵らの科学的まなざしにおいて、性の告白は、夫婦の寝室のなか、および性欲そのものをいかに客観的に描写するかに重点があった。狩井の言い方を借りれば、これらは「残虐・惨忍・変態のあらゆる情景だけを次々に読ませられる」だけであり、「明日の生活のための糧」にはならない。変態性欲のなかでも、特にサディズムは、正当化できない単なる暴力と、その外見上は全く区別がつかない。性愛と日常生活が結び付き、内面の充足と夫婦の愛情が描写されなければ、変態性欲を肯定することは難しかった。一方、これらが暴力ではなく「新らしい愛情」だとするならば、それをポルノとして楽しむこともまた正しい行動として正当化することができるのである。

編集部は一九五五年一月号で、「告白文、体験談の書き方」と題して、自ら告白の書き方を指導する記事を掲載するに至る（一八四ページ）。「ありのまゝを話すように書けばそれでOK」「真実をありのまゝ、てらわずに書くことが生命」「よそゆきの言葉で話そうとするから書けなくなる」という指南は、綴方・生活記録の指南文言とよく似ている。「告白文、体験談の書き方」は、「形式にとらわれる必要はない」の項のなかで、「如何にきれいな字で原稿用紙にきちんと書かれてあったって、ウソ八百のこしらえものゝ告白であったら、一文の値うちもありません」（一八四ページ）として、一見フィクション性を否定している。しかし、編集部が稚拙な〈告白〉に手を入れたり、常連投稿者に改作してもらったりしていたことについては数々の証言がある。生活綴方・記録もまた、火付け役になった『山びこ学校』(無着成恭編、青銅社、一九五一年)が、教師による児童への教育実践だったように、また大人の生活綴方・記録運動が、記録を共同討議・添削し、推敲を促すシステムだったように、外部からの介入を前提にするものだったことを想起する必要がある。「奇譚クラブ」の書き手たちもまた、〈告白〉の修正・改作を、信頼できる理解者からの添削として、また野間が指摘した意味でのフィクションとしてとらえて歓迎していた。すなわち、より自己の欲望を見つめ直し、自己の真実を探求することができる方法として、添削や改作は積極的に肯定されていたのである。

4 近代的主体になる

このように、「奇譚クラブ」では、生活記録運動の手法は〈告白〉に転用されていると考えられるが、当然、「奇譚クラブ」で起きていたことは生活記録運動で起きていたことと同じではない。そこで、再び野間宏の理論を参照し、両者の相違点について検討したい。

野間は生活記録運動で、弁証法的思考によって現実生活の矛盾に着目することで、その本質を理解するという方法を重視したという。[31] 彼は一九五五年前後、「生活と文学」や「若い広場」(若い広場社)などの雑誌でしばしば綴方・記録への論評をおこなった。その論評は例えば以下のようなものである。

> もっと明らかにする必要があるというのは、この作者の感情のなかにすでに家族制度によってゆがめられた家族主義的な感情が生れていはしないかと考えるからである。もちろんそれが生れていなければよいのだが、農村の家にそだった人で、その人間がいかに家に対して批判を持っていたとしても、全然家族主義的な感情がそこに生れていないなどということは考えられないからである。（略）家族制度に対するこれほど深い考えをもっている作者であるから、当然父に対しても、きびしい批判を持っているにちがいないのである。ところがその点がほとんど出されていない。そのために作者のこの家における位置もまた十分あきらかになってこないのである。
>
> （前掲『真実の探求』七〇―七五ページ）

野間は、「生活と文学」一九五六年五月号に掲載された生活記録、鳥羽静子「母のこと・私のこと」の論評を通じて、綴方・記録が何をとらえ、描くべきなのかについて論じていく。野間によれば、「母のこと・私のこと」は、母の振る舞いを描写することを通じて家制度を批判しているが、そこには当然根本的に批判されるべき父親についての言及がない。野間はこの点に、作者の感情のなかに「家族制度によってゆがめられた家族主義的な感情」を読み取る。そして作者にこの感情を見つめ、咀嚼し、記録へと落とし込むことを要求する。ここで止揚されるべき矛盾とされているのは、封建制の克服を理念として抱く主体と、慣習によって構築されてしまった古い主体の共存である。

このような弁証法的方法は、先に引用した黒井珍平「僕の記録 完結編」の「矛盾を統一して調和に達する為への、自己完成への考察」という文言を想起させるものである。黒井が述べる〈告白〉の目的は、野間の生活記録に対する姿勢と類似的である。しかし、〈告白〉に描かれる矛盾は、対立的な人格と欲望の併存である。前述のとおり、当時の社会では変態性欲を抱く者はその人格までもが否定され、潜在犯罪者、精神病者と見なされるのが一般的だった。異常な性癖をもつが心優しい人間が存在するとは想定されていない。だからこそ、近代的夫婦を描く〈告白〉はインパクトをもちえた。

また、生活記録の矛盾点が主体の内部に見いだされるのに対し、変態性欲者たちは自身の内部に矛盾するものを感じていたとはかぎらない。異常者というレッテルは社会が貼ったものであり、自身が本当に異常な精神病者、あるいは封建的価値観を内面化した野蛮な人間なのかという点が問題であったと考えられる。これは社会と自己の間の認識上の矛盾である。

〈告白〉によって自己を客観化した際の、羽村の「反省と安心」はこの点に関わっている。彼らは〈告白〉を書くことを通じて、自身が真に恐ろしい異常者・野蛮者なのか、そうでないのかを探っていく。このため〈告白〉で告白者の内面に探し求められるのは、社会に害をなす欲望や、危険で野蛮な本能である。

羽村は自己の欲望そのものがはらむ「暴力性」「異常性」を見つめ、それを率直に反省する。しかしこの暴力性・異常性は、それを土台に構築された「新らしい愛情」の発見によって正当化される。さらに羽村は、自身の内面を精査し、野蛮な本能や封建的思考の不在を確認し、むしろ変態性欲が夫婦の愛情と固く結び付いており、さらには愛情を深めるものであることを発見する。羽村が〈告白〉によって得る「安心」は何よりもこの不在の発見に基づいている。羽村が〈告白〉に求めた「反省と安心」は、このような一連の営みだと考えられる。

危険で野蛮な本能と封建的思考の不在は、徹底して確認される。なぜなら、少しでも封建的な価値観が自身に残っていれば、彼らの行為は前近代的な振る舞いとなり、肯定することができないからである。したがって「奇譚クラブ」の〈告白〉で描くことが要求されたのは、すでに完全に自己改造を遂げた、自律的な近代的主体である。

この点に生活綴方・記録との大きな相違を読み取ることができる。先にみたように、野間のような生活記録運動の推進者が要求するのは、綴方・記録上のささいな矛盾点を突破口に、これまで作者が気づいていなかった封建遺制や感情をあぶり出し、それを描写することである[32]。すなわち彼は、綴方・記録に、封建制を描写することを要求したといえる。しかし、『母の歴史』[33]を中心に鶴見らの活動を分析した中谷いずみは、「もっといい方法がないか探そう」「みんなで話し合っていこう」などの文言で締めくくられる綴方・記録は、テクストの外に問題の解決を期待するものであり、常に「解決」を果たしえない「私」という語り手を必要とすると指摘する[34]。そのため、「「語る」という行為では「自律的」かつ「主体的」であるかのように見える「綴方」は、その語りのスタイルによって「受動的」で「無力」な「私」という表象[35]」を逆説的に生み出していくという。

この指摘は野間のスタイルにも当てはまる。自らに内在する封建制を見つめよ、という野間の要求は必然的に、作者をいまだ封建制にとらわれた人間として位置付けることになる。これに対して、「奇譚クラブ」に集った人々は、生活記録運動の手法と理論を転用しながら、変態性欲の周縁性を新しさとして読み替え、対等な夫婦の愛情生活に接続することによって近代的主体になる方法を発見した。その是非はともかくとして、これこそが、〈告白〉に見いだされた真実であり、多くの人々を感動させ、次々と〈告白〉する人々を生み出した理由である。

おわりに

「奇譚クラブ」における真実の追求は、もちろん彼らが真に近代的主体になったことを意味せず、また、そもそも現代では近代的主体を理想とする価値観自体が揺らいでいる。生活記録運動もまた、一九六〇年代には早くも失速していく。しかし、生活記録運動を通じては到達することが困難だった近代的主体に、当時最もスティグマ化されていた人々である「変態性欲者」たちがいち早く、奇抜な方法で到達していたのだとすれば、それは興味深い事態というべきではないだろうか。変態性欲者の主体形成は、これまで男性同性愛研究を中心に、とりわけ性科学という強力な枠組みとの関係で論じられてきたが、「奇譚クラブ」にみられる真実への接近姿勢は、性科学を通じた主体形成とは別のアプローチだとはいうことができるだろう。

さて、「奇譚クラブ」をはじめとする戦後の風俗雑誌では、変態性欲者として誌上に現れる人々はほぼすべてが匿名である。「読者通信」欄の短い文、一般大衆娯楽誌や研究雑誌の相談欄に引用される彼らの語りからは、彼らを思想をもった個人として浮き彫りにすることは難しい。しかし、〈告白〉のようなある程度分量のある作品、そして、彼らが曲がりなりにも真実を追求しようとしてつづった内容は、十分に彼らを個人として浮かび上がらせる。匿名作家によるポルノ的作品はこれまでほとんど史料的価値を見いだされてこなかったが、本章で明らかにしたように、実は多くのことを語ってくれる。「奇譚クラブ」と研究誌とのスタンスの相違を含め、当該期の風俗雑誌のそれぞれの関係性、影響関係を踏まえた精緻な見取り図を描き、史料批判を適切におこなっていけば、これらの史料を活用する道はさらに開けていくはずである。

注

(1) 告白・記録は、緊縛写真・挿絵と並んで「奇譚クラブ」の主要なコンテンツだった。「本誌の誇る告白物」(「KK通信」一九五三年十一月号、一六ページ)、「奇クの一番興味があるのは人にも云えず人からも聞けない話がタップリ読めるからで、その点各人各様の性歴や告白が何んといってもトップ記事です」(小名木貫一「愛読者からの便り」「奇譚クラブ」一九五二年十二月号、一七五ページ)のように、編集部、読者双方の認識として誌上にしばしばみられる。

(2) Mark J. McLelland, "From Sailor-Suits to Sadists: Lesbos Love as Reflected in Japan's Postwar "Perverse Press,"" *U.S.-Japan Women's Journal*, 27, 2004.

(3) ただし、このときの〈告白〉の書き手だった匿名作家のなかには、実名では名の知られた知識人、あるいは専業ではないにしろのちに作家になり、その後も長くSM系雑誌で活躍する人々が含まれる。

(4) 「奇譚クラブ」から作家としてデビューし、その後「裏窓」の編集長になった飯田豊一(濡木痴夢男)は、「奇譚クラブ」の「読者通信」欄にしばしば空想を投稿していたことを述べている。「律儀な人間からみたら奇妙奇天烈としか思えない不思議な性的感覚、趣味、嗜好、性癖をちょっと具体的に書いて二、三枚の原稿にして送ると、それを「読者通信」の欄にのせてくれる。/そういう嗜好を思いつき、創作するのがおもしろくてたまらない時期が、私にあった。一日に一〇本の「読者通信」を書くこともあった」(濡木痴夢男『「奇譚クラブ」の絵師たち』〔河出文庫〕、河出書房新社、二〇〇四年、七六ページ)

(5) 創刊号から「読者通信」欄がある雑誌はかなり多く、一九七〇年代から八〇年代に創刊されたSM雑誌はほとんどがそうである。これらは、姉妹誌や、前身となる雑誌がある場合はそちらに投稿されたものを流用しているが、ない場合は編集部の創作であると見なせる。五〇年代では、例えば「人間探究」や「風俗科学」は創刊号に読者の声を掲載している。「人間探究」の場合は、編集部が創刊前にコメントを依頼した様子がうかがえる。

(6) 山本潔「高橋性学裁判とはなんだったのか――経過と意義」、河出書房新社編集部編『新文芸読本 高橋鐵』所収、河出書房新社、一九九三年

(7) 「生心リポート」は奥付がなく、第二号も正式な発行年月日は不明。創刊号は一九五三年八月刊行と推測される。「生心リポート」の書誌については七面堂究斎「セイシン・リポート総目次」(「閑話究題 XX文学の館」〔http://kanwa.jp/xxbungaku/SexualReport/Seishinkai/Report/Report.htm〕〔二〇二四年三月十五日アクセス〕)を参照し、本文は高橋鐵編集/日本生活心理学会『全35巻完全復刻 生

心リポート』(上・下・別巻、銀座書館、一九八七年)から引用した。
(8)前掲「高橋性学裁判とはなんだったのか」
(9)羽村京子「狂い咲くカンナ」「奇譚クラブ」一九五二年九月号、一六ページ
(10)沼田邦人「無題(読者通信)」、前掲「奇譚クラブ」一九五二年十二月号、一二七ページ
(11)南墨「無題(読者通信)」、前掲「奇譚クラブ」一九五二年十二月号、四三ページ
(12)鳥羽耕史『1950年代――「記録」の時代』(河出ブックス)、河出書房新社、二〇一〇年
(13)鶴見和子『コレクション鶴見和子曼荼羅Ⅱ 人の巻――日本人のライフ・ヒストリー』藤原書店、一九九八年
(14)北河賢三『戦後史のなかの生活記録運動――東北農村の青年・女性たち』岩波書店、二〇一四年、六ページ
(15)川村湊『作文のなかの大日本帝国』岩波書店、二〇〇〇年
(16)野間宏の生活記録運動との関わりについては、和田悠「1950年代における鶴見和子の生活記録論」(「慶應義塾大学大学院社会学研究科紀要」第五十六号、慶應義塾大学大学院社会学研究科、二〇〇三年)を参照した。
(17)同論文
(18)野間宏『真実の探求――現代文学の方法』(私の大学・文学の教室)、理論社、一九五六年、一〇ページ
(19)ミシェル・フーコー『知への意志』(「性の歴史」Ⅰ)、渡辺守章訳、新潮社、一九八六年
(20)「夫婦生活」「主婦の友」などの夫婦雑誌と呼ばれる大衆雑誌を素材として、快楽の平等主義を検討した研究に田中亜以子「「感じさせられる女」と「感じさせる男」」(小山静子/赤枝香奈子/今田絵

里香編『セクシュアリティの戦後史』（変容する親密圏／公共圏）所収、京都大学学術出版会、二〇一四年）がある。

(21) 鶴見和子／平井潔／野間宏「職場からうまれたあたらしい愛情——野間宏氏、鶴見和子氏と語る」、平井潔『人生と愛について』（現代教養文庫）所収、社会思想研究会出版部、一九五六年、八六ページ

(22) 平井潔「愛情と正義について」、同書所収、六〇—六一ページ

(23) 平井潔「戦後の性のモラル」、同書所収、四一—四二ページ

(24) この点は、例えば女性のくしゃみに性的興奮を覚えるなどの、必ずしも膣ペニス性交などの規範的な性的描写を必要としない欲望が多く存在したことも影響している。

(25) 西川祐子『住まいと家族をめぐる物語——男の家、女の家、性別のない部屋』（集英社新書）、集英社、二〇〇四年

(26) 赤川学『セクシュアリティの歴史社会学』勁草書房、一九九九年

(27) 荻野美穂『「家族計画」への道——近代日本の生殖をめぐる政治』岩波書店、二〇〇八年

(28) 前掲「狂い咲くカンナ」一九ページ

(29) 掲載作のタイトルは編集部が付けることも多く、特に投稿第一作はそうである。「因衣」は古川の第一作であり、副題は本編にはなく目次のみに付されていることから、副題のみ編集部が加えた可能性がある。なお、「奇譚クラブ」を特集した「倒錯雑誌の執筆メンバー」（「週刊スリラー」一九六〇年五月二十七日号、森脇文庫）では、「奇譚クラブ」の〈告白〉を「綴方のような小説」と表現している（二五ページ）。

(30) 古川裕子「わが心の記——あるマゾヒスト女の日記」「奇譚クラブ」一九五四年六月号、六五ページ

(31) 前掲「1950年代における鶴見和子の生活記録論」
(32) 同論文
(33) 木下順二/鶴見和子編『母の歴史――日本の女の一生』(河出新書)、河出書房、一九五四年
(34) 中谷いずみ『その「民衆」とは誰なのか――ジェンダー・階級・アイデンティティ』青弓社、二〇一三年
(35) 同書二一〇ページ

第5章　吾妻新と沼正三のズボン・スラックス論争

はじめに

一九五三年七月号から同年十二月号にかけての「奇譚クラブ」誌上で、女性のズボンをめぐる小さな論争が起こった。一九五三年七月号に掲載されたマゾヒスト沼正三の「あるマゾヒストの手帖から（二）第十五 スラックス」に対して、サディスト吾妻新（村上信彦）が異議を唱えたのである。論点は、当時日本で流行していた女性の履物を、ズボンと呼ぶべきか、スラックスと呼ぶべきかという、履物の呼称をめぐるものであり、吾妻は強硬にズボンと主張し、沼はズボンでもいいが、スラックスも間違いではないという立場をとった。この論争は、言葉遣いをめぐる一見ささいなものにみえるが、論争の提起者である吾妻新＝村上信彦が女性史・服装史の専門家であったことを踏まえれば（補論1を参照）、見逃せない重要な論点を含んでいる。

したがって本章では、この論争の読み解きを通じて、村上信彦の服装論のうち、流行と風俗に関するものを取り出す。そのうえで、村上の服装論、そして女性論と、吾妻のサディズム論を架橋し、彼の「奇譚クラブ」での活動の意味をより明確化することを目指す。

なお、この論争は編集部によって「ズボン・スラックス論争」と呼ばれたため、以下そのように呼称する。(1) 加えて、論争では沼が吾妻に歩み寄り、スラックスの語をズボンに統一しているので、本章でも、引用文以外ではズボンを用いる。

1　論争の経緯

まずはズボン・スラックス論争の経緯を概観したい。論争の一方の当事者である沼正三は、論争の三カ月前、一九五三年四月号に「神の酒（ネクタール）を手に入れる方法——芳野眉美君に」を寄稿し、以後、常連投稿者になる。彼の代表作「家畜人ヤプー」については次章で取り上げる。吾妻新は、沼が同誌に登場する一カ月前、同年三月号から誌上に登場し、以後、およそ三年にわたりサディストの立場から活躍し、サディズムの近代化・脱病理化論を展開した（第3章、第8章を参照）。沼と吾妻はほぼ同時期に「奇譚クラブ」に登場し、ほぼ毎号一編以上の作品を発表しつづけ、瞬く間に雑誌の看板作家になった。

表1　ズボン・スラックス論争関係記事

	著者・タイトル	掲載号
①	沼正三「あるマゾヒストの手帖から（二）第十五 スラックス」	1953年7月号
②	吾妻新「女のズボンについて――沼正三氏に」	1953年8月号
③	沼正三「再びスラックスについて――吾妻新氏に答える」	1953年10月号
④	吾妻新「女のズボン・最終的回答――沼正三氏に」	1953年11月号
⑤	沼正三「吾妻新氏に最終的に答える」	1953年12月号

表1は、沼と吾妻のやりとりを筆者が時系列に整理したものである。以下、番号でこれらの記事を示す。

「あるマゾヒストの手帖から」は、博覧強記の沼が古今東西の文学・歴史・芸術などを、マゾヒスティックな観点から読み解くエッセーである。掲載号によって「ある夢想家の手帖から」「沼正三の手帖」「或るマゾヒストの手帖から」など、表記には揺れがある。発端である①は、中世ヨーロッパの版画に描かれたズボンを争奪しあう夫婦の図から、ズボン着用が家庭内の権力の象徴であることを読み解き、戦後日本で一般的になりつつあった女性の「スラックス」文化をマゾヒスティックに解釈するものである。量としては一ページに満たない。

スラックスとは、アメリカから輸入された女性用ズボンを指しており、現在想起される男性用の背広と対になったズボンのことではない。そして、一九五三年時点で、スラックスは単なる女性の衣服というだけでなく、別の意味をもっていた。

戦後の女性の服装は、戦中のモンペ・活動衣の着用などを前提に一気に洋装に傾き、ズボンの着用も珍しいことではなくなった。中山千代によれば、男性権威の象徴だったズボンの着用は「女性服装のエポックであ」り、働く女性の服装として普及しはじめ、わけてもアメリカから輸入された

「スラックス」と呼ばれる女性用ズボンが、女性解放の機運とともに近代的女性のスタイルとして流行期を迎えていたという。[2] スラックスは女性の社会的地位の変化と密接に関連して流行したものと当時からとらえられており、沼の①のエッセーもこのことを前提として書かれている。後述するように、吾妻がズボンにこだわった理由もここにある。

吾妻は②において、スラックスはアメリカ文化の輸入であり、その語の使用はアメリカの流行に限定されるべきであり、流行を超えて女の服装の一部になった今日ではズボンと呼ぶべきだと主張する。そして、「女がズボンを穿くのを喜ぶのはマゾヒステイックだという氏の意見について」「沼氏がどのように感ずるかは自由なのですが、それを一般化して、現代がマゾヒズムの世界だとか、女のズボンを喜ぶのはマゾヒステイックだとか考えられると、非常に危険です」（②、一三三―一三四ページ、傍線は引用者）と沼を批判する。吾妻によれば、女性のズボン着用は流行ではなく、まして男のまねでもない。女性の地位が向上して男性への隷属状態から脱したことによって、従順さや弱さを象徴するスカートやキモノではなく、活動的で機能的なズボンが自然に選ばれるようになったことの表れである。これは、「あまりにも歪められた従来の女らしさ」（同記事一三三ページ）からの回復であり、「女のズボンはキモノやスカートに比して、ずつとあたらしい美を表現している」（同記事一三四ページ）として、ズボンの魅力はマゾヒズムとは無関係であると結論付ける。

このような吾妻の批判に対して、沼は困惑した様子で応じている。応答として書かれた③では、「マゾヒストは女の地位が向上して自分よりも上になることを求めるのだから」、吾妻がズボン文化の定着を女性の地位向上に結び付けたことは「その儘私の文への説明になる」（③、七二ページ）として、吾妻が何を問題視しているのか測りかねている。そして、ズボンがスカートよりも合理的・機能的だという吾妻の主張に異議を唱えたのち、「私は米国という国をマゾヒステイックな国と見、つまり女尊男卑の女上位的要素の勝つた国と見、そして女がズボンを穿く風俗をその象徴と見得るといつたのである。一体氏は私の右の意見には反対され乍ら女のズボンが女の地位の向上に基くことを主張される。私にはそこが理解できないのである」(同記事七三ページ) とする。そして、「女尊男卑の国の象徴として女の地位の向上の結果獲得された風俗をあげることが危険であり、根本的に誤つていると云われるなら、その理由をもう少し伺いたい」(同記事七三―七四ページ) と述べる。

対する④で吾妻は、これ以上の議論は編集部および読者に迷惑がかかるとし、再び自説を要約して示すことで議論を打ち切った。ここで吾妻は沼の疑問に関して直接的に答えず、アメリカの婦人解放が遅れていることをもってアメリカが女尊男卑の国であることを否定する。さらに「女のズボンは女の解放と共に風俗化するが、女の解放はけつして男をマゾヒステイックにしない (略) それをそう思うのは、氏が多くの男性と同様に、従来の不平等な男女関係を基礎において眺めているからだ」(④、一五一ページ) として、ズボンにマゾヒスティックな魅力を感じる沼の欲望を再び批判する。

沼はこの返答に怒りをあらわにして短く応答する。彼はあくまで吾妻の主張を、語句の定義の問題と受け止めている。⑤で彼は、吾妻が②で「デザイナーなどというものがいかに衣服に無知であるかを示している」(②、一三二ページ) として服飾デザイナーを激しくこき下ろし、さらに吾妻が自らを、衣服研究を志して二十五年の専門家であると称したことにふれ、「専門家の色眼鏡」と吾妻を揶揄する。吾妻の主張はあまりに専門家として細をうがちすぎていて、サディストの立場に偏った主観的見方だというのだ。自分はマゾヒストとして、常に性の問題、象徴としてズボンを論じているのであって、「チヤタレイ事件[3]の控訴審はあの小説を猥褻文書と判決したが、私達は判事が法律の専門家なるの故を以て、その判決に服しはしないのである」(⑤、一八七ページ)と主張し、サディストである吾妻の介入を拒否する。以上、両者の主張は平行線のままズボン・スラックス論争は終わった。

2 ズボンの意義——村上信彦の女性論・服装論から

沼正三が不審に感じているように、吾妻新の主張は、ズボンが女性の地位向上、活発性や自立性を象徴するという点で沼と一致している。にもかかわらず、吾妻はなぜズボンとスラックスについて、これほどまでに強い主張をしたのだろうか。特に、女性のズボンを喜ぶのはマゾヒストだという考えを「非常に危険」とまで言い切るのがなぜなのか、理解しにくい。一体誰にどのような危険があるというのだろうか。

吾妻のズボンへの強い興味は、まずは彼の性的関心に起因している。吾妻は「奇譚クラブ」で一貫して女性のズボン着用のすばらしさを主張し、連載小説などでズボンを着用した魅力的な女性を描き続けた。したがってこの論争を個人的な好みの対立によるものとみることも可能だが、しかし、吾妻が女性のズボンを賛美する背景には、彼が自ら「ライフワーク」と記した服装史研究と、それと密接な関連をもつ彼独自の女性論がある。これらを踏まえると、例えば一見ささいな問題にみえるスラックスとズボンの区別が、吾妻にとって決して看過しえない重要な問題だったことがわかる。

村上信彦の女性論

吾妻新の正体は既述のとおり、服装史・女性史研究家、小説家の村上信彦（一九〇九―八三）である（補論1を参照）。村上は、女性史研究者として『女について』[4]『明治女性史』シリーズ、服装史研究者として「服装の歴史」シリーズ、小説家として『音高く流れぬ』など、多数の著作を著した。以下、迂遠な考察になるが、村上の女性論を概観したうえで、村上にとってズボンがどのような意味をもっていたかを考察する。

村上信彦の最もよく知られた業績は、一九六九年から七二年にかけて刊行された『明治女性史』全四巻である。村上はこの大著の「まえがき」と、同時期に雑誌「思想」（岩波書店）に発表した論文で、既存の女性史がしばしば「解放史」としてのみ書かれてきたことを批判し、新たに「庶民女性の全生活史」を提唱し、論争を引き起こした。[5]上野千鶴子は「村上は、第一に女性史を「解放史」から解放し、第二に女性史を「階級史への従属」から解放した」として、村上がその後の女性史研究に与えた影響を高く評価する。さらに彼をフィリップ・アリエスに比肩して、その後隆盛した社会史や民衆史的視角の先駆者として位置付ける。[6]

村上が提唱した「生活史」は、確かに社会史や民衆史とよく似ていたが、初発の動機・目的は大きく異なっていた。ズボン・スラックス論争をさかのぼること六年、彼が一九四七年に興風館から刊行した『女について』における女性史への言及をみていきたい。

同書で村上は従来の女性史を、「女性の歴史から男の歴史に拮抗できるような業績を探しだすのは、研究の目的をほとんど理解していないやりかた」であり、「むしろ誤った自殺行為[7]」だと批判する。「なぜなら彼らが発見できるのは、数においても高さにおいても男と比較にならないほど矮小な「卓越した女」の実例か、さもなくばごく一般的な「内助の功」にすぎないから」(『女について』九九ページ)である。歴史上で女性が受けてきた抑圧を考慮すれば、女性のうちに男性に勝る業績をもつ人物が出るはずがない。また、あくまで抑圧の結果によってそれ以外の道が閉ざされていたがための「内助の功」を評価し、女性の家庭での役割を称賛することは、「男にとってまことに都合のよ」いことであり、「その点である種の女性史家は完全に自己の墓穴を掘っている」という。さらに村上は、抑圧された歴史しかもたない女性は、歴史上いまだ真の姿を現していないと考えていた。

> 女性史はある特殊な歴史条件の影響を受けた人間の生活を明らかにするのであるから、これで女を理解することはできない。むしろ女の本質からどれだけ遠ざかっていたかを理解することができる。歴史的な女というものが、いかに巨大な圧力を受け、歪(ゆが)められ、変形され、本源の姿から別のものにつくりかえられたかを測定するために、この特殊研究は役に立つ。
>
> (前掲『女について』一〇〇ページ)

「卓越した女」も「内助の功」も、あくまで変形した女性たちの姿にすぎない。巨大な圧力のもとに生きていた女性たちは本来の女ではなく、女性史はむしろ過去の女性がどれだけ「女の本質」から遠ざかっていたのかを理解するためのものである。このような彼の立ち位置が、これまでの歴史学において捨象されてきた大多数の一般庶民の姿やその生活を明らかにしようとする社会史や民衆史とは大きく異なるものであることが理解されるだろう。

では、村上がいう本来の女、真の女とはどのような存在か。真の女は女性にとっての抑圧社会だった過去には存在しない。現在、すなわち戦後に萌芽がみられ、そして来るべき未来に現れるその女こそ、「ズボンを穿いた女」なのである。

十代でマルクスに親しみ、それまでに傾倒していたアナーキズムから距離をとっていった村上にとって、キモノ・スカート、ズボンは、単なる女性の服装のバリエーションとして並列に存在しているものではなく、発展段階的に存在するものだった(8)。彼は『服装の歴史』のなかで、服装の変化は社会的条件に支配されることを強調し、明治から戦後にかけてのキモノからスカートへの服装の変化を、封建的社会秩序の崩壊と女性の経済的地位の向上と関連付けて説明する。村上は、「二本の脚を一枚の布で包むより別々に包んだほうが合理的だということは子供でものみこめる(9)」、誰にでもわかる不合理であると主張し、不自由で非活動的なキモノ・スカートからズボンへの変化は、合理的必然であり不可逆な変化だと位置付ける。この考えは論争のなかの吾妻のテキストにも示されている。

女がズボンを穿いたのは流行からではないからだ。また氏が独断しているようなマゾヒズムともなんら関係がないからだ。（略）重要なのは女が経済的地位を高めるにつれて「合理的な服装」を採用するようになつたことだ。だから、衣服としての根本問題は、貞淑、羞恥、謙遜、女らしさの、一切の道徳的象徴と化したスカートから、別箇に動く二本の脚を別箇に包む機能的形態に進んだという点にある。

（④「女のズボン・最終的回答」一五〇ページ）

キモノ・スカートからズボンへの変化が合理的な変化、発展であり、不可逆である以上、真の女性、新しい女性は必ずズボンをはいていなければならなかった。村上の著作には以下のような一文がある。

おそらく、真に新しい女は次のような姿をとるであろう。第一に、彼女はみた眼には完全な女である。もし彼女が美しかったとしたら、非常に女らしくさえみえたかもしれない。（略）ただその眼がもっと大胆に人を見、そのものごしがもっと活潑（かっぱつ）であり、その声がもっと自信を帯びてひびくだけである。ただその服装がズボン形式の実用的なものであり、衣服によって男の眼をひこうとしないだけである。[10]

（傍線は引用者）

「真にあたらしい女」は、男性の模倣としてズボンをはく女ではない。「非常に女らしくさえみえた」と記しているのは、女性のズボン着用がそれ以前にはしばしば単なる「男装」と見なされ、女性の男性化として揶揄されたためである。キモノやスカートに代表される「女らしさ」はあくまで男性本位のものであり、これらの抑圧から解放された新しい女は、ズボンを選び取ったときにはじめて真の女らしさが顕現する。このような思想こそが吾妻＝村上に、ズボンへの強烈な欲望を抱かせた理由であると考えられる。

流行と風俗化

吾妻のズボンへの執着は以上のように理解できるが、なぜそれがスラックスの語の使用をかたくなに否定することにつながるのかという点は明らかではない。本節では吾妻＝村上が強調した流行と風俗の違いに着目して、この点を検討する。

前述のとおり、ズボンをはいた女性は、村上が待望する真に新しい女であり、彼の理想とする女性解放や男女平等の象徴にほかならなかった。そしてズボンの女性への普及は、女性の地位向上や人々の意識の変化などの歴史的条件が整うことが前提とされてもいた。このような文脈で村上がこだわるのが、流行と風俗の違いである。

村上は、著作『女について』や『服装の歴史』のなかで、流行と風俗をはっきりと区別している。流行とは、例えば鹿鳴館時代の洋装ブームのように、一部の限られた人々の間で起こり、社会に根付くことなく終わってしまうものである。村上にいわせれば、それはその流行が民衆の生活から乖離していたからであり、同時に、広く定着して「風俗」となるための歴史的条件が整っていないいために起こる。例えば明治期に、男性の洋装が軍服から一般化することで風俗化したのに対し、女性の洋装は単発的な流行にとどまり戦後になるまで風俗化しなかった。彼は、これは女性にだけ歴史的前提条件が整っていなかったために起こったことであり、女性は「機能的な、快適な、理想的なズボン形式をとることを許されなかった⑪」と位置付ける。

ズボン・スラックス論争に際して沼・吾妻双方が認めているように、スラックスは、本来アメリカで流行していた女性用ズボンの呼称である。村上は『服装の歴史3』で、「ズボンが日本で風俗化する基礎はアメリカのズボンのまねだけでは成り立たない」（二ページ）として、「アメリカのズボン」＝スラックスと、日本女性に定着しはじめたズボンをはっきりと区別し、前者に流行、後者に風俗化をみている⑫。合理的で当然選ばれるべきズボンが民衆女性の生活に根付いて、風俗となったとき、はじめて女性は「慣習よりも合理性に基づいて行動できるようになった⑬」と評価できるのである。村上はこのように、スラックスとズボンに大きな違いを見いだしていた。

論争において、沼はスラックスの語が巷間ばかりか専門家の間でも定着していることを示すため、当時のファッション雑誌の記載やデザイナーの意見を引き合いに出した（③）。④の応答のなかで吾妻はそうした沼の主張を全否定したために「専門家の色眼鏡」と揶揄されることになるのだが、全否定の理由は彼のこのような思想から明らかになる。吾妻にとって、女性がズボンをはくようになったことは、服飾の問題ではなく社会発展の問題であり、服飾デザイナーはその点での専門家ではないからである⑭。スラックスの語を採用することは、現在日本で風俗化しつつあるズボンを流行に帰すこと、そして、男女平等の象徴であるはずのズボンに再び男女の差異を設けることでもあった。当時、スラックスがズボン一般ではなく「女性用ズボン」を示す用語だったことに注意したい。村上は同書で以下のように述べている。

> 女の風俗としてズボンがみとめられるようになったということは、もうズボンが男のものではなくなったこと、どちらの性でもなくただすべての人間にとって自由な便利な服装になったこと、服装を支配してきた歴史的歪みが取り除かれた時期に達したことをものがたっている。それが今日のズボンだ。そこにまた女らしさを持ちこもうとするのはナンセンスでしかない。
>
> （『服装の歴史3』二五六―二五七ページ）

女性の間でのズボンの風俗化は、男はズボン、女はキモノ・スカートという歴史的な歪みが取り除かれたことを示し、男女平等社会の到来を告げる先触れだった。吾妻にとって女性のズボンとは、真の女性解放のための欠くべからざるアイテムであり、未来永劫に定着すべき風俗であり、決して一過性の流行と認めることはできなかったのである。

さらに吾妻＝村上は、「民衆の生活に根をおろ」したものへの関心を常に持ち続けていた。これは『明治女性史』での主張にも表れている。この関心は服装研究では、「生活に密着した衣服」に対するものとして表出している。村上は「だからズボンにしても、節目の通ったおしゃれズボンには魅力をかんじない。むしろバスの車掌の制服などに惹かれる。それは女車掌のはたらく生活と結びついて、生き生きとした、フレッシュな美を感じさせる。女工さんの場合もそうだ[15]」「しかし、一般に女のズボンが問題にされるのはこうした生活のなかの服装ではなくて、新聞や雑誌にはなばなしく書き立てられ、一部のものが身につけて歩いている流行のズボンである」[16]「風俗としてのズボンは、職場と家庭生活にみることができる」[17]などと述べ、常に民衆生活を意識して風俗化を考えていたことがわかる（傍線は引用者）。

以上が、スラックスの語に強硬に意義を唱えた吾妻の思想的背景である。一見ささいな論争であるズボン・スラックス論争は、村上信彦の思想を理解するにあたって、実に重要な示唆を与えてくれるのである。

3　裏返しの拘束衣——ズボンの性的活用

サディズムの「馴致」と風俗化

これほどまでにズボンに女性解放の希望を託していた吾妻＝村上が、実は妻を苛むサディストだったという事実は一般的にみれば奇妙である。村上は婦人解放論を唱えた植木枝盛について論じた際、植木が私生活では常習的に女郎買いをおこなっていたことなどを根拠に辛辣な評価を下し、それがもとで植木研究者の外崎光広との間で論争になっている。[18]そのやりとりのなかでは、「女郎買常習者の婦人解放論や廃娼論は無価値」とまで述べている。しかし吾妻＝村上は、自身のサディズムと女性論とを矛盾するものとはとらえていなかった。彼が実践したサディズムは、彼いわく「近代化されたサディズム」であり、それは日常での完璧な男女平等のもとに築かれる、寝室に限定された加虐・被虐関係であったからである（第3章を参照）。

吾妻によれば、新しいサディズムもまたズボンと同じく、歴史的条件が整うことによって発現するものである。

ハッキリ言いたいのは、この無害なサディズムが特殊な地点に突然出現したのではなく、いわゆるサディズムと称する反社会的衝動の昇華として、近代化されたタイプとして、徐々にその中から脱け出てきたことです。

（吾妻新「海外サディズム雑記 さるぐつわ 上」「奇譚クラブ」一九五四年四月号、六八ページ）

精神的汚辱を重視するサディズムは、女性がズボンをはくようになったことと同様に、近代化によって出現してきたものである。吾妻はこの新しいサディズムが世界的に起こりつつあることを指摘し、なかでも日本のサディズムが最も進んでいると主張した。

さらに吾妻は、サディズムを「刹那的衝動的でなく、日常生活のなかに採り入れて永続させる」、つまり風俗として定着させることが必要だと説く。サディズムの近代化が、服装の近代化＝ズボンの風俗化と同じ論理で語られていることが明瞭に見て取れる。

これに加え、吾妻はサディズムの一部分、この場合は緊縛や猿ぐつわという要素だけを取り出してこれを暴力ととらえる見方を批判する。これらはあくまで性行為の一部分であり、文脈次第で快楽にも苦痛にもなりうる。彼はそのためサディズムを寝室に限定し、信頼関係があるパートナーとの同意のうえの愛情行為に落とし込むことで、これらを苦痛から切り離す。サド的なサディズムは「原始的本能」として存在を認めるものの、サディズムが存続できるのはこのような場合だけであり、彼はこれを「サディズムを馴致する」と呼んだ。

このように吾妻が肯定し、実践したサディズムは、愛情行為と直結した自由な前戯のバリエーションであり、「征服の快感」ではなく「愛情の快感」によって充足するものであり、彼の女性論と矛盾するどころか、完全に同じ思想に立脚するものだった。繰り返すが、このサディズムには、男女の対等関係が前提として不可欠である。男性優位はもちろんのこと、女性優位も認められない。ズボン・スラックス論争で彼が、女のズボンを喜ぶのはマゾヒスティックという考えが「危険」とまで言い切ったのはこのためであり、これが彼が提唱した男女対等時代のサディズムだった。

裏返しの拘束衣

吾妻にとって、女性のズボンと新しいサディズムは、ともに男女対等社会の必須要件だった。そうであるならば、彼にとって両者はどのように関連するのだろうか。

吾妻は「奇譚クラブ」で一貫してズボンを性的に活用し、連載小説などでズボンをはいた魅力的な女性との間の新しいサディズムの実践を描いた。しかし彼は自身のサディズムとズボンの結び付きをきっぱりと否定する。

私が女のズボンに魅力をかんずるのはなぜだろうか？これは私のサデイズムとなんら関係がないので、純粋な服装の問題となつてしまいます。つまり、女のズボンはキモノやスカートに比して、ずつとあたらしい美を表現しているからです。（②「女のズボンについて」一三四ページ）

ズボンはサディズムを喚起するものではない。彼がズボンに欲望を喚起されるのは、あくまでズボンが新しい美を表現しているからである。では、この新しい美とは何か。

服装の美や魅力が永久不変のものでなく、時代と共に変化すること、その変化は着ている人間の内容とかたくむすびついていることを知るべきです。キモノはいまの女も着ますがキモノ本来の美を最も発揮するのは封建時代の奴隷道徳で養われた女が着た場合で、それは忍従や弱さや脆さと内面的に結びついて完全な魅力となります。（②「女のズボンについて」一三五ページ）

服装に感じる魅力は時代によって変化するが、同時に常に着ている人間の内面と関わっているという。キモノの美とは、忍従や弱さ、すなわち抑圧された女としての美である。彼は一九五四年六月号に掲載された「海外サデイズム雑記(3)」で、女の不自然な服装のほとんどは男の欲望が作り出したものだと指摘する。タイトスカートやコルセット、ハイヒールなどの海外の女性風俗はその例であり、これらは女性を屈伏させる「古い」サディズムを満たす小道具として利用されてきたという。これらは、現代でも多くのフェミニストが主張することである。

これらに対し、ズボンの美とは近代化した自律的な女性の美である。吾妻は、女性が解放され自由に服装を選べるようになった暁には、機能的なズボンが選び取られることが合理的必然であると考えていた。そのため、新しい美は、第一義的には合理性に基づいた「機能美」と「形態美」に求められる。そして、「原則的に言えば、日本髪にキモノを着て帯を高々としめあげた姿を愛するのは、奴隷のごとくかしづく柔順な女を愛していること」であり、ズボンをはいた女を愛することは、「従順一点張の女よりも個性のある生き生きした女」を愛することである(②、一三五ページ)。吾妻にとってズボンの魅力は、これまでの男性本位に構築された女らしさから解き放たれた、真の女らしさを表す点にあり、だからこそ新しい美なのである。

したがって、この新しい美はサディズムと直接関係しない。彼にしてみれば、抑圧の表出であるキモノやスカートがサディスティックな欲望を喚起することはあっても、解放の象徴であるズボンが喚起することはあるはずがないからである。吾妻がズボンを熱烈に愛好しながらも、自身のサディズムとの結び付きをあくまで否定したのは、このような理由による。

そのうえで、吾妻がサディズムにズボンを利用することを推奨したのはなぜであろうか。彼が提唱した新しいサディズムは、「苦痛そのものではなく苦痛にみえること」、すなわち直接的な肉体的苦痛よりも精神的汚辱を重視するものだった。吾妻は、ズボンの上からであれば、緊縛や鞭打ちをおこなったとしてもまず傷害の恐れがないこと、布地が肌に密着していることによって常に拘束感を与えることができることなどを理由に、サディズムにとってのズボンの機能性を説く。新しい魅力であるズボンの「機能美」が、新しいサディズムの遊戯にも発揮されるのである。彼はまた以下のようにも語る。

女のズボンをサディズムの色眼鏡で見る場合、第一に拘束という性質が意識されてきます、だから私は半ズボンや七分ズボンを好みません。かならず足首まで達する長さでなければなりません。（吾妻新「海外サデイズム雑記 服装の利用」「奇譚クラブ」一九五四年八月号、五三ページ）

この記事はズボン・スラックス論争の約一年後に掲載されたものであり、吾妻の態度はやや軟化して「サディズムの色眼鏡」でズボンを見ることを許容している。そしてその場合、ズボンの拘束性が第一に意識されるという。さらに別の箇所では、裸体ではなくズボンの上から緊縛する場合、布地のたるみによって「どんな他の服よりも裸体よりもこの緊縛効果がズボンによって最高度に発揮されていると感ずる」（同記事五六ページ）とも述べている。

一方ではズボンの自由さ、活動性を強調しておきながら、一方ではズボンに拘束性という「機能美」をみる彼の主張をそのまま了解することは困難である。しかしながら、興味深いことに、彼はこの矛盾にこそ欲望を喚起されていたようだ。彼は「自由且つ解放的、活動的で合理的な服装が、こゝでは肉感的な拘束衣として扱われ」る（同記事五二ページ）、というように、しばしばズボンを自由な服装であり、かつ拘束衣であるという対比で語る。「本来はもつとも自由である服装が、裏返しされてサデイズムに利用」（②、一三七ページ）できるということ、結論からいえば、この両義性こそが彼のズボンへの強烈な欲望の源だったのではないだろうか。

拘束性をもつ服装は、吾妻が自ら指摘しているように、タイトスカートやハイヒール、コルセットなど、様々に存在する。しかし、これらは日常においても女性を拘束する抑圧の象徴であり、その背後にいる抑圧された女性たちの存在を忘れることはできない。彼は社会・経済的に制度化された抑圧構造を激しく憎んでいた。何に快楽を見いだすかは、寝室のなかでは個人の自由であると認めながらも、彼自身が既存の権力関係を寝室で再生産することにはためらいを覚えていた。ここで彼が憎んでいる既存の権力関係・抑圧構造とは、具体的には刑罰・拷問、公娼、女工の酷使などのことであり、「個人の性生活をはなれた、社会制度や経済組織の犠牲者をみて絶対に快楽を感ずるわけにはいかない」と述べ、その理由を以下のように説明する。

どんな個人の残酷さよりも権力の残酷さのほうが罪悪だと信ずるし、両者を混同するのは性質の上からも誤りだと思うからだ。もちろん趣味の上ではどんな現象をとりあげてもかまわないが、それをジャスチファイすることだけは慎みたいというのが私の考えである。

（吾妻新「明治年間の新聞覚え書」「奇譚クラブ」一九五六年四月号、一二三ページ）

このように吾妻は、個人が私的におこなう残虐行為と、権力によって制度化された残虐行為を区別していた。そして前者を性的に活用することはかまわないが、それを社会・経済的に正当化することは戒める。

ところが、女性のズボンは、既存のあらゆる抑圧から解き放たれたものである。ズボンがハイヒールやコルセットなどと明確に異なる理由はここにある。彼にとって、既存の権力関係を模倣しないやり方で、加虐・被虐関係を楽しむことを可能にする唯一のものが、ズボンなのである。ズボンの拘束性は、ズボンが本来自由な服装であるという前提によって何倍も魅力的になるのである。

このような論理のもとでズボンをサディズムに用いた場合、そこに立ち現れるのは、論理的には旧時代の抑圧とは無縁の、純粋に性的な「遊戯」である。吾妻は、この新しい地平を目指そうとしたと言えるのではないか。

おわりに

「奇譚クラブ」では、誌上で議論が戦わされることがまれではなく、ズボン・スラックス論争もその一つと位置付けられる。しかし、例えば、ズボン・スラックス論争と同年に、伊藤晴雨と黒井珍平の間で起こった日本髪をめぐる論争が多くの読者を巻き込んで誌面をにぎわせたのに対し、本論争は特に話題になった形跡がない。「奇譚クラブ」という希有な雑誌の読者をもってしても、吾妻と沼、特に吾妻の服装論は異質であったのだろう。彼のズボンに対する思い入れに共感する読者はのちにもほとんど現れなかった。しかし、この論争のおかげで、我々は村上信彦が語っていない、彼がズボンに託した性的役割を知ることができる。

さて、沼正三の「あるマゾヒストの手帖から」は、一時期単行本として出版する計画が持ち上がり、沼は単行本用に既発表分を組み替え、加筆・修正して整える作業をしている。しかしこの出版計画は頓挫し、出版用原稿は一九五九年三月号から「奇譚クラブ」に分載されることになった。[19]ズボン・スラックス論争の発端になった「スラックス」は、「女のズボン」と改題のうえ加筆・修正され、一九六一年五月号に掲載されている。同記事で沼は、なんと村上信彦の著作『女について』から、「どんな理由からにせよ女がズボンを穿いたということは大きな革命だった」という一文を引用し、「さしあたっては、「唯」男女同権の象徴に過ぎぬ女のズボン姿も、来るべき女性支配的国家（略）を夢見させてくれるのである」[20]（傍点は原文）と述べている。このように沼は、旧稿のスラックス表記をズボンに改めたうえで、ズボンが女性上位ではなく男女同権の象徴であるという吾妻の見解を、一定程度認める書き方に改めている。わざわざ「唯」とカッコでくくり、「男女同権」と「女性支配」に強調点を付す書きぶりなどは、うがった見方をすれば、読者として吾妻＝村上を意識した書き方とも受け取れる。沼はさらに続く箇所で、「村上信彦氏の様に、歴史的見地から女のズボンを肯定する人もあり、服装の問題は結論のみからは云々しがたいが」、マゾヒスティックな男性にとって「女のズボンの性的意義は思い半ばに過ぎるではないか」[21]とも書いている。おそらく沼は論争ののち、ある段階で吾妻が村上であることに気づいたのである。沼は「女のズボン」のなかで、論争の翌年である一九五四年に出版された村上の『ゆがめられた性』（講談社、一九五四年）と、五五年に出版された『服装の歴史』（理論社）にも言及しており、彼がこれらを読んでいることが確認できる。とりわけ『服装の歴史』には、吾妻の「奇譚クラブ」発表作と重複する内容・事例紹介・言い回しが多数含まれていて、両者を読み比べれば同一人物だと気づく可能性は非常に

高い。(22)

そのうえで、沼は「まことに、私どもにとって「女がズボンを穿いたということは大きな福音であった」」と、村上の一文に「私どもにとって」、すなわち「マゾヒストにとって」という一語を付し、さらに「革命」を「福音」と書き換えてこのエッセーを締めくくる。風俗論・歴史的見地からのズボンの意義についての理解は、吾妻に従うとしても、あくまでマゾヒストとして、女のズボンに女性上位世界の夢を見ることはやめない、という態度がここに示されているようにも思われる。吾妻新と沼正三のズボン・スラックス論争は、開始から八年の時を経て、このように終結した。

注

(1)「ズボン・スラックス論争」という名称は「奇譚クラブ」一九五三年十二月号(一八七ページ)、一九六五年十月号(二〇七ページ)などで用いられている。

(2) 中山千代『日本婦人洋装史 新装版』吉川弘文館、二〇一〇年

(3) チャタレイ事件とは、一九五一年から五七年、D・H・ローレンスの小説『チャタレイ夫人の恋人』(一九二八年)の翻訳をめぐって争われた裁判であり、露骨な性描写がある本小説の出版が刑法百七十五条「わいせつ物頒布等罪」にあたるか否かが問われたもの。控訴審は③のおよそ十カ月前である五二年十二月に結審。

(4) 沼はなんと⑤のなかで「氏をまたずとも、(略) 村上信彦が、以前からそういう議論をしている」として本書に言及している(一八七ページ)。村上のエッセーによれば、『女について』は全く売れな

かったそうだから、議論がこのあとも続いていれば、貴重な読者に対して吾妻の態度も軟化していたかもしれない。
(5)論争の経緯については、古庄ゆき子編・解説『資料 女性史論争』(〔論争シリーズ〕、ドメス出版、一九八七年)に主要論文がまとめられ、整理されている。
(6)上野千鶴子『差異の政治学』岩波書店、二〇〇二年、六三―六五ページ
(7)村上信彦、篠原三郎編・解説『女について――反女性論的考察』(こぶし文庫 戦後日本思想の原点)、こぶし書房、一九九七年、九九ページ(初出:一九四七年)。以下、引用はすべて本書による。
(8)旧制中学から早稲田第一高等学院入学ごろまでの村上の知的背景に関しては、彼の自叙伝的小説『黒助の日記』に詳しい。
(9)前掲『女について』二五ページ。なお、吾妻のテキスト②には、この言い回しとよく似た次のような一文がある。「男とおなじ構造の二本の足をもち、おなじように交互に動かして歩くものを、別々に包まず一枚の布でくるむことはバカげた話です」(一三三ページ)
(10)前掲『女について』二二〇ページ
(11)村上信彦『服装の歴史3 ズボンとスカート』理論社、一九五六年
(12)この主張そのものがズボン・スラックス論争からの着想である可能性もある。
(13)前掲『女について』二五ページ
(14)村上はこのため、自身の「服装史」研究を決して「服飾史」とは呼ばなかった。
(15)前掲『服装の歴史3 ズボンとスカート』一四一ページ
(16)同書二八一ページ
(17)同書二七九ページ

(18) 外崎光広「書評 村上信彦著『明治女性史』」「歴史評論」第二百七十六号、歴史科学協議会、一九七三年、同「植木枝盛の婦人論をめぐる村上信彦・富田信男・熊谷開作氏の所論批判」「社会科学論集」第二十五号、高知短期大学、一九七二年、同「植木枝盛の婦人論について・村上信彦氏の反論に答える」「社会科学論集」第二十九号、高知短期大学、一九七五年、村上信彦「『明治女性史』批判への小論――主として植木枝盛論」「歴史評論」第二百九十四号、歴史科学協議会、一九七四年

(19)「手帖旧稿に加筆したものを増刊ないし単行本形式で取りまとめることになって、原稿の整理も一応終っていたのですが、出版事情から、この方は当分見込薄になりましたので、更に最新の資料も織り込んで稿を改め、「手帖新稿」として本誌上に分割発表させて貰うことにしました」(「奇譚クラブ」一九五九年三月号、一三〇ページ)

(20) 沼正三『ある夢想家の手帖から1』都市出版社、一九七〇年、二三四ページ

(21) 同書二三四―二三五ページ

(22) 筆者もまた、同書を読んだことで吾妻と村上が同一人物であることを確信した一人である。

補論１　作家の実名①吾妻新（村上信彦）

――戦後の民主的平等論者の分身

はじめに

本論では、「奇譚クラブ」で一九五〇年代に活躍したサディスト作家・吾妻新が、在野の女性史・服装史研究家・作家の村上信彦であることを実証する。以下、まず吾妻新の「奇譚クラブ」での活動を概観し、そのうえで村上信彦の著作・経歴との一致点について述べていく。村上信彦の経歴については『女について――反女性論的考察』（こぶし書房、一九九七年）掲載の略年譜を参照した。

1 テキスト比較

吾妻新の活動

吾妻新の、「奇譚クラブ」および同誌機関誌「KK通信」における著作一覧を表2に示す。以下、吾妻の著作は表番号（[6]など表記する）とタイトルで示し、出典は省略する。

吾妻の著作は、「感情教育」「夜光島」などの啓蒙や実験の意図がある小説を核に、「サディズムの精髄」「私は訴える」などのサディズムの近代化論を展開する論説、「海外サデイズム雑記」「明治年間の新聞覚え書」などの海外や過去の事例を紹介し、サディズムを中心にした周縁的セクシュアリティを歴史的にとらえようとするエッセー、そして海外小説の翻訳で構成されている。「奇譚クラブ」の寄稿者同士の交流も活発におこなっており、第5章で取り上げた沼正三とのズボン・スラックス論争、第8章で取り上げる古川裕子との一連の対話以外にも、羽村京子（[35]）、長谷川洋（[26]）、二俣志津子（[44]）らとやりとりをしている。吾妻の活動が一九五六年でいったん途切れるのは、古川裕子との対話の結果でもあるが、加えて、「奇譚クラブ」自体が警察からの弾圧によって、一九五五年五月号をもって休刊することも大きいと考えられる。吾妻の著作は一九五五年五月号以降も、同年十月号、十一月号、翌年四月号に掲載されている。しかし、これらはすべて「明治年間の新聞覚え書」という連載記事であり、すべて休刊前に編集部に送付されていた原稿だと考えられる。というのも、復刊第一号である一九五五年十月号、そして第二号である十一月号には、沼正三の原稿も計三本掲載されているが、沼は五六年八月ごろまで「奇譚クラブ」の復刊を知らなかったという。したがって、十月・十一月号掲載の沼の原稿は休刊以前に送付されたものと判断できる。同年十一月号に掲載された古川裕子「告別」にも、休刊以前に投稿された原稿である旨の編集部による注記がある。このように、復刊直後の数号は、多くが休刊前に投稿された未掲載原稿で構成されていると考えられる。吾妻の原稿も同様に、休刊によって掲載が遅れた原稿である可能性が高く、したがって吾妻の執筆活動は五五年五月をもっていったん途切れるとみるほうがよい。

「感情教育」

吾妻の著作と村上の著作の間には、多くの固有名、エピソードの一致がみられる。本節では、「感情教育」と「きいたふう」を取り上げ、村上の著作・経歴との一致を検討する。

「感情教育」は、吾妻自身をモデルにした吾妻の小説で、戦前から戦中を舞台にしている。主人公・章三郎の経歴やエピソードは、ほとんどが村上本人のものと一致する。

まず、作中にて章三郎は娘を秋田に疎開させ、妻の由紀も遅れて秋田に疎開し、終戦後は栃木県那須村へ移動するとされる。章三郎は、戦中は東京に残り、「昭和十九年十二月、（略）京橋のE郵便局長になった」（[31] 二〇九ページ）。村上もまた、家族を秋田へ疎開させ、一九四四年に京橋越前堀郵便局長になった。終戦後は栃木県那須村へ移った点も同じである。

吾妻は章三郎の郵便局長時代のエピソードとして、当時の郵便局は、局に必ず防空責任者を住ま

	タイトル	発行年月		ページ数
30	絵物語 牧場物語	1954	9	12-23
31	感情教育（十一）	1954	9	208-220
32	私は訴える——サディズム審判の一被告として	1954	9	36-51
33	夜光島	1954	10	278-290
34	夜光島（二）	1954	11	208-221
35	裏返しのＡ感覚——羽村京子さんに	1954	11	260-265
36	夜光島（三）	1954	12	84-97
37	夜光島（四）	1955	1	302-315
38	夜光島（五）	1955	2	286-299
39	夜光島（六）	1955	3	58-70
40	夜光島（七）	1955	4	276-290
41	明治年間の新聞覚え書	1955	4	46-54
42	孤独の広場——古川裕子さんへ	1955	5	287-289
43	明治年間の新聞の覚え書（二）	1955	5	86-92
44	きいたふう	1955	5	120-141
45	明治年間の新聞覚え書（三）	1955	10	136-142
46	明治年間の新聞覚え書（四）	1955	11	112-117
47	明治年間の新聞覚え書	1956	4	18-23
48	古川裕子への手紙	1961	5	76-82

「読者通信」欄への投稿は除いた

※1 1935年刊行“Christine”（発行元不明）の抄訳。全訳として『被虐の家』（吾妻新訳）が亜風社から1953年に刊行されている（B6判、全223ページ、函入り、定価320円）。「奇譚クラブ」に広告が掲載されており、購入申し込みは曙書房代理部へとなっている。亜風社の所在地は東京都文京区駒込蓬莱町18、発行者は森耿

※2 同号は本作品だけを掲載した特別増刊号。サディ・ブラッケイズはピエール・マッコルランの別名であり、2002年、マッコルラン作品として吾妻新訳がそのまま学習研究社から書籍として刊行。挿画は省略される

表2　吾妻新「奇譚クラブ」「KK 通信」著作一覧

	タイトル	発行年月		ページ数
1	サデイズムの精髄――古川裕子氏の「囚衣」をよんで	1953	3	20-25
2	風流猿轡	1953	4	160-162
3	風流責各態	1953	5	29-33
4	サデイズムの演劇（KK 通信）	1953	5	7
5	（翻訳）キドロトシユトツク「クリスチーヌの受難」※1	1953	6	16-27
6	新しいサデイズム	1953	7	108-109
7	（翻訳）キドロトシユトツク「クリスチーヌの受難」	1953	7	16-28
8	（沼正三氏に）女のズボンについて	1953	8	132-137
9	（翻訳）キドロトシユトツク「クリスチーヌの受難」	1953	8	96-109
10	鞭うたれる外国の少女達	1953	9	20-26
11	女のズボン（最後的回答）――沼正三氏に	1953	11	150-151
12	感情教育	1953	11	174-184
13	感情教育（二）	1953	12	110-119
14	（翻訳）サディ・ブラッケイズ『アリスの人生学校』※2	1953	12増	1-176
15	感情教育（三）	1954	1	164-173
16	感情教育（四）	1954	2	108-118
17	感情教育（五）	1954	3	120-130
18	感情教育（六）	1954	4	154-164
19	海外サデイズム雑記　さるぐつわ（上）	1954	4	67-73
20	感情教育（七）	1954	5	52-65
21	海外サデイズム雑記　さるぐつわ（下）	1954	5	98-103
22	感情教育（八）	1954	6	146-157
23	海外サデイズム雑記（3）服装の利用（上）	1954	6	94-101
24	感情教育（九）	1954	7	208-221
25	海外サデイズム雑記（4）服装の利用	1954	7	164-170
26	コンビネーション随想に答えて	1954	8	174-175
27	感情教育（十）	1954	8	180-193
28	海外サデイズム雑記　服装の利用	1954	8	48-60
29	吾妻新氏より（「KK 通信」）	1954	8	9

わせなければならず、章三郎が局舎の二階に住み込むことになる展開を描いている。このエピソードは六一年に村上が発表した小説『霧のなかの歌』(三一書房)にも登場し、京橋郵便局長の娘とされるキャラクターが局の二階に住み込む様子が描かれる。『霧のなかの歌』は四七年刊行の『霧』(興風館)を改稿・増補したものだが、『霧』にはこのエピソードはなく、「感情教育」のほうが早い。

次に、章三郎の経歴である。

この男は少しませていたから、中学三年のときに大杉栄の追悼会に出席して、あやうく検挙されそうになり、(略)学校で秘密の回覧雑誌を出しはじめ、それがわかつて教師と大立廻りを演じたりした。五年生のときには友人をかたらつて、ロンドンのフリーダム社からクロポトキンの「パンの掠取」を取りよせ、訳して雑誌にのせたのがたたつて、学校と警察の問題になつた。(略)

W大学にはいつて経済学を専攻するようになつてから、彼の思想はアナキズムからマルキシズムに移つていつたが、ストライキで退学し(略)

(〔12〕一七六—一七七ページ)

これらはすべて村上の著作に頻出するエピソードである(大杉栄の追悼会に出席して危うく検挙されそうになったこと、旧制中学在籍時に、回覧雑誌〔「処女林」〕を出したこと、この件で教師と大立ち回りを演じたこと、クロポトキン『パンの略取』〔一八九二年〕をロンドンのフリーダム社から取り寄せたこと、ストライキで早稲田第一高等学院を退学したこと）。

さらに、村上は一九五五年に発表した『服装の歴史1』のなかで、以下のように記している。

昭和八年に結婚したとき、妻にズボンをはかせて写真をとり、友人知己に結婚写真のかわりに送ったりしたのは、せめてものささやかなレジスタンスだった。(1)

これは昭和初期としてはかなり特異なエピソードといえるが、全く同じエピソードが「感情教育」にも現れる。

写真屋をよんで、ズボンをはいた妻を抱きしめている写真をとらせた。若い写真屋だつたので、すつかり気をのまれて指が震え、幾度も撮り直したのは滑稽だつた。章三郎はそれを沢山焼増して、結婚通知とともに友人や親戚にくばつた。

（［12］一八四ページ）

「感情教育」当該記載は『服装の歴史1』に先行する。もし村上が吾妻とは別人であると考えた場合、村上が吾妻の記載を借用したことになり、そうした可能性もゼロではない。しかし、結婚という周囲を巻き込むエピソードである以上、実名で『服装の歴史』を書いた村上が全く架空のエピソードを他人から借用するとは考えがたい。

次に、フランス人画家ポール・ゴーガン（ゴーギャン）に関する両者の記載をみてみたい。村上は一九四三年にポール・ゴーガンの伝記を翻訳・出版しており、その動機を小説に記している。

本郷三丁目の古本屋で、Beril Becker の“Paul Gauguin”を買つた。夜、床のなかで二章ほどよんだとき、彼の胸は震へ、眼は涙でいつぱいになつた。(略)健太郎は偶然にも自分がゴーガンと同じく三十五歳であることに気付いて、わがことのやうにその衝動を感じた。

(前掲『霧』二六二ページ)

村上は後年、友人だった高群逸枝の回想録「私のなかの高群逸枝」のなかでもこのエピソードに言及していて、これが自身の体験に基づくものであることが確認できる。このエピソードとほぼ同じエピソードが、「感情教育」にもみられる。

本郷三丁目の古本屋で買った一冊の伝記本が彼の運命を変えることになった。かれは涙をながしてよみふけった。株式清算人である水夫上りの男が、絵を専心かきたいために年三万フランの収入をなげうつのである。(略)その男が画家になるために事業を棄てたのは三十五歳のときだった。章三郎も正に三十五歳だった。

(［27］一九二ページ)

吾妻はここでは画家の名前を直接的に記していないが、その後に続く段落の「あゝ、君はメットよりずっと優れた女だ。そして、僕はゴーガンより幸福なんだ!」(一九三ページ)という記述から、これがポール・ゴーガンであることがわかる。本郷三丁目の古本屋、三十五歳という細部の一致に加え、主人公がこれをきっかけに著述生活に入ることも一致する。ただし、『霧』は「感情教育」に先行するため、吾妻が『霧』を参照した可能性は残る。

続いて、村上の小説『音高く流れぬ』の書評に関する記述である。村上は一九七八年、かねてから交流があった石川三四郎の追悼記事のなかで以下のように述べている。

石川三四郎は、他の作品のすべてを棄てて私の作品だけをとりあげ、三段ぬきの書評をおこなった。しかもその内容は「ロマン・ロランの『ジャン・クリストフ』を思わせる傑作」といったような、顔から火が出そうなオーバーな讃辞であった。[2]

これに先行する「感情教育」（[22]）にも、章三郎が書いたとされる小説の書評についての記述がある。

新聞に批評をかいてくれたものが二人出た。一人は幸徳秋水や片山潜と同期の著名な社会運動家で、それも三段ぬきに、ロマン・ロランの「ジヤン・クリストフ」と比較論評してくれた。（[22]一四六ページ）

石川三四郎は著名なアナキストであり、まさに「幸徳秋水や片山潜と同期の著名な社会運動家」

である。吾妻のテキストではこの作品が『音高く流れぬ』であることはもちろん記されていないが、「ジャン・クリストフ」という固有名の一致、「三段ぬき」へのこだわりなど、細部の一致がみられる。

そのほか、一九六一年刊行の村上の小説『霧のなかの歌』に、村上をモデルにした登場人物・友岡が、編集長を務める出版社でジェームズ・フレイザー『金枝篇』全訳の出版を企画するものの頓挫したというエピソードがあるが、[3]全く同じエピソードが「感情教育」にも現れ、翻訳者に支払った生活費の額まで一致している（[27]、一八五ページ）。村上は四〇年から三年間、興風館出版部に勤務しており、このエピソードは興風館時代の体験をもとにしていると見なせる。

このほか、章三郎の親しい友人として、「朝鮮人の詩人」であるKという人物が登場する。Kと章三郎のなれそめは、彼の詩集を章三郎が出版したためであり、その詩集には島崎藤村と佐藤春夫の序文を付したと書かれている（[18]一五八ページ）。島崎・佐藤の序文を付した朝鮮人の詩人の書とは、金素雲による『乳色の雲――金素雲訳詩集』（河出書房、一九四〇年）である。同書は河出書房刊だが、金は一九四三年に興風館から『朝鮮詩集』前期・中期を刊行している。同書に付された「覚書」には村上信彦から金への手紙がもとになり詩集出版に至ったという経緯が記されている（「覚書」一―三ページ）。

「きいたふう」

次に、吾妻の一九五五年五月号のエッセー「きいたふう」（[44]）に記された吾妻の個人情報にふれたい。ちなみに「きいたふう」というタイトルは村上が自身の日記をもとにして書いたドキュメント小説『黒助の日記』のなかで、彼の旧制中学時代の同級生が書いたエッセーのタイトルとしても現れる。本作の登場人物はすべて実名であり、実際に同名のエッセーが存在した可能性は高い。

吾妻は本作のなかで、大胆に自身の本業について語っており、要点をまとめると以下の三点となる。

①少なくとも二つの新聞小説を連載していた。そのうちの一つは「意外に好評で、その新聞社始まって以来の成績だったとかで、半年の契約がずっと延長した。そのために季節は夏にかかった」（[44] 二二四ページ）。

②新聞小説に映画化の話があったが頓挫した。

③最近は自分で映画のシナリオを書いていて、映画製作にタッチする予定がある。

①に関して、村上は確かにこの時期までに少なくとも二つの新聞小説を書いていた。一つは「日刊スポーツ」に一九五二年十二月十五日から連載を開始した「青線区域」である。[4] 村上はこれについて以下のように述べている。

新聞小説は好評で、百五十回の約束が二百回以上にのび、（略）社でも紙数の売上げが増したというので、次の連載を予約してくれた。[5]

「半年の契約」と百五十回という回数も符合し、それが延長されたという点も一致している。「次の連載」についても、村上は実際に、一九五三年九月二十三日から「わかい谷間」の連載を開始している。

②③に関して、村上の新聞小説も一度映画化の話が持ち上がり、さらにこの時期まさに徳冨蘆花を主人公にした映画のシナリオを書き上げていたことが以下に確認できる。一九五五年四月の村上の日記をもとに当時を回想した「私のなかの高群逸枝3」での記述である。

一年ほどまえから蘆花の青春期を描いた映画のシナリオにとりかかっていた。（略）それ以前に、前号で触れた読売新聞懸賞小説の映画化が彼の手ですすめられ、松竹本社の重役会議はパスしたのに、京都の会議で保留になったいきさつがあったので[6]（略）

「前号で触れた読売新聞懸賞小説」とは、一九四九年に佳作入選した「風ある季節」である。日本近代文学館所蔵の小山いと子との書簡にもこのことがみえる。五五年三月十三日付の小山からの書簡に、蘆花のシナリオが完成したことを祝うくだりがあり、村上は二月から三月初旬には映画化に向けた蘆花のシナリオを書き上げていたようである。この件もまた、「きいたふう」の内容と時期的にもぴったりと符合する。しかし村上によれば、この映画化は同年四月二十日ごろ「おじゃん」になったという。

最後に、吾妻の小説「夜光島」のヒロイン名は「登枝」、小説「感情教育」主人公の娘の名は「真理(里)」だが、これらは幼くして亡くなった村上の次女・三女の名と一致する。

結論

以上、吾妻と村上の著作内容、経歴の一致について、主だったものを挙げた。吾妻の著作にみえるエピソードは、村上の既発表作品だけではなく、当時未発表だったと推測される村上自身の私的なエピソードとも一致しており、さらに、エピソードの初出も、吾妻が先行する場合と村上が先行する場合が混在している。また、ここで取り上げることはしないが、例えば『霧のなかの歌』の重要人物の名字と「夜光島」のヒロインの名字が一致する、新聞小説の登場人物の名が「由紀」であり、「感情教育」のヒロインの名と一致するなど、微細な一致はこのほかに大量に発見することができる。これほど多数の一致をみれば、吾妻は村上本人か、少なくとも村上に公私ともに非常に近い人物だと断定できる。仮に吾妻を村上の関係者だとするならば、彼は村上の著作を知り抜き、それらのなかから縦横無尽にエピソードを引用し、わざわざ固有名まで克明に一致させていることになり、その意図をあえて類推するならば、その人物は吾妻を村上だと誤解させようとしているとしか考えられない。

しかし、当時の村上は、『音高く流れぬ』『女について』などを上梓していたものの、『服装の歴史』はまだ刊行されておらず、いまだ文壇で重要な位置を占めるとはいいがたい時期であった。(7) そんな彼に注目し、すべての著作を読み、それを加工して「奇譚クラブ」誌上に発表する人物がいたとは想定しがたい。

村上の著作は網羅できていないため、先後関係については今後覆される可能性があるが、様々な固有名、エピソードが膨大な量で一致していることを踏まえれば、吾妻新の正体は村上信彦本人であると見なしていいはずである。

なお、「奇譚クラブ」投稿作家だった藤見郁（飯田豊一）が編者になって一九六四年に刊行した『ショッキング画集』（あまとりあ社）に、「当時の同誌〔奇譚クラブ〕に頻りに投稿していた村上信彦氏」（同書一七八ページ）とあること、飯田晩年のインタビューで、吾妻は村上だと証言していることも有力な傍証となろう。(8)

2　村上信彦にとっての吾妻新と「奇譚クラブ」

村上が吾妻新として「奇譚クラブ」に寄稿していた一九五三年から五六年までは、彼にとってどのような時期であったのだろうか。

村上は、戦後身を寄せていた栃木県那須地方の開拓村から上京した一九四九年、出版事業の失敗のため莫大な負債を背負う身となり、(9)経済的に非常に困窮した生活を送っていた。(10)五二年ごろになってもいまだ負債の返済に追われながら、「探偵実話」に「書きたくもない」推理小説を書いたり、懸賞論文を書いたりして糊口をしのいでいたらしい。「私のなかの高群逸枝2」所引の、五二年一月四日付の村上の日記では、当時の心境を率直に述べている。

貧乏が、あまりにも激しい貧乏が俺の生を食いつぶしてしまった。いま一度、この生をやり直すことができれば、…眼を閉じると偉大な夢を豊かに約束されていた青春時代が走馬灯のように浮かぶ。長生きしたい。絶対に長生きしたい。(11)

その後も厳しい生活が続くが、「日刊スポーツ」に「青線区域」を連載することになり、「貧乏に階段があるとすればその階段をいくつか上った」（前掲「私のなかの高群逸枝2」二一ページ）。さらに一九五三年、講談社から『女について』を平易な文章に改めた『ゆがめられた性』を出版することが決まり（一九五四年刊行）、村上の困窮した生活にも「長い暗いトンネルの出口が見えてきた」という。(12)しかし依然として莫大な負債が存在し、「日々金が要るという現実を避けるわけにはいかず、金は切実に欲しかった」(13)。吾妻が「奇譚クラブ」に登場する五三年三月は、まさにこの時期に相当する。

同時期に「奇譚クラブ」に寄稿していた飯田豊一が残した「仕事メモ」によれば、「奇譚クラブ」の原稿料は、一九五九年で一ページ百四十五円である。(14)五九年は吾妻の活動時期より少しあとだが、このころの「奇譚クラブ」は弾圧の影響で書店販売が不可能になり、出版社に申し込みをした直接購読者にだけ郵送するという形態で細々と刊行を続けていた。逆に、吾妻が活動したのは最も部数が多かった時期であるため、原稿料はこれ以上か、少なくとも同水準だと考えていいだろう。

物価の上昇を踏まえ、仮に一ページ百円で計算すれば、吾妻は五三年からおよそ三年にわたり、毎号十ページから二十五ページ程度の原稿を書き続けているため、「奇譚クラブ」は彼に毎月千円から二千五百円程度の収入をもたらしていたはずである。そのほか、彼が訳した「アリスの人生学校」は臨時増刊号として発売されている。「奇譚クラブ」は苦しい時代の村上を、いくばくかは経済的に支えたわけである。

しかし村上は、ただ経済的な利益を得るためだけに「奇譚クラブ」に寄稿したのではない。吾妻は「奇譚クラブ」での執筆活動について「これが普通の雑誌だったら決してそんな熱意は起らないのだが、本誌にかぎってそうでないところをみると、やはり私がアブノーマルだからなんだと思う。だから私は本誌に限って、求めに応じてかくのではなく、かかせてもらっているのである」(［44］一二〇ページ)と述べている。吾妻の著作の水準、そして同じ寄稿者との熱心なやりとりをみれば、これをリップサービスととらえる必要はないだろう。「奇譚クラブ」は彼にとって特別な存在であり、古川裕子とのやりとりによって沈黙するまで(第8章を参照)、熱意をもって同誌に寄稿を続けていたとみていい。

吾妻の著作群は、サディストの立場から自身のセクシュアリティについて堂々と語り、サディズムを論じたものが大半を占める。彼が活躍した一九五〇年代当時、サディストはいまだ犯罪者や異常者と同一視されていたため、村上がこれらの著作を匿名で書いたのは当然のことであった。しかし、ここまでの考察から明らかなように、村上は無防備ともいえるほど多くの個人情報を作品内に取り込んでおり、彼を知る者が読めば、吾妻新が村上信彦であることは一目瞭然だったことだろう。

現に彼は「感情教育（十二）」（［31］）で、「あの小説の第一回がのったとき、これは君のことだろうと当てた友人がすでにいるんだ」（［31］二一七ページ）と章三郎に語らせているし、「類似誌の編集長が私の友人を介して会いたいと申しこんできた」（［44］一二〇ページ）とも書いている。少なくとも親しい友人の何人かには、村上が吾妻であることは早い段階で知られていたのである。

村上の無防備さの理由の一つとして、彼が常に自身の体験を詳細に描写するタイプの作家だったことがあるだろう。「孤独の広場」（［42］）で彼は、「僕には現実から全く遊離したものをかけない性質がある」（二八八ページ）と述べている。実際に、彼は小説家としても多くの作品を残したが、それらの多くが自身をモデルにしたものである。特に彼の日記をもとに構想された「ドキュメント小説」『黒助の日記』では、登場人物は主人公の黒助＝村上以外すべて実名で登場する。「書きたくもない」推理小説にさえ、疎開先だった那須の開拓村を登場させたり、彼が郵便局長を務めていた際に見聞きしただろう切手取引について描いたりしたものがある。(15)「夜光島」は同じく「奇譚クラブ」の常連投稿者だった古川裕子をモデルにした空想上の物語だが、その舞台になった佐渡は村上の妻の出身地であり、かつて、村上は実際に佐渡への移住を夢見ていたらしいことが、小山いと子との書簡にみえる。(16) 一見不要と思える個人情報の書き込みは、自らを創作の糧にするスタイルが「感情教育」や「夜光島」でも貫かれた結果といえる。

しかしながら、村上が匿名性にそれほどこだわらなかった最も大きな理由は、おそらく彼のサディズム論の特質にある。強調しておきたいのは、彼はジキルとハイド——村上が好んだ表現だが——のように、女性解放論者としての表の顔と、サディストとしての裏の顔を使い分けていたわけでは決してないということである。村上は自身のサディズムと女性解放論が矛盾するものとは考えておらず、事実、彼のサディズム論は彼の女性論・服装論と矛盾なく密接に結び付いていた（第3章、第5章を参照）。吾妻は、自分がサディストであることを告白しないのは、「じぶんに恥ずるのではな」く、「解きほぐすに由のない世間の圧力のため」（［44］一二九ページ）であると述べている。また「私は訴える」や「孤独の広場」では、サディスト、マゾヒストに対する世間のイメージに対して多く筆が割かれ、これらの偏見に対する憤りをあらわにしている。

第3章で論じたように、彼は「「愛情と平和の心理」としてのサデイズムを信じ、実行し」ていた。「私はサデイズムという言葉から、不合理な残虐や犯罪的な観念を追い出したいと常にねがっている一人です」（［3］三三ページ）と述べ、現状のサディズムという語が残虐な犯罪者を含むことを踏まえたうえで、これらをサディズムから切り離し、新しいサディズム概念を打ち立てようとしているさまがうかがえる。これは吾妻新のテキスト全編にわたる基本的な態度である。

以上のことから、筆者は、吾妻新が村上信彦の隠された「暗部」であり、フェミニスト／女性解放論者の「裏の顔」であるといった見方には与しない。もちろん時代的制約はあるものの、吾妻新の主張は、リベラルな男女平等主義に基づいており、村上としての業績としっかりと噛み合っていた。村上の吾妻新としての言論活動は、筆者からみて誠実である。

村上信彦は、彼が在野の研究者であったことも影響してか、現在顧みられることが少なくなっている。しかし、村上の吾妻としての活動をみれば、彼が男女間における対等性や性的同意という、現代においても重要な論点について、当時最も真剣に考え抜いた人物の一人であることは間違いないだろう。

注

(1)村上信彦『服装の歴史1——キモノが生れるまで』理論社、一九五五年、四ページ

(2)村上信彦「石川三四郎の思い出」、唐沢隆三編「柳」第二十四巻第九号、ソウル社、一九七八年、六ページ

(3)村上信彦『霧のなかの歌 第一部——消される人たち』三一書房、一九六一年、九一—九二ページなど

(4)一九五二年十二月十五日から五三年八月一日まで連載(全二百二十八回)。加藤桂子/田村瑞穂/土井雅也/宮西郁美「資料翻刻 村上信彦・高群逸枝往復書簡」「日本近代文学館年誌」第十号(日本近代文学館、二〇一四年)の注二一(一八〇ページ)も参照のこと。

(5)村上信彦「私のなかの高群逸枝2」「高群逸枝雑誌」第十八号、高群逸枝雑誌編集室、一九七三年、二一ページ

(6)村上信彦「私のなかの高群逸枝3」「高群逸枝雑誌」第十九号、高群逸枝雑誌編集室、一九七三年、二二ページ

(7)江種満子「高群逸枝・村上信彦の戦後一六年間の往復書簡をめぐって」、前掲「日本近代文学館年誌」第十号

(8)河原梓水「飯田豊一(濡木痴夢男)氏の軌跡とその仕事——新出インタビュー原稿によせて」「立

命館文学」第六百七十四号、立命館大学人文学会、二〇二一年

（9）前掲「私のなかの高群逸枝2」一八―一九ページ

（10）巨額の負債を負って生活苦に陥ったことは、「感情教育」でもエピソードとして描かれる。

（11）前掲「私のなかの高群逸枝2」二〇ページ

（12）前掲「私のなかの高群逸枝3」二一ページ

（13）同誌二一ページ

（14）前掲「飯田豊一（濡木痴夢男）氏の軌跡とその仕事」二三ページ

（15）村上信彦「テート・ベーシュ」「探偵実話」一九五三年六月号、世界社

（16）日本近代文学館蔵、一九四七年二月二十一日付書簡（資料番号：七八五二七）

第3部　社会に抗する思想

第6章　マゾヒズムと戦後のナショナリズム
——沼正三『家畜人ヤプー』

はじめに

戦後日本の人々が、第二次世界大戦の敗北と占領の体験をいかに受け止め、どのように昇華したのかという問いは、戦後民主主義の研究として、草の根の戦争・占領体験の発掘や、戦後知識人の言説分析など、緻密な史料読解によっておこなわれつつある。[1] とりわけ敗戦・占領と男性のセクシュアリティの関係は、日本人男性の男性性の動揺、戦後の日米関係のジェンダー化といった視点から、多くの研究が蓄積されている。[2] このような「男性性の危機」とされる状況は、しばしばマゾヒズムという修辞とともに語られており、戦後日本人男性とマゾヒズムの結び付きは、すでにありふれたものとなっている。

ただし、この場合のマゾヒズムとは多くの場合、敗戦という困難で認めがたい状況をどうにか受け入れるために、苦痛や屈辱を快楽へと結び付ける合理化の心理、あるいは、受け止めがたい罪の意識から、自己を罰してほしいと願う心理を指している。しかしそうであるとするならば、戦後の日本人男性にとってマゾヒズムとは、とりたてて転倒的なところがない、合理的な機制であるといわなければならないだろう。しかし、戦後日本人男性のマゾヒズムとは、そして男性性の危機と呼ばれた事態とは、本当にそのようなものだったのだろうか。

本章では、戦後の日本人男性の「トラウマ」に基づく作品としてしばしば言及される、沼正三『家畜人ヤプー』を中心に、沼のそのほかのエッセーや彼の実名著作も検討しながら、戦後の日本人男性のマゾヒズムをジェンダーとセクシュアリティ、そしてナショナリズムとの関係から分析することを試みたい。(3)

1　男性主義的エリート・沼正三

沼正三と「奇譚クラブ」

沼正三とは、一九五〇年代から六〇年代初頭にかけて「奇譚クラブ」で活躍したマゾヒスト男性作家であり、戦後最大の奇書と称された『家畜人ヤプー』の作者としてよく知られている。彼の本名は倉田卓次、「奇譚クラブ」で活躍していた当時は、東京地方裁判所判事補、長野県飯田支部判事補であった（補論2を参照）。

沼の名が初めて誌上に現れたのは「奇譚クラブ」一九五三年四月号であり、それは「神の酒（ネクタール）を手に入れる方法——芳野眉美君に」という小文だった。神の酒とは、女性の尿のことである。この記事で沼は、彼に先んじて女性の尿に対する欲望を寄稿していた芳野眉美に対して、「「あゝ女の尿が飲みたい。」と君はためらわず書いている。その切実な心の声に打たれるものがあるので僕はこれを書く気になりました」と述べ、当時の日本で女性の尿を入手する方法を指南している（同記事二三ページ）。このように沼は、女性の排泄物に欲望を抱くタイプのマゾヒストであった。このような欲望は当時「コプロ趣味」と呼ばれ、主に男性マゾヒストに抱かれていた。

沼は同年六月号から、以後八年間にわたり続くことになるエッセー「あるマゾヒストの手帖から」の連載を開始する（以下、「手帖」と略記）。本連載で沼は、英語・ドイツ語・フランス語の未邦訳文献を多数紹介し、さらには唐代の漢詩からアメリカの最新空想科学小説（のちのSF小説）に至るまで縦横に引用して、卓抜なエッセーに仕立てた。「奇譚クラブ」寄稿者のなかで、沼ほど幅広い分野に精通している者はいなかった。沼が知識人、それも並大抵の知識人ではないことは誰の目にも明白であり、沼はすぐに「奇譚クラブ」を代表する作家になった。沼の人気を受け、後発の戦後風俗雑誌が創刊号に女性の尿やトイレに関する記事を多く掲載したことは、第2章でふれたとおりである。

沼は、一九五六年十二月号から、「未来幻想マゾ小説」と銘打たれた「家畜人ヤプー」の連載を開始する。本作は、土路草一のサディズム小説「潰滅の前夜」（一九五六年七月号）掲載によって、にわかに誌上で盛り上がった日本人家畜化小説への機運を受けて執筆開始されたものである（第7章を参照）。「潰滅の前夜」はサディスト男性によって書かれた、日本人女性の家畜化を描いたポルノ小説であったが、沼はマゾヒストにもかかわらずこれをいち早く絶賛した。沼は一九五六年九月号に、「家畜化小説の登場を喜ぶ――土路草一「潰滅の前夜」頌」を寄せ、同年十二月号から自らも家畜化小説の連載に踏み切る。それが「家畜人ヤプー」である。

「ヤプー」の舞台は、およそ二千年後の未来世界にあるとされる、女権制の宇宙帝国イースであり、ここでは白人だけが人間として高度な文明を享楽し、黒人は「半人間」として奴隷化されている。黄色人は日本人以外絶滅しており、日本人は半人間以下の類人猿「知性猿猴（シミアス・サピエンス）」とされ、家畜化されて様々な用途に使役・消費されている。この家畜化された日本人のイースでの呼称がヤプーである。物語では、ドイツ人女性クララとその婚約者・瀬部麟一郎が、タイムトラベル中のイース貴族ポーリーンと出会うことで始まる。ポーリーンに仲間として遇されるクララに対し、ヤプーと見なされた麟一郎は家畜へと転落していく。イース文明にふれたクララはわずか一日で麟一郎を恋人ではなくヤプーとして扱うようになり、麟一郎はヤプー「リン」としてイースで生き直すことになる。

あらすじからすぐに想像されるとおり、「家畜人ヤプー」にはきわめて激しい人種差別表象と残酷な身体改造描写がある。本作は、白人に便器や痰壺、浴槽などとして利用される生体家具としてのヤプー、衣料品に加工されるヤプー、縮小されて機械部品、靴底のクッションにされ使い捨てられる倭人ヤプー、食用ヤプーなど、日本人へのありとあらゆる暴力のアイデアに満ちている。麟一郎は、機械的に去勢され、栄養摂取を容易にするために寄生虫を飲まされ、訓練と称して白人女性の経血や恥垢を食べさせられ、切り取られた彼自身のペニスを素材にした鞭「如意棒」で元婚約者から鞭打たれる。これらの描写の激しさは、「ヤプー」がきわめて限られた読者に向けて書かれたことが影響しているだろう。「ヤプー」連載開始時の「奇譚クラブ」は、一九五五年五月に頂点に達した「不良出版物」弾圧によって書店販売が不可能になり、編集部に直接申し込んだ読者への通信販売のみで発行されていた。[4] 部数も激減し、ほとんど同人誌といっていい状態である。したがって本作は、きわめて限られた人々を読者として想定して書かれており、単行本化されベストセラーになることなどは全く想像もされていなかった。

旧制一高から東大へ

沼正三＝倉田卓次とはどのような人物なのかを確認したい。倉田には『裁判官の戦後史』『続 裁判官の戦後史』などの、自身の経歴を比較的詳しく記した著作があり、「奇譚クラブ」執筆期の状況を知ることができる。

倉田卓次は、一九二二年に東京で生まれた、いわゆる戦中派世代である。東京府立第四中学校、旧制第一高等学校を経て、四三年十月に東京帝国大学法学部法律学科に入学した。旧制一高時代の同級生には、三島由紀夫「青の時代」（一九五〇年）主人公のモデル・山崎晃嗣、雑誌「世代」（目黒書店）の初代編集長として著名なエンリンこと遠藤麟一朗などがいる。「ヤプー」の主人公・瀬部麟一郎はザッヘル＝マゾッホ「毛皮を着たヴィーナス」（一八七一年）の主人公セヴェリンと、遠藤の名・麟一朗にちなんだものである。[5]

一九四三年十二月、彼は学徒出陣し、台湾で終戦を迎える。四六年に復員し、その後大学にも復学、四八年に東京大学法学部を卒業する。その後裁判官となり、沼として活動した時期は東京家庭・地方裁判所判事補、長野家庭・地方裁判所飯田支部判事補だった。倉田は飯田支部時代に沼として多くの作品を発表しているが、倉田によれば、飯田での仕事は「民刑合議事件の陪席勤務だけであった。件数は、へーぇと驚くほど少なかった」[6]という。その後、札幌高等裁判所判事、佐賀地裁裁判長などを経て、東京高裁判事となる。彼の職業を反映してか、「ヤプー」の主役の一人、イース貴族ポーリーンは検事であり、作中ではイースの法体系にも多く筆が割かれている。

沼の著作を一九七〇年に刊行した都市出版社の社長・矢牧一宏は「世代」第二期編集長を務めた人物で、倉田の弟・正也とも親しい間柄だった。内藤三津子によれば、「ヤプー」は三島由紀夫によってまず中央公論社に売り込まれた[7]。三島は倉田と同じ東京帝大法学部法律学科に同時期に在籍しており、つまり「ヤプー」は倉田がまさに所属していた東京の知識人コミュニティで見いだされ、いわばその内部を旋回していたわけである。裁判官という職業を考慮せずとも、倉田が絶対に正体を明かせなかったことは想像に難くない。

倉田が在籍した旧制一高は、日本で唯一の完全全寮制を実施し、「籠城主義」を標榜する特殊なエリート教育がおこなわれていたことで知られる。その空間は、「選ばれた青年たちが、彼らだけの空間で、「栄華の巷低く見て」(一高寮歌)、天下国家や一国の文化を背負い立つ気概を養う、はなはだ傲慢な閉鎖空間であった[8]」と評される。倉田は軍隊時代、「古参兵たちが酔っぱらうと頭の中は女のことで一杯になり、猥褻なことばかり口走るのを見るのも、女人禁制の寮で三年半ストイックに暮らす間、カントだのヘーゲルだのと観念的なことしか考えていなかった者にはショックだった[9]」と述べている。倉田に先立つこと三年、同じく旧制一高から東京帝大医学部へ進学した加藤周一もまた以下のように語っている。

〔一高生には〕誇張された「選良」の意識があり、大衆には許されない特権が自分たちにだけは許されているという漠然とした考えがあった。一高は明治以来その卒業生の大部分を東京帝国大学に送り、帝国大学の卒業生は役人となり、技術者となって社会に指導的な地位を占めていた。一高の学生たちは、天下国家を、現に自分たちに属していないとしても、やがて属すべきものと考えていたのである。[10]

加藤が描写する一高生の特権意識、エリート意識は、多くの卒業生や関係者も指摘するところである。特に倉田が進んだ東京帝大法学部は日本の官僚養成機構の中心であり、ここに所属することは、「天下国家」掌握に向けた立身出世の街道を順調に進んでいることの証左だった。[11] 遠藤麟一朗は、倉田と同時に出征した一高の友人・日高晋の日の丸に「常在高貴」と寄せ書きしたという。[12] 自分たちが常に高みにあるべきだという特権意識は、倉田の著書にもうかがえるものである。

付け加えておかなければならないのが、倉田が過ごした一高、軍隊、東京帝国大学、東京大学（当時）という空間は、いずれも女性を排した男性だけの世界だったということである。無論、戦場には慰安婦をはじめとして多くの女性がいた。しかし彼女たちはおそらく倉田の視界に入ることはなかっただろう。倉田よりも四歳年下の網代毅は、一高の「女人禁制」について、その唯一の例外は医務室の看護婦だったが、彼女は男性と見紛うほどの堂々たる体格・性格の持ち主だったため寮生から「ダス」(ドイツ語の中性冠詞/代名詞)と呼ばれていたと語っている。これをよき思い出として無邪気に書ける傲慢さが一高生にはあり、彼らのうち何人が、戦場にいた女性たちを彼らと対等の「高貴な」人間とみたかは定かではない。沼もまたエッセーのなかで、「パンパン」を代表とする娼婦への蔑視を何度もあらわにしている。さらにいえば、沼には戦争加害者としての意識はほとんどみられないうえ、後述するような台湾での体験のためか、アジア人に対する視線も冷ややかである。「家畜人ヤプー」において、日本人以外のアジア人がすべて「淘汰」され絶滅していることにもそれは表れている。

倉田卓次は、男性だけの閉鎖空間で純粋培養されたエリート中のエリートであり、それにふさわしい高いプライドを備えた人物だった。そんな彼の特権意識やナショナリズムが、いかにしてマゾヒズムに結び付き、「家畜人ヤプー」という作品へと結実したのだろうか。

2 マゾヒズムと女性蔑視

主権の委譲と男性性

マゾヒズムは異性・同性どちらにも向きうるものだが、沼は異性愛者であり、基本的には女性を崇拝するマゾヒストであった。真偽は不明だが、終戦後の捕虜時代に白人女性に鞭打たれ、その排泄物を無理やり食べさせられた経験からマゾヒストになったと自ら述べている。その原初体験を描写する際、彼は「自分の主体性がゼロになってしまった、という恍惚感」を感じたと述べ、その恍惚を涅槃の心境にまで例えている。[13] この「主体性」は、別の箇所では「主権」と言い換えられている。以下、まずこの主権概念をめぐって、沼のマゾヒズムを男性性との関わりから検討してみたい。

沼は、マゾヒストが待望する女性とは、男性的な女性であるとしばしば述べている。例えば、沼は女性のスラックス（ズボン）姿を好み、妻にいつもスラックスをはいてもらっていると語り、その理由について、「主権者として妻を認めることであるが、それのみでなく、スラックスを穿いた妻の姿から非常に男性的なものを感じ、それが私のマゾヒズムを刺戟する」[14] からだと述べている。マゾヒストが女主人に男性性を求めることは現代では珍しく、当時でもすべてのマゾヒストに当てはまるものではない。

沼は同エッセーで、ズボンが主権と権威の象徴であることを論じている。ズボンは有史以来男性に専有されており、「もし女がズボンを穿けば、それは亭主を尻に敷き家庭の主権を握つていますというに異ならなかった」[15]。このエッセーが発端になり、沼は同じく「奇譚クラブ」の匿名作家だった女性史家・村上信彦（吾妻新）にズボンの意義をめぐって論争を仕掛けられている（第5章を参照）。それはさておき、沼はこのほかにも、乗馬を趣味とする女性は「男性的」になるとして、女性への乗馬を勧め、[16] 武勇に優れた女神アテネを「女性よりもむしろ男性に近い」として「礼賛」し、[17] さらに、女性中心社会を戯画的に描いた小野佐世男の漫画「男の一生」を評価しながらも、登場女性が男性的な要素をもっていない点を残念がっている。[18] このように沼は、女性が主権を握ったり、能動的に振る舞ったりすることは「男性的」な振る舞いだと見なしている。

さらなる例を挙げたい。沼は「手帖」のなかで、「近頃大いに私を喜ばせた作品」として有馬頼義の小説「月光」(『終身未決囚』所収、作品社、一九五四年)を紹介している。[19]「月光」は、陸軍中尉・保尊を夫にもつ阿也子と、当初保尊に仕え、のちに阿也子に仕えることになる当番兵・大西の主従的関係を描いた作品である。沼はサディズムに開眼していく女性の心理を描いた希少な作品としてこれを高く評価し紹介しているのだが、特に沼が重視しているのは、大西が阿也子に決定的に従属することになるその契機である。大西は、保尊が発した「この女を俺と思え」という厳命によって阿也子に服従するようになる。すなわち大西は、その関係性の始まりにおいては阿也子自身ではなく、阿也子に委譲された保尊の権威に服従するのである。沼はこの男性権威の委譲を、二人の支配/従属関係の決定的な契機とみている。

沼はこのほかにも、男性権威の委譲によって女性が支配者となる物語を多く紹介している。彼はザッヘル＝マゾッホの未邦訳作品を二つ「奇譚クラブ」に訳出しているが、そのうちの一編「黒女皇」(一九五六年十月号・十二月号掲載)は、皇帝から一日だけ皇帝の大権を委譲させることに成功した寵姫ナルダが、その大権を用いて皇帝や貴族を皆殺しにして体制転覆をなす物語である。沼は、皇后になることと女皇(帝)になることは全くの別物であると指摘したうえで、ナルダが帝位のシンボルである貂の毛皮のマントを着ている間、「帝は主権者ではなくなる」ことにわざわざ注意を促している(「奇譚クラブ」一九五六年十月号、一五一ページ)。

沼はさらに、一九五四年十一月号で狂言「内沙汰」を紹介・解説しているが、それは「妻の男装」「妻と領主の同一化」というきわめてマゾヒスト好みなテーマを含んでいるからだと述べている。「内沙汰」の女主人である妻は領主から権限を委譲されたわけではないが、愚かな夫は領主の扮装をした妻を領主と思い込み恐怖のあまり気絶する。夫にとって、領主に扮した妻が領主の権威を身にまとう存在だということは明らかである。

そして、沼のマゾヒストとしての原初体験で、その相手は「司令官夫人」とされており、夫人が沼を意のままにすることができたのは、彼女自身の権力ではなく夫の権限によるものであった。「家畜人ヤプー」の舞台は女権制国家だが、初めから女性上位だったのではなく、「女権制革命」によって「男性から権力を委譲された」というプロセスが設定されている。このように、沼のなかで男性から女性への主権の委譲という主題は徹底している。

以上、沼は女性がもつ男性性、そして男性から女性への主権や権威の委譲というプロセスに強い関心を抱いており、つまり沼のマゾヒズムとは、女性に委譲された男性性に屈服することだと判断できる。沼のマゾヒズムは女性への服従というかたちをとりながらも、女性は単なる媒介、もしくは同性愛関係の隠蔽のために存在し、その本質は男性同士の権力関係への欲望であると見なせるのである。この男性同士の権力関係とは、いうまでもなく一高に象徴されるような、近代国家の支配者としての男性たちの連帯だろう。

女性の利用価値

沼が引き付けられる主権の委譲が、常に男性から女性へのものであることは、沼が、主権や権威は女性が本来もちえない男性の持ち物であると考えており、沼のマゾヒズムが女性蔑視と表裏一体であることを示唆する。このことは、「ヤプー」における雌雄ヤプーの描写からも見て取れる。ジェイソン・ハーランズは、「ヤプー」で、雌ヤプーは性的活動を禁止され、性的快楽を得る機会を抹消されていると指摘し、沼の姿勢に女性嫌悪を読み取っている。[20]「ヤプー」ではそのほかにも、雄ヤプーは雌ヤプーよりも有能だとされ、「白人の使役に応ずる生きた道具としては専ら雄が用いられ[21]」、雌ヤプーの利用はヤプー繁殖と「子宮畜（ヤプム）」という、白人の妊娠・出産に際しての代理腹となる家畜にほぼ限られる。[22]イースでは、ヤプーの雌と雄にはその「品質」にはっきりとした違いが設けられている。

異性愛の男性マゾヒストの女性蔑視は、実はそれほど珍しいことではなく、現代でも、SMクラブ勤務の女性などからしばしば指摘されるものである。このことは先行研究においても、日本人男性のマゾヒズムは例えばパンパンへの憎悪・蔑視と表裏一体だったという具合に語られている。「奇譚クラブ」では、沼を「大兄」と呼び慕った異性愛のマゾヒスト麻生保が、女性について以下のように述べている。

女性というものは、美しく、高貴で、嬌慢で、利口で、常に男性よりすぐれ、男性に劣等感を持たせるべきものである。故に、それの出来ない女性は、女性として、最も本質的な資格に欠ける。従って、醜く、下品で、少し足りないこの女中などは、女性とみなす事は、出来ないというのである。

（麻生保「麻生保氏の生活と意見（二）」「奇譚クラブ」一九五七年九月号、一一七ページ）

女性を男性よりすぐれたものとしながらも、続く後段からはすさまじい女性蔑視が吐露されている。麻生の本名は矢代秋雄、一九二九年生まれ、東京藝術大学卒業後、パリ国立高等音楽院に留学して五六年に帰国したばかりの英才の作曲家だった。[23] 倉田と同じくエリートに属する人物である。沼も含めて、彼らはしばしば自分にふさわしい女とそうでない女を切り分けた。彼らはこれを貴婦人崇拝と呼んでいたが、もちろんその背後には、貴婦人こそが自分たちにふさわしい存在だという意識があった。このような女性蔑視にとらわれていながら、マゾヒストがあくまで女性への服従を求めるのは一見奇妙だが、これを理解するためには沼のマゾヒズムの定義が参考になる。

現代において、SMの典型としては鞭打ちや緊縛が想起されるように、マゾヒストは苦痛そのものから快感を引き出す人々だと理解されることがある。マゾヒズムを被虐の意味に限定して考える場合、この理解は誤りというわけではない。しかし沼は、苦痛そのものから快感を導き出すものは「アルゴラグニア（受動的苦痛愛好）[24]」であり、精神的凌辱こそが快感の源泉であるものをマゾヒズムとしてそこから区別することを主張した。[25] 精神的凌辱とは、屈辱を与えられることを指している。例えば「恐ろしい拷問に堪え抜いて死んだスパイの話」は、前者の人々にとって官能的に感じられる。しかし後者にとっては、「拷問に遂に屈服しなかったことは崇高な精神以外の何物でもないから、それだけでは興奮しない」。これは現在でも当時でも、特段目新しい考え方ではないが、沼のマゾヒズムが屈辱をその本質とするということは、蔑視している女性たちへの屈服が大きな快楽になるメカニズムを説明しているだろう。このことは「ヤプー」を解釈するうえでも重要である。

女性を媒介にすることの「利点」については、沼の次の記述が参考になる。妻が進駐軍兵士と性的関係をもったと仮定した場合のマゾヒズムについて想像しているエッセーである。沼は、彼の妻が白人から娼婦扱いされることによって、夫である沼もまた間接的に貶められることをまず指摘する。そのうえで以下のように述べている。

> 白人によって娼婦並に引下された彼女、白人からは低く見られた彼女ではあるが、私には大切な妻なのだ。（略）
>
> 然し元通りには行かないのだ。かって私の技巧が喜ばすことのできた彼女の肉体は、もう私の努力に応えようとしなくなる。白人と交わったことによって、妻はより高い性の歓楽を解するようになり私の及ばぬ所まで引上げられてしまったのだ。白人の与え得た恍惚感を私が与え得ぬと悟った時、彼女の不満は私への軽蔑と変る。私の肉体は白人の肉体に劣るのみでなく、彼女の肉体にも劣っている。
>
> （「ある夢想家の手帖から 第百二 黄色い便器と宝石箱」「奇譚クラブ」一九五七年一月号、五二ページ）

沼の妻は、白人と交わったことによって、より大きな性の喜びを知り、沼よりもはるかな高みへと「引上げられてしま」うという。そしてその妻から、性的能力の劣弱のために軽蔑されることによって、沼はさらに下層へと堕とされる。ここで沼は、日本人女性を媒介とすることで、白人男性と自身との間によりドラスティックな距離を作り出そうとしている。アメリカ人男性対日本人男性、男性と女性などの二者関係で感じ取ることができる地位の優劣が、女性を媒介にすることによってよりはるかな高下になり、より一層の屈辱を感じることができるという仕組みである。異性愛の男性マゾヒストにとって、女性はこのように利用価値が高い道具であった。

3 理想郷

マゾヒスト不在の世界

沼のマゾヒズムは、女性への服従というかたちをとりながらも、実際は男性同士の権力関係と連帯を欲望するものであった。以下では、沼の代表作である「家畜人ヤプー」でこのメカニズムがどのように機能しているのかを、ナショナリズムとの関係から検討する。

「家畜人ヤプー」は、究極のマゾヒズム小説と見なされてきたが、作中でどのようにマゾヒズムが駆動しているのかを具体的に検討した先行研究はほとんどない。日本人への虐待描写があまりにすさまじく、目を引くこともあって、虐待描写がそのままマゾヒスティックな記述だと見なされてきたように思われる。しかしながら結論から述べれば、「家畜人ヤプー」の世界にマゾヒストはおらず、マゾヒズムも存在しない。

「ヤプー」の舞台である未来の宇宙帝国イースでは、ヤプー管理には、慈畜主義（チャリティズム）と呼ばれる倫理が適用され、ヤプーは白人への奉仕に心からの喜びと満足を感じるように調教される。そのような調教は、奉仕の質を向上させ、白人にとってより有用であるとして、彼らに「白神」信仰を浸透させることがおこなわれている。例えば白人の便器たるStooler（肉便器）[26]は、幼いころから白人の排泄物を尊い御物と教えられて育ち、便器として出荷されるころには白人の排泄物を胃に収めることに無上の幸福と栄誉を感じるようになるという。イースでの白人への奉仕は、ヤプーの主観でみれば、信仰に基づくやりがいに満ちた幸福な生活であり、いうなれば現代の通常の人間生活と何ら変わりはないのである。ここには屈辱も劣等感も存在せず、したがってヤプーたちはマゾヒストではない。作中には、白人貴族がこの洗脳を楽しむために、わざと白神信仰を植え付けず自然のまま繁殖させている「土着ヤプー（ネイティヴ）」が存在するが、彼らもまた最終的に白神の信仰者になるので、屈辱を感じることはなくなる。では沼は、マゾヒストとしてどのように「ヤプー」を楽しむのだろうか。

ヤプーが人間ではなく動物であることは、作中人物にとっては自明の真実とされているが、物語の語り手は地の文で、ヤプーが人間であるという解釈をあえて残すように振る舞っている。イース人は第三次世界大戦の結果起こった地球の汚染から逃れて宇宙に進出したイギリス人の末裔だが、彼らが地球に帰還し、生き残っていた日本人を捕獲して本国に輸送する際に、「死亡事故などのとき、責任が軽くなる」という理由で彼らを便宜上ヒトではなく獣畜としたことが、日本人ヤプー化の発端であるとされる。つまり、日本人＝動物観は本質的事実として描かれるのではなく、政治的な力関係によって決定されたものとされ、それはすなわち、実は日本人はれっきとした人間である、という解釈の余地を残すものである。その後の日本人家畜化に関しても、白人が自分たちにとって都合がいい生物学的学説（「僻説」）を採用したと書かれており、それが真実であるか否かははっきりと保留されている。このように、作中の白人の主観では、「知性猿猴」であり人間ではないことが確定しているヤプーだが、実は彼らが白人と対等の人間であるという真実は温存され、それを読者が知っていることによって、「ヤプー」はマゾヒズム小説として成立しているのである。つまり「ヤプー」は、常に小説の外部を想定しながら読むことを要求される作品であり、この点は決定的に重要な意味をもつ。なぜならば、それは作中で日本人を家畜として貶める一方で、白人と対等な「優等民族」としての日本人観を温存することを可能にするからである。

白神信仰と日本神話

「ヤプー」では、アマテラスやスサノオなどの日本の神々は、実はタイムトラベルで過去に干渉したイース貴族が神格化されたものであり、記紀神話はヤプーの白神信仰を起源にするとして、特に『古事記』に記された日本の起源神話を日本人＝ヤプー観の補強に用いている。このことが原因となって、単行本発売時、都市出版社は内容に反発した右翼団体による襲撃を受けている。[27]神話のこうした読み替えについて巽孝之は、「畜人的史観が日本の神話的根源をもディスコンストラクトする」ものだとし、吉岡虎太郎は、日本的「物語の起源を徹底的に疑い、解体しようとする試み」と位置付ける。[28]このように、「ヤプー」の神話の解釈は総じて、皇国思想を支えた日本神話を徹底的に脱構築・解体する辛辣な風刺であるというものである。「手帖」を参照すれば、沼が「ヤプー」

執筆にあたって、風刺小説として名高いジョナサン・スウィフト『ガリバー旅行記』（一七二六年）、カレル・チャペック『山椒魚戦争』（一九三五年）、トマス・モア『ユートピア』（一五一六年）などを意識したことは明らかであるため、風刺は沼が意図した要素としてもちろん想定されていい。しかし三島由紀夫が指摘するように、それは決して「ヤプー」の主要な目的ではない。(29)(30)

小熊英二は、倉田ら大正後半から末期生まれは、皇国教育・言論弾圧激化によって、注ぎ込まれた皇国思想を相対化する経験も知識もなく、敗戦まで戦争に批判的な視点をもたない者が多かったと述べている。(31)しかし倉田に関しては、やや事情は異なっていたようである。倉田は戦時中に受けた教育について、後年以下のように語っている。

日の丸、君が代に違和感を持たぬのは、それで育ったからだろうし、東郷元帥、乃木将軍の名も小学校で教えられたが、それが間違っていたとは思わない。いけないのは独善的な神国日本中心教育だろうが、神話を歴史と教えられた記憶はないし、（略）今の天皇陛下は南朝じゃなく北朝だ、ということも教わっていた。天皇が神だとは一度も習わなかった。(32)

後年の回顧のため、その真偽には一定の留保が必要ではあるが、倉田は、天皇を神だと教わったことも、神話を歴史だと教えられた記憶もないという。将来統治者に回るべき人間には、一般国民とは異なる主体的思考を身に付けさせるべきとする旧制一高の教育方針に照らせば、彼の実感は事実としてありえるだろう。倉田にとって神話は最初からフィクションであり、天皇はもちろん人間であったわけである。しかし「ヤプー」のなかでは、日本神話はまさに史実として語り直される。すべては白人の干渉によるものだったにせよ、アマテラス、スサノオ、イザナミ、イザナギ、オオクニヌシが実在し、天岩戸伝説にも、もとになる事件があったと語られる。それを知り、アマテラス本人である白人貴族アンナ・テラスを実際に目撃することになった日本人・麟一郎は以下のように独白する。

すべて荒唐であり無稽であるが、今俺はこれらの記事を全部信じる……信じないではいられないんだ。俺の耳にしたのは「天照大神」様、直き直きのお話なんだから……。

（「家畜人ヤプー」「奇譚クラブ」一九五九年六月号、九一ページ）

麟一郎は、アマテラスが白人だったことにもはやショックを受けない。むしろこのエピソードは、白人に服従する正当な理由付けとなり麟一郎に安心感を与え、より強固な『古事記』神話への信頼を生み出している。なぜなら、アマテラスが白人女性であったにせよ、麟一郎がそれまで親しんできた日本神話そのものは温存されるだけでなく、神話から史実へと「昇格」さえ果たすからである。麟一郎が沼の分身であるならば、むしろ、こう言い換えられる。麟一郎は、このとき初めて、日本が真に神国であったことを知ったのである。

白神崇拝（ホワイト・ワーシップ）の信仰に悟入する上には「天照大神（アマテラス）は実は白人女性アンナ・テラスである」という

史実の認識はプラスである。将来麟一郎がヤプーになり切って、白人種の家畜たるヤプーの生に安心立命する心境に達した時に問えば、彼は、その史実の知識あればこそ天照大神（アンナ・テラス）への崇愛の念を失わずに来られたのだと、それを知ったことを感謝して語るに違いないのだ。

（「家畜人ヤプー」「奇譚クラブ」一九五九年四月号、七一ページ）

沼は地の文において、麟一郎が白神を崇拝するとき、アマテラスが白人だったたという史実の認識はプラスにはたらく、と述べている。日本神話の改変は、本来一致するはずがない日本人のナショナリズム・愛国心と、白神崇拝の融合を可能にするためになされているのである。

こうして「ヤプー」の世界では、かつて、戦時下に沼に注ぎ込まれた皇国日本が、より完全なかたちで新たに創造し直される。「ヤプー」において神話は虚構ではなく史実であり、崇拝すべき神は真に神なのである。さらにこの国では、ヤプーは信仰に支えられ、神のために命を使うという「意義ある生」を全うする。この世界で、天皇および皇族は「最も優等な血統のヤプー」にすぎないが、同じ家畜の身になったとはいえ、天皇家はときには「モーゼのように」ヤプー全体の精神的支柱になったと語られる。そして、その優等性ゆえに、このヤプーの血統は盛んに再生産・複製され、最も過酷に使い捨てられる矮人ヤプーは彼らの血統に基づくとされる。天皇家はまさに「苦役」の矢面に立ち、ありとあらゆる使役に耐えている。あたかも首長としての責任を十二分に果たすかのように。(33) このように「ヤプー」には、過去の日本への風刺どころか、理想化された神国日本が現出しているのである。

沼のナショナリズムとマゾヒズム、そしてセクシュアリティの関係を検討するうえでもう一つ重要なエピソードがある。「ヤプー」連載開始の二年前、一九五四年七月号に掲載された「手帖」第五十八「日の丸ズロース」は、終戦後の台湾での俘虜生活で、日本兵が生活困窮のため日の丸を売る話を取り上げている。沼は「私自身の体験ではないが、親しくしている友人から聞いたので、出処は確かな話」（一〇八ページ）としてこれを紹介しているが、倉田の駐屯地はまさに台湾であり、この友人は倉田と同じく小隊長だったと書かれている。したがって「日の丸ズロース」は、倉田自身の体験を踏まえたエピソードである可能性がある。

武装解除され復員の日を待つ彼らの前に、ある日、日の丸を買いたいという台湾人が現れ、部隊では日の丸を売る者が続出する。「沼の友人」もその一人だった。後日、真相が伝わってくる。それらは全部あるところで台湾人女性用のズロースに仕立て直されており、「赤い日の丸の部分がちょうど股に当ってひどく汚れるような具合に仕立てられているというのだ」（一〇九ページ）。これはきわめて大きなショックを沼に与えたらしい。

私達が小さい時から「白地に赤く」と歌って来た日の丸、日本精神の象徴、それは「天皇陛下万歳」といって死ななければならなかった世代にとっては、いやでも応でも日本国家との心中を強いられた世代にとっては、端的にいって、自分のもつ一番神聖なものを代表していたのだ。それが、異民族の女達の股倉で汚されるということは、自分自身がそこで汚されるのと等しい。

（同記事一〇九ページ）

異民族の女たちの排泄物で汚される沼自身、という構図には、「ヤプー」世界の核であるイメージ――白人女性の便器たる日本人男性――の、ほぼ完全な原型がみえる。このエピソードを倉田とその周辺の人々の証言から肉付けしてみよう。

日高晋の日の丸に「常在高貴」と記したとされる、倉田の友人・遠藤麟一朗は、倉田の家族が入隊前日に催した壮行会にも出席し、入隊後は面会にきたこともあるという(34)。遠藤は倉田の日の丸にも同じく「常在高貴」と書いたかもしれない。たとえそうでなくとも、倉田の日の丸には、家族に加えて一高時代の友人の様々な思いが込められていただろう。それは、将来日本を統治する側に立つというエリートの誇りをも含んでおり、当時の一般的な日の丸崇拝とは異なっている。加藤周一が述べたように、一高生にとって、国家とは「現に自分たちに属していないとしても、やがて属すべきもの」であり、沼が自分自身と感じた日の丸は、比喩的な意味以上に彼自身と結び付いていたのである。

倉田にとっての「一番神聖なもの」とは、戦中派として受動的に引き受けざるをえなかった「日本精神」だけでなく、一般国民を超越するために、能動的に身に付けたと信じられた彼自身の知性、そして彼に属すべきだった国家、そのすべてであった。それを「異民族の女達」に自ら売り渡すことは、まさに、彼が沼としてこだわり続けた女性への主権の委譲であり、それが「女達の股倉」で汚される事態は、そのエロス化である。沼のマゾヒズムは、常にこの汚辱の瞬間を反復したがっているのだ。

この汚辱は、生活困窮のため、すなわち生き延びるために本人によって選ばれたものである。彼には終戦後の台湾で日の丸を抱きしめて死ぬ選択肢もあった。「ヤプー」の物語のなかでも、麟一郎は、地球に戻り、近い将来に起こる核戦争によって死ぬか、さもなくば家畜としてイースで生き延びるかの選択を迫られる。原初体験を記したとされる「司令官夫人のこと」でも、沼は白人女性に屈服し、彼女の排泄物を食べて生き永らえるか、撃ち殺されるかという選択としてこれを描いている。先に、「ヤプー」には理想的な神国日本が現出していると指摘したが、同時にこの世界に重ねられているのは、死を回避した先に、すなわち神国日本を捨てたのちに続く、家畜の生の世界である。「女達の股倉」との結合に、家畜としての生まれ直しを読み取ることも可能だろう。沼はマゾヒズムを用いて、決して交わることがないこの二つの世界を、巧妙に現実からずらすことで重ね合わせ、理想郷を作り出すことに成功したのである。

おわりに

沼正三こと倉田卓次は、東京に生まれ育ち、順調なエリートコースを歩んだ人物であり、戦後になっても彼はその特権階級意識を手放そうとはしなかった。彼の作品「家畜人ヤプー」は日本や西洋諸国の帝国主義を痛烈に批判した風刺作品と読まれてきたが、実はきわめてナショナルかつ愛国的な作品であり、軍国体制下の大日本帝国の構造をより洗練させ、理想化した世界を描いたものである。彼は本作で、日本人を家畜として徹底的に貶めたが、それは日本人の優等性を温存したうえでなされたものである。戦後、もはやどこにも存在することができないこの理想世界は、家畜でなければ訪れることができない世界であった。

このような沼の欲望は、はたしてどれほど普遍化することができるだろうか。「ヤプー」を熱心に出版社に売り込んだ三島由紀夫が、同じように「ヤプー」にナショナリスティックな欲望を見いだしていたことは十分に考えられる。三島をはじめとして、「ヤプー」の熱心な読者だったことが知られている矢代秋雄、澁澤龍彥らはいずれも戦中派と呼ばれる世代にあたる。一方で、一九三〇年生まれで戦中は東京保善商業学校に在籍し、戦後は工場勤務、旅芸人一座に加わるなど職を転々とし、その後「奇譚クラブ」の作家、SM雑誌「裏窓」の編集長になった飯田豊一は、以下のようにも述べている。

私は下町で暮らしていたから、あまり白人を見たことがないし、東京でも日常的に接していたのは一部の人間に限られていたんじゃないかな。もちろん会田雄次の『アーロン収容所』(中公新書)における白人女性将校体験とかは知っていますが、これも一部の限られた人たちのことで、それこそ沼=倉田卓次さんクラスの人でないと、繊細なマゾヒズム幻想を抱くことは出来なかったように思います。(略)倉田さんのように語学ができないと難しいのではないかと想像してしまう。(35)

飯田は、沼＝倉田のような白人との接触体験をもたず、沼のようなマゾヒズムを共有していないという。そして、沼＝倉田のようなマゾヒズムを抱いたのは一部のクラスの人々に限られていたのではないかと述べている。実際に白人との接点があるか否かが関係するかどうかはともかく、沼のマゾヒズムが一部のクラスの人々に限られていたとする推測には首肯したい。沼のマゾヒズムを共有していたのは、彼と同じ高学歴エリート層が中心だったと考えられる。

さて、小熊によれば、三島由紀夫、村上兵衛などの戦中派知識人たちは、戦争こそが正常であり、平和のほうが異常だという感覚をしばしば述べたという。倉田の場合は、復員して焼け野原になった東京を目の当たりにした際「よくぞ戻れた、今後は余生と感じた」と記している。従軍時、戦争が終わるなどと思いもせず、三十歳ごろまで兵役に就く覚悟をしていたという。一九五〇年ごろに至っても、「「死ぬ筈だったのが儲けものの人生」という気持ちも、まだ十分残っていた」[36]。沼にとって、戦後は余生、そして彼のマゾヒズムは、死ぬはずだった者が見る白日夢のようなものである。その夢のなかで、戦後を宙吊りにし、家畜に身をやつして、いまやどこにもない神国日本を訪れること、それが敗戦と占領を生き延びた知識人、沼のマゾヒズムである。そしてこのマゾヒズムは、一部のエリート男性たちに確かに共有されていた欲望だったのである。

注

（1）吉見義明『焼跡からのデモクラシー——草の根の占領期体験』上・下（岩波現代全書）、岩波書店、

二〇一四年、小熊英二『〈民主〉と〈愛国〉――戦後日本のナショナリズムと公共性』新曜社、二〇〇二年

(2) ジョン・ダワー『増補版 敗北を抱きしめて――第二次大戦後の日本人』(三浦陽一/高杉忠明訳、上・下、岩波書店、二〇〇四年)、中村江里「敗戦と「男らしさ」の危機――戦争と性の道徳的・科学的言説と男性性の再編成」(「歴史評論」第七百九十六号、歴史科学協議会、二〇一六年)、五十嵐惠邦『敗戦の記憶――身体・文化・物語:1945-1970』(中央公論新社、二〇〇七年) など。

(3) 沼の作品は『家畜人ヤプー』のほか、エッセー「あるマゾヒストの手帖から」を単行本化した『ある夢想家の手帖から』が主要なものだが、いずれも複数の版があり、そのたびに改訂・増補が施されている。改訂・増補版はどこまでが倉田の手になるものか確定することができないこと、さらに類似の主題を統合し組み替えられているため、初出時の時系列がバラバラになっていることから、本章ではこれらを用いず、引用史料は原則として初出である「奇譚クラブ」連載版を用い、分析の範囲もこれらに限っている。

(4) 団鬼六の回想によれば、この時期の「奇譚クラブ」は古書店に出回っていて、直接購読でなくとも入手することが可能だったらしい。団鬼六『蛇のみちは――団鬼六自伝』(幻冬舎アウトロー文庫)、幻冬舎、一九九七年

(5) この事実をもって、沼が倉田であることの根拠の一つにする向きがあるが、当時エンリンの名は戦中派の若者のシンボルとして同世代知識人の間でよく知られていたという(粕谷一希『二十歳にして心朽ちたり』新潮社、一九八〇年)。そのため、これをもって沼を倉田だとすることはできない。だからこそ倉田も借用に踏み切ったのだろう。

(6) 倉田卓次『続 裁判官の戦後史』悠々社、一九九三年、九ページ

(7) 内藤三津子『薔薇十字社とその軌跡』(「出版人に聞く」⑩)、論創社、二〇一三年、八四ページ
(8) 高田里惠子『学歴・階級・軍隊——高学歴兵士たちの憂鬱な日常』(中公新書)、中央公論新社、二〇〇八年、四三ページ
(9) 倉田卓次『裁判官の戦後史』筑摩書房、一九八七年、二二ページ
(10) 加藤周一『羊の歌——わが回想』(岩波新書)、岩波書店、一九六八年、一一七ページ
(11) 高田里惠子『文学部をめぐる病い——教養主義・ナチス・旧制高校』(ちくま文庫)、筑摩書房、二〇〇六年
(12) 前掲『二十歳にして心朽ちたり』二五ページ
(13) 沼正三「ある夢想家の手帖から 第百六 司令官夫人のこと」「奇譚クラブ」一九五七年四月号、六九ページ
(14) 沼正三「あるマゾヒストの手帖から 第十五 スラックス」「奇譚クラブ」一九五三年七月号、八〇ページ
(15) 同記事八〇ページ
(16) 沼正三「あるマゾヒストの手帖から 第七十二 女性の乗馬」「奇譚クラブ」一九五四年十一月号、六一ページ
(17) 沼正三「あるマゾヒストの手帖から 第二十一 パリスの林檎」「奇譚クラブ」一九五三年八月号、七七ページ
(18) 沼正三「あるマゾヒストの手帖から 第四 漫画家のマゾヒズム」「奇譚クラブ」一九五三年六月号、七一ページ
(19) 沼正三「あるマゾヒストの手帖から 第八十七「月光」」「奇譚クラブ」一九五五年三月号、二四四

ページ

(20) Jason Herlands, "Rewriting History: The Intoxicating Hierarchies of Kachikujin Yapū," in Ayelet Zohar eds., *PostGender: Gender, Sexuality and Performativity in Japanese Culture*, Cambridge Scholars, 2009. ただしハーランズは雌ヤプーの取り扱いに対置されるものとして、雄ヤプーは去勢されることによって白人女性との性器的接触を許されることを指摘しているが、この点は誤読である。氏はイース女性が自慰に利用する唇人形(ペニリンガ)は、ヤプーのペニスを口に移植してそれを挿入具として用いる道具と理解し、さらに、イース女性がヤプーを調教する際に用いる、ヤプー自身の海綿体を素材とする鞭・如意棒(のちに珍棒)が、ヤプーのトレーニング中、白人女性に常に握られていることをもって、ヤプーの性器と白人女性の接触とする。これらは誤りで、ペニリンガが用いるのは肥大化させた舌であり、如意棒には柄がついていて海綿体部分を白人女性が直接握ることはない。

(21) 沼正三「家畜人ヤプー 第八回」「奇譚クラブ」一九五七年七月号、一〇六ページ

(22) このほかに、作中には白人男性用の自慰具「唇人形」として雌ヤプーが登場するが、唇人形は「必ずしも雄である必要はない」と書かれているとおり、男性用の性具としても雄ヤプーが雌ヤプーに優越することが同時に示される。

(23) 森下小太郎「「家畜人ヤプー」の覆面作家は東京高裁・倉田卓次判事——三島由紀夫が絶讃した戦後の一大奇書」「諸君!」一九八二年十一月号、文藝春秋

(24) 沼の訳による。

(25) 沼正三「ある夢想家の手帖から 第百十八 マゾヒズムとアルゴラグニア」「奇譚クラブ」一九五七年十月号

(26) 便器の役割をするヤプーの呼称は版によって異なり、セッチンが最も普及した呼び名だが、ここで

は連載版の最初の呼称を用いている。

(27) 刊行後四カ月を経た一九七〇年六月十九日、右翼団体・大日本平和会の男ら三人が「日本民族を侮辱するものだ」として、東京都渋谷区に所在した都市出版社に押しかけ、出版を取りやめるよう脅しをかけ、逮捕された。さらに七月三日、この逮捕の報復として三人が再び都市出版社に侵入し、『家畜人ヤプー』の単行本を投げたり破ったりして、再び逮捕者が出た（いずれも同年月日付の「朝日新聞」東京版）。なお、佐々克明の回想には以下のようにある。「『家畜人ヤプー』が、ベストセラーになった。右翼が、小出版社の小事務所を襲撃したのが、社会面のトップを飾ってからだ。矢牧の仕事を手伝っていた康芳夫が、名古屋の私のもとに突然、電話をかけてきて、事件の発生を伝えた。これを大々的にパブリシティしよう、といったことだった。（略）私は康と手分けして、マスコミに連絡をとったりした。書店や個人から、じゃんじゃん電話がはいり、ヤプーの在庫が、二、三日でなくなって増刷、また増刷」（佐々克明「回想の都市出版社」、矢牧一宏、矢牧一宏遺稿集刊行会編『脱毛の秋――矢牧一宏遺稿・追悼集』所収、社会評論社、一九八三年、三九六―三九七ページ）。

(28) 巽孝之「畜権神授説――沼正三「家畜人ヤプー」を読む」「現代思想」一九九二年四月号、青土社、吉岡虎太郎「日本的メタ・フィクションの方法序説 沼正三『完結編 家畜人ヤプー』」「三田文学」第七十一巻第二十九号、三田文学会、一九九二年、二八二―二八三ページ

(29)『山椒魚戦争』は一九五三年八月号掲載の「手帖」で立項されており、また沼正三「沼正三だより」（「奇譚クラブ」一九五七年六月号）に「説明が多く描写が少いのは、初稿をガリバー旅行記やユートピア（トーマス・モア）などの様な記述で発想したものに小説的潤色を加えているためですが」（一一三ページ）とある。

(30) 三島由紀夫『小説とは何か』新潮社、一九七二年、一一七―一一八ページ

(31) 前掲『〈民主〉と〈愛国〉』五九九ページ
(32) 倉田卓次『続 裁判官の書斎』勁草書房、一九九〇年、二六九―二七一ページ
(33) 倉田は自身の天皇観について、以下のように述べている。「天皇陛下のために死ねるという気持ちをもったこともなかった。戦場に狩り出されるのは厭だったし、死ぬのはなお厭だったが、ただ、小隊長になって、兵隊五十人を預かり、いざ、という場合には、「突撃！」と号令して死んで貰わなければならないのだ、と意識すると、自分だけのことではなかった。「天皇陛下のために、また日本という国のために」と講話しながら、内心は、忠君でなく愛国、「国のためなら死ねる、死なせられる」と考えていた。降りかかるかもしれない戦死を犬死にしないための自分なりの合理化であったということもできよう。(略)裁判官に任官してからもかなりの間、私は終戦の大詔の後、天皇陛下に退位して欲しかったという気持ちを拭えなかった」(前掲『続 裁判官の書斎』二六九―二七一ページ)
(34) 倉田卓次『裁判官の書斎』勁草書房、一九八五年、二五一ページ
(35) 飯田豊一『『奇譚クラブ』から『裏窓』へ』(「出版人に聞く」⑫)、論創社、二〇一三年、七三―七四ページ。なお、ここで飯田は沼のことを「倉田さん」と述べているが、前後のやりとりで沼の正体を倉田だと断定するようなやりとりはない。インタビューを取りまとめる際の修正ミスではないかと推測される。
(36) 前掲『裁判官の戦後史』四五ページ

補論2　作家の実名②沼正三（倉田卓次）

――『家畜人ヤプー』騒動解読

はじめに

沼正三の『家畜人ヤプー』は、団鬼六による『花と蛇』と並んで、日本で最も著名な「SM小説」の一つである。本作は、一九七〇年に初めて単行本化された際にはベストセラーとなり、「戦後最大の奇書」などと呼ばれ、しばしば「究極のマゾヒズム」を描いた作品として言及されてきた。その後も版を重ね、文庫化、完全版の出版、そしてコミカライズもされるなど、現在でも一定の人気を博し、読み継がれている。[1]それは、この作品がいまだ現代的意義を失っていないことの証左であろう。

しかしながら、本作をどのような方法で研究対象とするにしても、まず立ちはだかる問題が一つある。それは、作者・沼正三はいわゆる覆面作家であり、その正体ではないかと推測されてきた人物が複数いることである。『家畜人ヤプー』は一九五九年から九〇年代まで長きにわたって加筆・修正されてきた作品であるため、どの部分が誰の手になるものかという点も大きな問題になる。

本章は、これらの問題のうち、作者の実像に焦点を当て、『家畜人ヤプー』の作者・沼正三の正体をめぐる「ミステリー」に終止符を打つことを目的としている。あわせて、私見では『家畜人ヤプー』騒動の被害者ともいうべき作家・天野哲夫を適切に位置付け、論じるための土台を築くことを目的とする。

1 問題の所在

「家畜人ヤプー」は、「奇譚クラブ」一九五六年十二月号から連載を開始し、以後、中断や「奇譚クラブ」自体の休刊を挟みながら、一九五九年六月号まで計二十一回連載された。物語が完結して連載が終了したわけではなく、中途で休載となり[2]、そのまま連載を再開することなく終わったものである[3]。そのため、のちに続篇が書かれることになった。内容は、「核戦争勃発と疫病流行により住めなくなった地球を出奔したイギリス人が築いたとする宇宙帝国イースで、日本人の末裔が家畜・ヤプーとして繁殖させられ、過酷に使い捨てられる未来世界」を描くものであり、「設定の緻密さ、世界観の壮大さは高く評価されたものの、汚物表現を嫌悪する読者も[4]」一定数存在した。しかし七〇年に初めて単行本として出版された際には、プロモーターであった康芳夫らによる巧みな宣伝戦略によって大いに反響を呼びベストセラーになった。この宣伝戦略こそが、作者・沼正三を謎めいた匿名作家として打ち出すというものだった[5]。

『ヤプー』[6]への世間の関心は、作者の正体をめぐる「ミステリー」によって、何倍にも増幅されてきたといえる。初単行本化の際、沼正三の正体は不明とされ、「匿名作家の衝撃作」という触れ込みで大々的な宣伝がおこなわれた。さらに、沼の「代理人」としていかにも「怪しげな」マゾヒスト天野哲夫がメディアに登場したことで、『ヤプー』は週刊誌の格好の題材になった。天野こそが沼だ、あるいは別の著者がいるのだ、という様々な憶測がなされ、この状況は基本的に現在も続いているといっていい。以降、『ヤプー』は、沼の正体をめぐっていわばスキャンダラスに言及されることで、世間の関心を再生産してきたのである。一九八二年、天野と同様、多数のSM雑誌で活躍していたマゾヒスト作家・森下小太郎が、沼の正体は東京地裁判事・倉田卓次であると暴露し、これを受けて代理人・天野哲夫が、自分は代理人ではなく沼正三本人である、と応酬したことで作者問題は再燃し、倉田という第三の人物が加わったことでより一般大衆の興味を喚起することになる。

作者の正体に注目が集まる一方、相対的に作品そのものに対する議論は停滞してきた。作者が複数いる可能性があり、複数の版があり、さらに後半部分は一九七〇年代以降、断続的に書き継がれたものであるにもかかわらず、その成立過程にこれまで十分な注意が払われることはなかった。そして、十分に内容が吟味されることなく、ほとんどの場合は日本人が白人に家畜化されるという設定だけをもって、日本人男性による、敗戦・占領のトラウマを描いた作品だと見なされてきた。

もちろん、文学作品をどのように読むのかは自由であり、作者に関するミステリーを抜きに本作を読むことができないという立場も否定されるべきではないだろう。単行本刊行以後の『ヤプー』の受容のされ方を考えるうえでは、このミステリーは重要な役割を果たす。

しかし一方で、初出時の時代性を踏まえて作品を位置付けるとともに、沼正三の思想の時期ごとの変遷を追う作業も可能でなくてはいけないだろう。とりわけ、本作が天皇制や人種差別、ナチズムの要素を取り込んでいる作品である以上はなおさらである。さらに、作者と目されてきた天野哲夫は、実名でも旺盛な執筆活動をおこなった人物であり、彼の実名著作について考える際にも、彼と「ヤプー」との関係は明らかにしておかなければならないだろう。

筆者は、「奇譚クラブ」を通読すれば、このときの沼の正体が天野ではなく倉田であるのは明らかといってよく、作者をめぐるミステリーは、あくまで一九七〇年に作り出された広告戦略と、天野および作者と名指しされた倉田の虚偽の弁明が独り歩きした結果だと考えている。この点を実証するため、より詳細に沼—倉田の比定と作者をめぐる騒動の詳細を記述し、「奇譚クラブ」に「家畜人ヤプー」を連載したのは沼正三であることを実証したい。

2 個人情報の比較

のちに詳しく述べるが、一九八二年、「奇譚クラブ」や「風俗奇譚」などで長く作家として活動し、沼正三と長らく文通して面識もあるとする森下小太郎が、沼正三の正体は東京地裁判事の倉田卓次である、とする暴露記事を発表した。(7)これを倉田は長い間黙殺してきたが、二〇〇五年、かつて「奇譚クラブ」を購読していたこと、沼正三を名乗り森下と文通していたことを事実として認めている。(8)森下が所持していた沼＝倉田からの手紙には、「ヤプー」の著者でなければ知りえない情報が含まれているため、倉田が単なる騙りだったとは考えられない。この点について倉田は、「ヤプー」の作者は真に天野であり、手紙に記した「ヤプー」に関する情報は、天野とも文通をするなかで彼に提供したアイデアであり、それを天野が小説に盛り込んだのだ、と主張した。そして文通で沼を名乗ったのは虚栄心からである、と述べている。

これらの証言を総合すると、倉田は「ヤプー」が連載される前後に、沼本人か、沼と深い関係にある人間しか知りえない情報が書かれた手紙を、沼を名乗って森下に送り、そのうえで沼は天野だと証言しているということになる。つまり、「ヤプー」を執筆した沼正三の正体は、①天野、②倉田、③双方もしくは双方を含む複数人しかありえないことを意味する。したがって、「家畜人ヤプー」を執筆した沼正三の正体は、この三つの仮説を検証すれば事足りるはずである。

ここで、「「家畜人ヤプー」を執筆した沼正三の正体」といささか回りくどい書き方をしているのは、後年、「沼正三」の名で発表された著作には、作者が天野哲夫であることが明らかなものがあるからである。一九九〇年代に刊行された沼正三名義のいくつかの単行本には、初出時は天野哲夫の名で発表されたものが含まれている。(9)この「沼正三」は天野であると判断するべきだが、だからといって、沼正三が最初から、つまり「奇譚クラブ」に登場したときから天野哲夫だったとはいえないのである。

したがって、まず本節では、沼正三の活動の始まりである「奇譚クラブ」活動期間に、沼が誌上で明らかにしている個人情報をまとめる。そのうえで、これと倉田と天野の経歴とを対照させることで、「奇譚クラブ」で活動した沼正三、つまりは「家畜人ヤプー」を構想・執筆した沼が倉田であることを明らかにしたい。

「奇譚クラブ」での沼正三

沼正三は、それなりに多くの個人情報を「奇譚クラブ」に残している。とりわけ、沼の最初の連載エッセー「あるマゾヒストの手帖から」（以下、「手帖」と略記(10)）と、この連載ではカバーしきれない、毎月発表される小説・映画・漫画などのうち、マゾヒスティックに解釈できる作品をリアルタイムで紹介・レビューするために開設された「速報欄」とその後継である「雑報欄」、読者同士のやりとりなどに用いられた「沼正三だより」において、沼は時折自身のことに言及している。以下、誌上に表明された沼の個人情報について、当該部分を引用しながら示す。同内容のものが複数ある場合は最も情報量が多いものを挙げた。

(A)大正末期の生まれで、学徒出陣した。

①「私は大正末期の生れですから、戦後派と自らいわれる貴方よりは年長にせよ、せいぜい兄貴位のところで、貴方の年代を理解すること貴方の父君の比ではないつもりです。今度の戦争に学徒出陣した時のことを度々書きましたから、まさか私をそんな老人と思う人がいるとは思ってなかったので、吃驚しました⑪」

(B)外地(南方/常夏の国のある中都市)で終戦を迎えた。初年兵として満州で過ごした。

①「私は在外中、捕虜になつた時、相手の司令官夫人から訓練を受けて生れもつかぬマゾヒストとして復員して来た⑫」

②「私の話は終戦の年から始まります。当時私は若い元気の良い兵隊でしたが、南方のある町で、ある魔女の魔法にかけられたのです。(略)/訓練された兵隊として日本を出ました私は、こうして訓練された犬として復員して参つたのです⑬」

③「私は、初年兵を満州でやったのだが⑭」

④「地名も部隊名も書けないが常夏の国のある中都市⑮。英軍に降伏して武装解除され、駐屯自活で復員の日を待っているある部隊の部隊本部で庶務の仕事をしていた⑯」

(C)外地で復員を待つ間、沼と同じく「学歴が大学」だった仲間が射殺された。部隊長と相談し、彼の死因は病死ということにした。

①「学歴が大学というのは兵隊中で兵長の私と上等兵のKだけなので（略）／Kが射殺された。誰が何で殺したのか、何も知らせられない。唯引取に来い、というのだ。（略）復員を待たずに横死したKが可哀そうだった（部隊記録ではK上等兵は戦病死となっている筈である。Kの遺族の人にも真相は知らせないことに当時部隊本部で決めたのだ。）[17]」

(D)東京在住。復員後、東京の大学に復学した。

①「大学時代、私は東京中野のある素人下宿に下宿していました[18]」

②「復員後の大学生活中も[19]」

③「終戦後一、二年間の東京の電車の朝夕の混雑ときたら経験した人でなければ想像もつくまい。（略）昭和二十一年の暮の話である。私は東横線田園調布のある家で一夜を送り、翌朝ラッシュ時田園調布駅始発の渋谷行に乗って[20]（略）」

(E)一九五〇年ごろに結婚。

①「三年前に今の家内と結婚した。勿論私はマゾヒストとしての理想の夫婦生活を作るべく努力して来た。ところが結婚と同時に公務員アパートに入ったが[21]」

(F)職業は公務員。(工学)技術とは無関係の職。

①(E)－①「公務員アパート[22]」

②「私は技術とは無関係の職業についていますので、ヤプーについての御高見をもっと詳しく伺えれば幸甚です[23]」

(G)祖父は某伯爵家のお抱え車夫をしていた。

①「私の祖父が明治二十年代に後の某伯爵家のお抱え車夫をしていた当時のことである[24]」

②「私の祖父が政府高官M――後の伯爵――家の御抱え車夫だった頃、(略)/祖父は藤堂藩の下人の息子だったのだが(略)/古い紳士録で調べると、M夫人の父君は有名な県令で、明治二十年には子爵になっていた人である[25]」

(H)一九六二年ごろ、外国に滞在していた。

①「長らく本誌上でも顔を見せられなかった沼正三氏から、久方ぶりに、本当に久方ぶりにお便りがありましたが、御住所は或る外国(明記はしてありましたが、お許しがありませんので特に秘匿しておきます)です。相当以前から滞在しておられたらしく書かれてあります[26]」

以上である。これらの情報は、もちろん虚偽である可能性を含む。一九五〇年代、サディストやマゾヒストは精神異常者か潜在犯罪者と見なされていたため、多くの投稿者は実名特定を強く恐れていた。沼もまた、特定を防ぐため、いくつかのフェイクを入れていたと考えるのが自然である。これを前提として、沼のプロフィルを倉田および天野の経歴と比較してみたい。なお、（G）については今回真偽の調査をおこなわなかった。

倉田卓次の経歴

倉田の経歴は、彼が実名で著した『裁判官の戦後史』『裁判官の書斎』などの著作と、「判例タイムズ」二〇一一年六月号（判例タイムズ社）に掲載された倉田の年譜を参考に調査した。生年や職業・軍歴・学歴などの出典は、現在広く公開されている情報であること、出典が多岐にわたることもあり省略した。

（A）一致：大正十一年（一九二二年）一月二十日生まれ。
（B）ほぼ一致：学徒出陣し、外地（台湾）で武装解除され、終戦を迎えた。ただし、初年兵は満州ではなく津田沼。[27]
（C）一致：台湾で復員を待つ間、「初年兵内務班以来の親友長与君——東大総長の息子[28]」を「台北陸軍病院で喪[29]」う。
（D）一致：復員後、東京大学に復学した（一九四六年復員。東京大学法学部法律学科）。
（E）ほぼ一致：一九四九年十一月に結婚。[30]
（F）一致：職業は公務員（東京家地裁判事補〔一九五一年四月—五五年六月〕、長野家地裁飯田支部判事補〔一九五五年六月―五九年四月〕、最高裁〔民事〕調査官〔一九五九年五月―六三年四月〕）。

（G）未調査

（H）一致：国連技術援助研究員制度でドイツに留学。一九六二年五月七日に日本をたち、約一年間留学。(31)

以上のように、未調査の（G）を除いて、倉田の経歴は、沼が誌上に開示した個人情報とほぼ完全に一致する。より詳細にみていけば、沼は初年兵を満州で過ごしたと述べているが、倉田は津田沼であるなどの相違はある。「K」は大卒とは書かれていても親友だったとは書かれていない。沼が述べるイギリス軍に武装解除されたという点も事実かどうか不明である。しかしこのような相違は、特定を防ぐためのフェイクと見なせるだろう。

天野哲夫の経歴

次に、天野の経歴との比較をおこなう。「あまとりあ」「奇譚クラブ」ほか、「S&Mスナイパー」（ワイレア出版）に天野が一九八九年から連載した「ある夢想家の体当たり随想録」、単行本プロフィルなどを参考にしている。生年や職業・軍歴・学歴などは、倉田と同様に出典を省略した。

（A）一致：大正十五年（一九二六年）三月十九日生まれ。

（B）不一致：大卒ではない。戦前は満州の特殊鋼鉄株式会社で働き、終戦末期に帰国して海軍に入隊、佐世保で終戦を迎えた。復員後は博多に戻る。[32]
（C）×（比較不能）
（D）不一致：（B）を参照。
（E）不一致：一九五〇年代末―六〇年ごろに結婚。[33]
（F）不一致：戦後は博多に戻っていたが、家族が営んでいたヤミ商売で失敗して東京に引っ越す。結核を発症し、東京都練馬区の療養所（藤見丘静風荘）に入所。一九六七年、新潮社に就職。
（G）不一致：「佐賀県の田舎の可成り裕福な家[34]」
（H）不一致：一九六二年、天野は「裏窓」で連載をもっており、記事も滞ることなく掲載されている。[35]

天野は繰り返し自身の半生についてエッセーに書いているが、その内容には細かい異同がある。例えば、出身地については「生まれも育ちも筑前・博多」とある場合、「佐賀県から六歳の時に博多に転居」とある場合などの揺れがある。しかし、基本的に福岡県周辺と述べていて、それ以外とするものは管見の限りない。結核療養所の入所期間も、三年と書いてあるもの、七年と書いてあるものなどがある。しかし、療養所に入所していない、とするものはない。このように、天野の事績を正確に確定するためにはより詳細な調査が必要だが、本書では、天野が公開している経歴が沼とは似ても似つかないことが確認できれば十分だと判断し、これ以上の調査はおこなわなかった。

以上の比較をまとめると、沼正三のプロフィルは倉田の経歴とほとんどすべて一致し、逆に天野の経歴とは（A）を除いて全く一致しないことがわかる。とりわけ（H）の海外滞在歴は当時それほど一般的ではないため、この経歴が時期を含めて完全に一致する事実は重い。「奇譚クラブ」編集部の報告は、『ヤプー』が社会をにぎわせるはるか以前に書かれたものであり、虚偽の可能性は低い。森下小太郎もまた、ドイツ・ハンブルクから沼の手紙が届いたことを雑誌「諸君!」（文藝春秋）の記事で記している。ドイツはまさに倉田の留学先であり、さらにハンブルクは倉田の滞在先の一つと一致する。この時期に天野が日本にいたことは明らかであるため、このときに両者に手紙を送った「沼正三」は倉田であると判断していいだろう。

ただし、これだけでは、沼正三＝天野・倉田（＋α）という共同筆名説を百パーセント否定しきることはできない。したがって次節では、天野・倉田の主張を同時代資料に基づいて検証したい。

3　『家畜人ヤプー』騒動と共同筆名説

共同筆名説は一九八二年の森下の暴露を受けて、天野哲夫が主張しはじめた説であり、のちに倉田もこれを踏襲した。これ以前、沼正三が複数人の筆名であるとか、天野であるとする見解は、「奇譚クラブ」「風俗奇譚」「SMキング」などのマニア雑誌では管見の限り一切なく、例外なく天野と沼は別人だと認識されている。(36) 以下、この森下の暴露記事に端を発する騒動を概観したうえで、共同筆名説が成り立ちえないことを明らかにしたい。

一九八二年十一月、雑誌「諸君！」に森下小太郎による「「家畜人ヤプー」の覆面作家は東京高裁・倉田卓次判事」という暴露記事が掲載された。そして、翌十二月号には「倉田卓次判事への公開質問状」が、翌年二月号には「沼正三からの手紙」が掲載された。これらに対し、天野・倉田はそれぞれ一度だけ反論をおこなっている。以下、まず森下の暴露記事の内容を確認したうえで、両者の主張を検討したい。

「諸君！」一九八二年十一月号掲載の森下の記事は、森下と沼の出会いやその後の交流を語り、沼正三は天野哲夫ではなく倉田卓次だと主張する内容である。話題は様々な事柄に及ぶため、沼＝倉田の証明に関して重要な主張・証拠だけを記すと以下のようになる。すなわち、①森下が「奇譚クラブ」編集部を介して「沼正三」と名乗る人物と十年以上文通していたこと、②その文通相手の住所は「長野県飯田市江戸浜町県営住宅七号」で、「原政信方倉田貞二」宛てだったこと、③その文通相手からの手紙の写真、④その手紙の内容が、連載中の「ヤプー」の構想に関するものであり、沼正三以外に書けない内容を含んでいること、という四点である。これらはすべて、倉田がのちに事実として認めている。

長野地家裁判事補として飯田支部に転出したが、（略）「奇譚クラブ」を購読する（時間的・金銭的）余裕も十分あった。法吏H君に頼んで「H方倉田貞二」名で購読した（略）編集部は読者同士の文通も仲介してくれたので、M関係ではA、M及びF関係ではBという文通相手を持つようになった。[37][38]

森下が暴露した①から④の諸点は、すべて事実であったということである。これに加えて、森下は二十年以上前に一度沼本人に会っており、その人物は、裁判を傍聴した際に見た倉田卓次その人だったという主張もしている。森下が沼に会ったのは二十年以上前に一度だけであることを踏まえると、根拠としては薄弱である。ただし、①から④が事実であるならば、そもそも森下と面会した人物が倉田本人かどうかは大した問題ではないため、検討する必要はないだろう。

倉田が認めている以上、争点にはなりえないが、万全を期すため、いくつか裏付けとなる事実を示しておく。沼正三と森下の文通のきっかけについては、「KK通信」一九五三年十二月号掲載の天泥盛栄（あまでもりえ）の投稿から裏付けられる。天泥盛栄とは森下が用いた筆名の一つであり、「KK通信」とは、「奇譚クラブ」が雑誌の直接購読者に一時期頒布していた小冊子である。ここで天泥は編集部の回送によって確かに沼からの手紙を受け取ったことを述べ、文通の求めに応じている。以降遠くない時期に、沼と森下の文通は開始されたと判断して差し支えないだろう。森下の暴露記事では、このときの文通先住所が長野県だったかのような書き方をしているが、このときまだ倉田は東京在住である。しかし繰り返すが、倉田自身が文通の事実を認めており、倉田が後年実際に長野県に転居する以上、森下の記憶違いとして処理してかまわないはずである。

このように、森下の暴露記事には多くの記憶違いが含まれ、森下が当時の「奇譚クラブ」を読み返さずに本記事を書いたことは明白である。しかし、このような不正確さは、森下がかつて沼正三を名乗る人物と文通し、その人物が倉田である、という事実の真実性を損なうことはない。

さて、天野哲夫は、「潮」一九八三年一月号で森下に反論し、それまでとってきた代理人の立場を捨て、初めてはっきりと、自分こそが沼正三であると明言した。[40]そして、倉田は当時からの文通相手であり、「ヤプー」および「手帖」を書くにあたり様々な助言をもらっていたと述べた。天野によると、沼正三は複数の人格を統合したものであり、その意味では沼正三は一人天野だけとはいいがたかったため、いままで代理人の立場をとってきたという。天野が述べる、天野が沼を名乗るようになった経緯を引用すれば以下のようになる。

吉田稔氏は特別に私に秘密の仕事を託された。匿名投稿の幾つかを取りまとめたものを選別し、連鎖エッセーの形式で誌上に発表することである。(略)私は私なりに、それまで四つ五つのペンネームを使い分け、幾誌かに各様の寄稿をしていた。(略)それらとは全く独自に、沼正三という名前をつくり(略)、投稿原稿の手入れと編集、加筆潤色に自身の分をも組み込みつつ、その連鎖エッセー(これが『ある夢想家の手帖から』)の筆者としての統一的人格を作り上げるよう努力した。(略)私のペンネームが四つ五つありながら、当人は実は一人というのと、ただ一つの沼正三のネームに、実は四つ五つの、あるいはそれ以上の人格が蔵されていた、というのと、皮肉な対照である。

(「家畜人ヤプー賦物譚——「諸君!」よ諸君、何ぞその愚昧なる」一五二ページ)

吉田稔とは、「奇譚クラブ」の編集人であり発行人である。天野は吉田に頼まれ、それまで用いていたペンネームとは別に沼正三という名前を作り、『ある夢想家の手帖から』の連載を開始したという。そして、「沼正三」は複数の匿名投稿のうえに成り立ったいわば架空の人物であるとし、それに森下はまんまとだまされたのだ、と主張した。そのうえで、「K（倉田）氏のアイディアを借りたが、K氏が原稿そのものを書いたことは一度としてない」と倉田の直接的関与を一切否定した。森下の記事で最も強力な根拠は、倉田が沼を名乗り森下と文通していた事実であるはずだが、天野はこのことには全くふれていない。文通自体は事実だったためふれることができなかったのだろう。

倉田は、天野・森下と文通していた事実を二〇〇五年のエッセー「老法曹の思い出ばなし6「家畜人ヤプー」」で認めたうえで、天野から「ヤプー」の構想を聞かされて相談を受け、SF小説についての自身の知見をもとにアイデアを提供し、「国文学界に例のない「未来幻想マゾ小説」を作れ、と煽った」（同記事四ページ）という。

天野と倉田の主張は「奇譚クラブ」や「あまとりあ」などの同時代史料から確認できる経緯と全く異なるため、事実と認めることはできない。天野が沼と異なる経歴をもつことはすでに指摘したが、これらの言い分についても検証を加え、天野が「奇譚クラブ」時代の沼ではありえないこと、「手帖」が匿名投稿の集成だとする説もありえないことを論証しておく。

共同筆名説の矛盾

第一に、天野は「沼正三」という筆名は、「四つ五つの、あるいはそれ以上の人格が蔵され」ているとし、沼正三を共同筆名であるかのように語っている。しかしすでに明らかにしたように、沼は完全に倉田に一致する人物であり、複数人物の要素が入る余地はない。仮に天野が言ったことが事実であり、この沼の造形が天野の手によるものだったとしても、正体を隠したい倉田が、自身と瓜二つのマゾヒスト沼を造形することを認めたとは考えがたい。何よりも、もし仮に天野が倉田をモデルに沼正三を生み出したのであれば、森下への反論でそう述べればよかったはずである。

次に、天野は沼正三というマゾヒストを作り出す以前に、あたかも「奇譚クラブ」に寄稿していたかのように書いているが、天野が「奇譚クラブ」に寄稿しはじめるのは一九五七年十月号からであり、沼正三の初登場（一九五三年四月号）から四年半もあとである。この前後関係は、あくまで現在天野の筆名として知られているものの初出から判断したにすぎず[41]（K・S、黒田史朗、阿麻哲郎、安東泉、水尾究）、そのほかに、現在誰にも知られていない筆名があり、それを用いて「奇譚クラブ」に投稿していた可能性は、限りなく低いがゼロではない。しかし天野はこれ以前、一度もそのような筆名があるとは表明していないし、その筆名を具体的に示すこともしていない（示せば森下の告発に対する強い反証になったはずである）。天野は「奇譚クラブ」に登場する以前は「あまとりあ」に寄稿していた。

次に、沼・森下・天野は、いずれも「奇譚クラブ」編集部の仲介による文通によって知り合った、と述べている。先に述べたように、森下と沼の文通は、一九五三年十二月以降、そう遠くない時期に開始されたと確認できる。この沼は既述のとおり倉田であることが確定している。そして重要なことは、このときの沼からの文通申し込みは、編集部による回送を用いていたことである。「奇譚クラブ」では一時期、住所を編集部にだけ知らせ、希望の相手に編集部から手紙を転送してもらう形式の文通仲介がおこなわれていた。つまり編集部は、倉田の手紙を沼正三からの手紙だと認識して、森下に転送したということである。この時期に活動していた沼が天野であるなら、天野の筆致と異なる倉田からの手紙を、沼正三の手紙として森下に転送することはありえないだろう[42]。倉田が天野の筆致をまねることも不可能である。倉田が、自身が主張するように「奇譚クラブ」の一読者にすぎないのであれば、天野の直筆を見る機会はないからである。沼が森下と文通を開始した時期はかなり早く、沼が「奇譚クラブ」に登場してわずか数カ月後のことであるから、これより早く、天野と倉田がどのようにしてか知り合い、森下を二人がかりでだますほど結託できたとは考えられない。そもそも、なぜ森下をだます必要があったのか、その動機が不明である[43]。

加えて、天野が沼であった場合、天野はどうやって倉田と文通を始めたのだろうか。沼が初期には自身の住所を秘匿していたことについては複数の証言があり、さらに当時の誌面からもそれは裏付けられる。すなわち、一九五三年五月号に「手帖」の連載予告が掲載されるが（二八ページ）、翌六月号には、「沼正三氏へ、（略）予告通り誌面をとりますから何卒引続いて御送稿の程御願い申し上げます」（二七七ページ）という、編集部から沼宛てのメッセージが掲載されている。このような誌面を使った個人への呼びかけは、投稿者が自身の住所を記載していなかった際にとられる方法であった。当時、サディストやマゾヒストは異常者、潜在犯罪者として白眼視されていた（第3章を参照）。そのため、実名が露見することを恐れ、投稿原稿に住所氏名を記さない投稿者が多く存在していた。編集部がこのような住所不明の投稿者に連絡をとりたい場合、誌面で本人に呼びかけて連絡を促すという方法がとられることがしばしばあった。[44] 沼の場合も、沼と双方向のやりとりができていれば呼びかけを掲載する必要はない。したがって「手帖」の連載開始時、編集部はまだ沼の住所を知らず、一方的に送られてくる原稿を掲載する段階にあったと考えられるのである。この状態は、少なくとも五三年九月まで続いた。[45]

住所を開示していない沼正三に編集部から文通希望の手紙を転送することはできないため、文通は必然的に、沼のほうから相手に申し込むことになる。沼が自ら手紙を出して文通を申し込む相手となれば、その相手は必ず複数回「奇譚クラブ」に、沼が興味をもつ投稿をしていなければならないはずである。倉田は、沼でないとするなら一読者ではありえず、沼以外の投稿作家でなければいけないのである。それも、森下に倉田からの手紙が届く一九五三年十二月以前にである。しかしこれ以前に、倉田に該当しそうな正体不明の作家はいないし、倉田もそのような事実があったとは主張していない。

さらに、「手帖」の連載開始時、編集部が沼の連絡先を知らなかったことは、編集部から「手帖」の連載を依頼されたという天野の主張も事実ではないことを意味する。編集部から匿名投稿が送られてくるという事態もありえない。このように、天野の主張は、同時代史料から整合的に解釈することは不可能であり、事実と認めることはできない。

一九八二年の段階では、「奇譚クラブ」はすでに終刊しており、沼が活動した時期の「奇譚クラブ」のバックナンバーを通覧することはそれほど容易ではなかった。そのため、事実を確認されることはおそらくないと考え、天野は架空のストーリーを構築したのではないか。倉田はそれをのちに踏襲したと考えられるが、文通の事実については、飯田での仲介者である原政信の名も公開されているため、事実と認めざるをえず、そのうえでさらなる弁明を付加したのだろう。

マニア雑誌と複数筆名

天野が共同筆名説を思いついた背景には、「奇譚クラブ」をはじめ、戦後風俗雑誌・SM雑誌の投稿作家が多数の筆名を用いていたという事実があると考えられる。(46)「奇譚クラブ」関係の作家でいえば、編集・挿画・記事執筆すべてをおこなった須磨利之（喜多玲子、美濃村晃、円城寺達など）、「奇譚クラブ」の投稿作家であり、のちに雑誌「裏窓」の編集長になる飯田豊一（藤見郁、飯田豊吉、南村蘭など）をはじめ、(47)森下小太郎もまた、谷貫太、原忠正、森本愛造、森下高茂、天泥盛英などの筆名を用い、毎月複数の記事を寄稿していた。(48)

しかし、ここで示されるのは、一人の作家が多くの筆名をもっていたという事実であり、一つの筆名を複数人で用いていたという天野の主張とは似て非なる事態である。なぜ、このように当時の作家が複数の筆名を用いていたかといえば、それは編集部側からの要請であり、誌面を多様に見せるためだと解するのが妥当である。一般大衆誌でさえ筆名の複数利用はあったし、マニア自身の立場から、読み応えがある文を書ける作家はまだまだ少なかった。「KK通信」一九五三年十二月号では、天泥盛栄（森下）が当時用いていたペンネームの由来を語り、「天泥盛英」は自身で付けた筆名だが、「森本愛造」は編集部が付けたものだと述べている（同誌六ページ）。天野哲夫もまた複数の筆名をもったが、その多くが「裏窓」編集者だった飯田豊一が考えたものだという。(49)この点からも、複数筆名の使用が編集部側からの要請であることが推測できる。

重要なことは、このような複数の筆名利用は、建前上は秘密であるものの、多くの読者にはなんとなく了解されていたということである。例えば、沼は、誌上で交流していたマゾヒスト麻生保に向けて、「原氏・天泥氏を別々の人の様に思っておられる様ですが、同一人です。文章から見抜けませんでしたか[50]」と述べている。また、「奇譚クラブ」の後発類似誌である「裏窓」の一九六一年十二月号に掲載された編集長交代告知では、新たに就任する飯田豊一がそれまで使用していた筆名が複数記載されている。しかしこの暴露に対する読者の反応は、「矢桐重八先生と飯田豊吉先生が同一人だったということは、私はうすうす気づいていたので、そんなにおどろかなかった[51]」というものであった。つまり、複数筆名はそれほど真剣に隠す必要がなかったのである。天野は「裏窓」でも活躍するが、こちらで用いられた筆名、阿麻哲郎（あま・てつろう）は、天野哲夫であることが一目瞭然である。

加えて、天野が匿名原稿の集積だとした「手帖」は、告白記の集積ではなく文献紹介を主とし、なかには未邦訳文献の訳出も多く含まれていた。このような語学力を有し、「奇譚クラブ」にわざわざ訳出稿を送付する熱意がある読者がいたとすれば、その人物の努力を「沼正三」の名に集約するよりも別の投稿作家として育てたほうが、誌面の多様性という観点からも、また、一人の作家が毎月書ける枚数には上限があるという点からみても、編集部としてはいいはずである。このように、天野が主張した沼＝複数人格説は、荒唐無稽の珍説といわざるをえないのである。

一つの筆名を複数人が用いていた例外事例として、「奇譚クラブ」の編集者名である箕田京二がある。箕田は、少なくとも須磨利之と吉田稔の二人が用いた名である。一九五一年に発行された「奇譚クラブ」では、「京二」「箕田京太郎」、そして「箕田京二」が須磨の手による挿画の作者の名前として現れる。その後、奥付で編集人を箕田京二、発行人を吉田稔とする号が現れ、編集人はときに須磨利之とも書かれるため、この段階で箕田京二は、須磨利之の名の一つだったと考えられる。須磨は一九五三年春ごろに曙書房を退社し、東京で別の戦後風俗雑誌に関わるようになる。しかし、箕田京二の名は「奇譚クラブ」の奥付に編集人として残り続け、「編集部だより」などで用いられ続ける。これは、吉田稔が編集人名として箕田を引き継いで用いたと考えていいだろう。その理由については推測するしかないが、須磨の退社は、須磨の別名である絵師・喜多玲子の退社として誌面で報告されており、喜多とともに箕田の名も誌面から消えるのは望ましくないと判断したのかもしれない。

以上、戦後風俗雑誌・SM雑誌での複数筆名の使用は、例外はあれども基本的には少ない作家数を多く見せるためのものである。沼正三＝共同筆名説はこの原則から逸脱するものであり、特別な事情なくしては認めがたいといえるだろう。

4 『家畜人ヤプー』騒動はなぜ起きたか

森下と倉田は、十年以上にわたって文通した仲であった。さらに森下は天野とも親しく、森下は

「彼と私は「奇譚クラブ」同人として旧知の間柄である」[52]と述べている。「奇譚クラブ」誌面上では、沼・天野・森下は、お互いの著作の感想を伝え合ったり情報交換をしたりと、長い間関係は良好かつ濃密だった様子がうかがえる。沼は森下を「盟友」と呼び、一九七二年刊行の『改訂増補決定版家畜人ヤプー』（都市出版社）の「あとがき」でも森下への親愛を表明している。なぜ森下は倉田・天野に敵対するような行動をとったのだろうか。また、なぜ私的にやりとりするのではなく、雑誌での暴露に至ったのだろうか。

森下小太郎は「諸君！」の記事で、沼正三の正体を暴露する目的は、沼になりすました天野を告発することではないと述べている。森下は、「作品を濫りに他人の手で改変させてはならない」としし、倉田には、天野に「沼正三名であちこちに文章を書き散らすことを許さない」「どこまでがあなたの手になるものか、それを判然とさせる」責務があるとして、「家畜人ヤプー」の続篇を倉田自身の手で執筆するよう求めている。[53]森下はさらに、「人を裁くことは、司法試験をパスできる人間なら誰にでもできる。しかし『家畜人ヤプー』の完成は、あなたでしかなし得ないのである」[54]とも述べている。このように森下は、沼正三作品の真贋にこだわりをみせ、真の沼正三に「家畜人ヤプー」の続きを執筆してほしいという気持ちを述べている。代理人である天野の活動によって、真の沼の価値が貶められると考えていること、森下が「家畜人ヤプー」という作品を高く評価しているからこその暴露だったことがうかがえる。[55]森下は、『ヤプー』刊行時の一九七〇年にもすでに、作者探しが過熱化することで、『奇書・家畜人ヤプー』もまた、人々の記憶から遠ざかってゆくだろう。その作品が多くの示唆に富んでいるにもかかわらず、それは忘れられてゆくに違いない」[56]と述べ、沼の正体が焦点化されることで、『ヤプー』が単なるゴシップになり、作品自体が顧みられなくなることを憂慮している。

森下は、「家畜人ヤプー」の初出タイトルを「畜人ヤプー」だと誤認するなど、はたして本当にそれほど沼のファンだったのか疑わしい面があるのだが、少なくとも本人の認識としては、自身こそが沼正三の真のファンであり、真の「ヤプー」の理解者である、と考えていたと思われる。このように、森下は沼正三を信奉するがゆえに、実名の暴露という暴挙に出たといえる。沼を信奉しているならば、天野と直接話し合い、落としどころを見つけるという手段も選択肢としてはあったはずである。しかし、それが不可能だった理由も森下のそれまでの活動から推測できる。

森下は過去に、俗に「あけぼの会事件」と呼ばれる事件を引き起こしている。あけぼの会とは、「奇譚クラブ」を通じて森下が一九五四年前後に結成したマゾヒズム関係サークルで、海外映画の上映会、会員同士のプレイ斡旋、撮影会などをおこなっていた。(57) しかし五九年一月、森下が同会で売春斡旋や、撮影写真をネタに恐喝をおこなっていたという報道が複数の週刊誌でなされた。(58) 森下はこれについて、週刊誌で濡れ衣だと反論した。(59) この反論には、あけぼの会会員のプライバシーに抵触するような内容が含まれていたらしい。沼はこの点に「雑報欄」でふれ、「曙会会員だった人々の性向等をデータをあげて語っているのは、仮名をある程度用いているとしても、会の主宰者としての信義に反することではないかと、氏のために惜まれる」(60) と述べている。この事件のあと、森下は秘密を共有するには不安がある人物として、沼の目に映った可能性が高い。(61)

さらに、森下はかねてから、サディズムやマゾヒズム、フェティシズムについて、恥じることはなく、堂々としているべきだと主張していた。[62] 森下は、SM（森下の言い方に沿うとSMF）を広く社会に認めさせ、日の当たるところに出したいという思いが強いマゾヒストだった。このような態度は、あくまで正体を隠したい倉田の立場とは大いに異なる。一九六〇年代から七〇年代にかけての「風俗奇譚」に森下が発表したSMF論の語気はかなり荒く、天野や倉田が事情を説明したとしても一蹴し、逆に実名を公表すべきだと説得にかかりそうな勢いがある。

実は『ヤプー』刊行直後の一九七〇年、「風俗奇譚」で代理人としての天野の振る舞いを厳しく批判していた森下に対し、天野は、倉田と森下を引き合わせ、直接森下を説得しようとしていたようである。天野と森下はこの前後、誌上で『ヤプー』についてやりとりをしているが、そのさなかの谷貫太名義の文に以下のような記述がある。

四月一八日午後六時に、沼氏を同行してA氏とわたしと三人で一夜飲もうという申し出をA氏がしたからであり、そうして、その席はわたしが準備しようということになったからである。私は、沼氏と会わねばならない必要はないし、こんな問題の最中に会うことは望ましくないと思ったのだが、しかし、お互いに旧知であるし、A氏が、沼氏とわたしが会えば、わたしの抱いた疑念は解決するというので、それに越したことはないとおもったのである。[63]

谷貫太は既述のとおり森下の筆名であり、Aとは天野のことである。天野は「風俗奇譚」にも寄稿しており、当然森下は天野がこの文を読むことを前提として書いている。よって全くの嘘を書けたはずはないため、沼正三との会合を天野が提案したという事実はあったと考えていい。この会合に結局倉田は現れなかったようだが、天野が自ら提案している以上、倉田の欠席が天野の本意だったとは考えにくい。天野に依頼されたが、倉田がこれを拒否したため不成立になったと推測されるだろう。森下のSMに対する主義信条と彼のこれ以前のおこないから、倉田は森下に本名を告げることを決断できず、結果的にみればその危惧は正しかったといえるだろう。

おわりに

本章は、「奇譚クラブ」で活躍し「家畜人ヤプー」を執筆した沼正三が倉田卓次であることを明らかにしえたと考える。「奇譚クラブ」誌上の沼正三は、倉田卓次ただ一人と考えられるため、同誌に発表された沼の著作はすべて倉田だけの手によると断定していいだろう。その後、一九七〇年の単行本刊行までの時期については、天野が沼の代理人になったり、沼本人のように振る舞ったりという宣伝戦略があったとはいえ、両者が別人であることは「奇譚クラブ」関係者には自明であったため、天野が沼として執筆活動までおこなったとは考えにくい。とはいえ、後年天野は、沼正三名義でいくつかの著書を出版している。「奇譚クラブ」以外の媒体に発表された沼正三名義の著作が倉田の手によるものなのか、天野による加筆があるのか、天野だけが執筆したものなのかは今後個別に検討されなければならない。

最後に、論じ残した重要な点にふれたい。「家畜人ヤプー」とその著者をめぐる騒動は、常に沼正三という人物を焦点化してきた。翻って、代理人として、そしてときに沼正三本人として現れる天野哲夫は、現在「家畜人ヤプー」との関係を抜きに語られることができない作家になってしまっている。これは天野という独立した作家にとって悲劇ではないだろうか。例えば鈴木真吾が指摘するように、沼正三が白人崇拝と家畜化、汚物愛好の空想を主として書き残したのに対し、天野に白人崇拝的書き物はほとんどなく、彼は日本人女性を相手とする実際の体験からマゾヒズムを論じる作家であった。[64]彼は「精神薄弱児」を装って、女性の生活に入り込むという実践を、驚くべきことに何度も実際におこなっていた。[65]そして、当初は天野に対して礼儀をもって接していた女性たちが、彼を全くの「莫迦」と確信するやいなや豹変し、例外なく彼を見下して人間扱いしなくなるその瞬間を愛した。このような天野の欲望は、「礼儀をもって接する」というプロセスを制度化によって省略し、家畜化が完了した世界を構想した沼の欲望とは似て非なるものである。

従来、天野と沼の相違は、両者のマゾヒズムのうえでも十分に意識されることがなかった。加えて、天野のエッセーには政治的発言も多く、「ヤプー」での天皇制の位置付けなどとそれらを関連させて言及されることがあるが、これは明らかに誤りである。このように、沼正三を謎めいた匿名作家として扱い続けることは、「ヤプー」の作品解釈に不利益であることはもちろん、鈴木も指摘するように、天野という作家が常に「ヤプー」の影に押し込められ、正当に評価される機会を奪うことでもある。本論が、沼正三と天野哲夫を適切に区別し、別個に論じるための第一歩となれば幸いである。

注

(1) 一九七〇年の都市出版社版の初版以降、七二年に同社から「改訂増補決定版」、八四年に角川書店から「限定愛蔵版」、九一年にミリオン出版から「完結篇」、九二年に太田出版、九九年に幻冬舎から刊行されるなど多数の刊行がある。翻訳はフランス語版、中国語版がある。コミカライズとしては、石ノ森章太郎『劇画家畜人ヤプー』(都市出版社、一九七一年)、江川達也『家畜人ヤプー』(〔BIRZ COMICS〕、幻冬舎コミックス、二〇〇三年)、三条友美『家畜人ヤプー REBOOT』(〔SPコミックス〕、リイド社、二〇一七—一八年)などがある。

(2) 休載時の沼からのメッセージタイトルは「中絶お詫びのご挨拶」(「奇譚クラブ」一九五九年九月号、一一六ページ)となっているが、同誌「編集後記」によれば、校了後、沼から文中の「中絶」をすべて「休載」に変更してほしい旨の連絡があったという(一七六ページ)。

(3) 休載の理由は編集部による修正要求である。「奇譚クラブ」は、一九五五年の弾圧により書店販売が不可能な状況に追い込まれ、「ヤプー」連載時は通信販売だけの同人誌のような発行形態になっていた。通信販売とはいえ自由に発行できるわけではなく、廃刊を避けるため、編集部の自己検閲による厳しい修正・削除がおこなわれていた。沼は、この厳しい修正要求と削除によって執筆意欲がそがれたと前掲「中絶お詫びのご挨拶」で述べている。

(4) 河原梓水「沼正三」、日本近代文学館編『増補改訂デジタル版 日本近代文学大事典』(二〇二三年三月リリース版)所収、講談社(https://japanknowledge.com/contents/jkindaibungaku/)［二〇二二年十二月十六日アクセス］

(5) 「奇譚クラブ」一九七〇年七月号の「編集部だより」には、沼正三からの手紙が編集部に届き、このたびの騒動（「ヤプー」出版パーティーの開催と、それに伴う派手な宣伝、天野哲夫を「代理人」としてメディアに出し、これを通じて沼の正体をめぐる興味を喚起し報道を大きくしたこと）に関しての詳細が記されていたことが述べられている。そして、「最近週刊誌なんかに出ている想像の記事とは全然違うのだが、一応PR作戦の成功とみて御同慶至極とお祝いしておこう」（二四一ページ）とあり、手紙の内容が、騒動をPR作戦とし、容認する態度だったことがうかがえる。

（6）本書では「家畜人ヤプー」を略称する際には、単行本化されたものについては『ヤプー』、「奇譚クラブ」連載版については「ヤプー」と表記することにする。

（7）森下小太郎「「家畜人ヤプー」の覆面作家は東京高裁・倉田卓次判事――三島由紀夫が絶讃した戦後の一大奇書」「諸君！」一九八二年十一月号、文藝春秋、同「「家畜人ヤプー」事件第二弾 倉田卓次判事への公開質問状」「諸君！」一九八二年十二月号、文藝春秋、同「沼正三からの手紙」「諸君！」一九八三年二月号、文藝春秋

（8）倉田卓次「老法曹の思い出ばなし6「家畜人ヤプー」」「判例タイムズ」二〇〇五年八月号、判例タイムズ社

（9）沼正三『マゾヒストMの遺言』筑摩書房、二〇〇三年、同『禁じられた青春』上・中・下（幻冬舎アウトロー文庫）、幻冬舎、二〇〇八年、同『懺悔録――我は如何にしてマゾヒストとなりし乎』ポット出版、二〇〇九年。ただし、『懺悔録』は天野の死後出版されたもの。これらの著者プロフィルには、倉田が「奇譚クラブ」に発表したものではなく、天野自身の経歴が記載されており、著者が倉田ではなく天野であることは、見る者が見ればわかるようになっているともいえる。

（10）「手帖」には、「奇譚クラブ」一九五三年六月号から五八年五月号まで連載された原版（以下、「旧手帖」と表記）と、これを出版原稿として組み替え、加筆・修正して整えた原稿に（一九五九年以降

カ)、さらに付記を付けて加筆・修正した新版(以下、「新手帖」と表記)がある。「新手帖」は一九五九年三月号から六一年六月号まで連載された。エッセーとしての完成度は「新手帖」のほうが高いが、史料としての価値は初出である「旧手帖」が勝っていることは論をまたない。したがって本書で「手帖」を典拠とする際には原則として「旧手帖」を用いている。

(11) 沼正三「ある夢想家の手帖から 番外 麻生保氏に答う」「奇譚クラブ」一九五八年三月号、一四四ページ

(12) ソフィア伯爵夫人「マゾヒストの会」沼正三訳、「奇譚クラブ」一九五三年五月号、一六ページ

(13) 沼正三「スカタロジーという語について——髙橋鉄氏に問う」「奇譚クラブ」一九五四年四月号、二一〇、二一二ページ。この記事は、リックという犬の語りになっていて創作部分が含まれるため、厳密には沼自身の個人情報として扱うべきではない。しかし、本記事は、沼がマゾヒストとしての自身の感性に基づき高橋鐵を批判するために書かれたもので、リックの語り部分は、マゾヒスト沼の感性の正当性を保証する機能を果たしている。その内容は犬の語りという形式をとってはいても自伝風に書かれていることから、史料として用いうると判断した。

(14) 沼正三「あるマゾヒストの手帖から 第五十九 肉台盤」「奇譚クラブ」一九五四年七月号、一一〇ページ

(15) この都市は、「赤道近い南洋の都市」とされる(沼正三「ある夢想家の手帖から 第百七 トローペンコレル」「奇譚クラブ」一九五七年七月号、七一ページ)。

(16) 沼正三「ある夢想家の手帖から 第百六 司令官夫人のこと」「奇譚クラブ」一九五七年四月号、六八ページ

(17) 同記事六八—六九ページ

(18) 沼正三「神の酒（ネクタール）を手に入れる方法——芳野眉美君に」「奇譚クラブ」一九五三年四月号、二三ページ

(19) 前掲「マゾヒストの会」一六ページ

(20) 沼正三「あるマゾヒストの手帖から 第十八 満員電車の中で」「奇譚クラブ」一九五三年八月号、七〇ページ。なお、東横線の混雑については、倉田卓次『裁判官の戦後史』（筑摩書房、一九八七年）三〇ページにもほぼ同じ言及がある。

(21) 前掲「マゾヒストの会」一六ページ。本号は一九五三年五月一日発行である。

(22) この記述は潮出版社版『ある夢想家の手帖から』（一九七五年）に収録されているが、その際に「公務員アパート」は「アパート」に修正されている。

(23) 沼正三「沼正三だより一（富岡陽夫氏に）」「奇譚クラブ」一九五九年十一月号、一六六ページ。この記述は潮出版社版『ある夢想家の手帖から6 黒女皇』に収録されているが（三三六―三三七ページ）、その際に「技術」は「工学技術」に修正されている。

(24) 沼正三「あるマゾヒストの手帖から 第八 ハーネスド・マン」、前掲「奇譚クラブ」一九五三年六月号、七五ページ

(25) 沼正三「あるマゾヒストの手帖から 第六十三 奥様の反吐」「奇譚クラブ」一九五四年九月号、一五二、一五五ページ

(26) 箕田京二「編集後記」「奇譚クラブ」一九六二年八・九月合併号、一九一ページ（本記事は無記名だが、箕田と特定可能なため箕田とした）。本号は九月一日発行である。

(27) 前掲『裁判官の戦後史』二一ページ

(28) 長与又郎の五男・弘のこと。弘は一九二三年二月二十八日生まれ、四六年に死去。

(29) 前掲『裁判官の戦後史』二四ページ

(30) 同書七七ページ

(31) 倉田卓次『続 裁判官の戦後史』悠々社、一九九三年、一八七ページ

(32) 天野哲夫「ある異常者の体当たり随想録」「S&Mスナイパー」一九八九年三月号、ワイレア出版、二四四ページ

(33) 天野哲夫「ある異常者の体当たり随想録」「S&Mスナイパー」一九八八年七月号、ワイレア出版、二四七ページ

(34) K・S「暗い欲望」「あまとりあ」一九五四年十月号、四〇ページ

(35) 一九六二年一月十八日には、「裏窓」に阿麻哲郎名義で「畜獣デリムソン」「ゴルドンの記憶」を、黒田史朗名義で「結婚生活におけるマゾヒズムへの道程」などを連載している。なお、六一年も全期間にわたって「裏窓」に原稿が掲載されている。

(36) 一九七〇年二月に『ヤプー』が刊行されると、「奇譚クラブ」には『ヤプー』への言及が相次いだ（とやまかずひこ「怪奇の文学 沼正三「家畜人ヤプー」単行本公刊さる！」〔一九七〇年五月号〕、新宿町人「マゾヒストM氏の肖像とKK誌」〔一九七〇年六月号〕、辻村隆「サロン楽我記」第七十一回から第七十三回〔一九七〇年五月号から七月号〕など多数）。一九七〇—七一年発行号をすべて確認したが、いずれの記事も天野と沼が別人であることを前提としている。一九七一年十月号掲載の辻村隆「サロン楽我記 第八十八回」では、「奇譚クラブ」に四〇年代から関わり、ほとんど編集部側の人間になっていた辻村隆が、沼正三について団鬼六と交わした会話が再現されている。いわく、「「辻村さんは今夜、沼正三が出てくると思いますか？ 私は絶対、出て来ないと確信しているんですがね」／「しかし、天尾（ママ）で氏は、ゼツタイ引っ張り出してみせると、張り切っていましたよ」／「いざとな

れば肩すかしですよ。（略）沼正三は、絶対、公開の席上に出られない理由があるんですよ」。／鬼六氏は（略）確信を持って言い切った。私も沼正三について、浅薄ながらある程度のことは知っていたから彼と同意見であった。／果たせる哉、その夜の、三人の鼎談の企画は、沼正三欠席で、結局、私と鬼六氏の対談に終わってしまった」（二三五ページ）。このほか、天野の、あたかも彼が沼本人であるかのような誤解を与える振る舞いに苦言を呈するものもある。一九七〇年八月号掲載の新宿町人「〝ヤプー〟問題に思う」では、「代理人氏を沼正三氏そのものにしたくてたまらないようにみうけられるのだが」「私は、「代理人」の活躍が、けっしていけないといっているのではなく、（略）すくなくとも後世に誤解を招くような言動は、厳につつしんでほしいと思うのである」と述べている（一一八—一一九ページ）。

(37) Mはマゾヒズム、Fはフェティシズムのこと。Aとは天野、Bとは森下を指す（前掲「老法曹の思い出ばなし6「家畜人ヤプー」」）。

(38) 前掲「老法曹の思い出ばなし6「家畜人ヤプー」」四ページ

(39) なお、森下はすでに一九七〇年に沼が家に泊まったと述べているので、八二年に創作された逸話とは考えられない（谷貫太「SMFのために」「風俗奇譚」一九七〇年七月号、一三九ページ）。沼が森下の家を訪問したこと自体は事実と見なしていいだろう。

(40) 天野哲夫（沼正三（ママ））「家畜人ヤプー贓物譚——「諸君！」よ諸君、何ぞその愚昧なる」「潮」一九八三年一月号、潮出版社

(41) 天野の筆名特定については、以下を参照のこと。飯田豊一『『奇譚クラブ』から『裏窓』へ』（「出版人に聞く」⑫）、論創社、二〇一三年、河原梓水「飯田豊一（濡木痴夢男）氏の軌跡とその仕事——新出インタビュー原稿によせて」「立命館文学」第六百七十四号、立命館大学人文学会、二〇二

一年

(42)「奇譚クラブ」一九七〇年五月号掲載の「編集部だより」には以下のようにある。「沼正三氏から久しぶりに手紙を貰いました。(略)細かい文字で便箋にびっしり書いた筆致は、以前に本誌へ〈家畜人ヤプー〉や『マゾヒストの手帖』の原稿を書かれた時のものと同一のものでした。又何回となく文通したときの手紙の筆致とも一緒ですので、沼正三本人に間違いないでしょう」(一三八ページ)。沼の筆致は編集部とのやりとりでは一貫していたこと、さらに筆致から個人識別が可能とされていたことがわかる。毎月原稿を目にしている編集部が、別人の文通申し込みを沼だと誤認する可能性は低い。

(43)「奇譚クラブ」が文通仲介をおこなっていたのは、社会に点在し、孤独だったマニアの、仲間がほしいという要望に応えるためだった。沼正三が住所の開示さえためらわれる状況で森下と文通を希望したのは、マゾヒズムを語り合える仲間がほしかったからだと明らかに見なせる。沼はしばしば誌上でほかのマゾヒストに呼びかけ、彼らとの交流を楽しんでいたからである。このような状況で、わざわざ自ら文通を申し込んだ仲間をだます必要があるのか、きわめて不可解である。

(44)例えば、「奇譚クラブ」一九五三年一月号には、匿名投稿者の原稿末尾に「続編是非お送りください。お差支えなければお処を知らせて下さい御幸福を祈ります。箕田京二」とある(一三七ページ)。「奇譚クラブ」一九五三年十月号の六一ページには「寄稿家への連絡」として、原稿を掲載するので送るようにとして、川合伊都子、由利瑞江、若杉早苗、羽村京子、那須不二夫への呼びかけがある。

(45)「奇譚クラブ」一九五三年九月号掲載の編集部「寄稿家への連絡」に、「沼正三氏へ、委細承知しました。至急連絡先を御指定下さい」とある(三五ページ)。

(46)前掲『「奇譚クラブ」から『裏窓』へ』、前掲「飯田豊一(濡木痴夢男)氏の軌跡とその仕事」

(47)飯田の筆名については、前掲「飯田豊一(濡木痴夢男)氏の軌跡とその仕事」でより詳細に提示している。

（48）森下のこれらの筆名は、前掲『『奇譚クラブ』から『裏窓』へ』など多数の本で言及しているほか、「ＫＫ通信」一九五三年十二月号など、かなり初期の段階から本人が明らかにし折にふれ言及しているため、公然の事実といっていい。

（49）前掲『『奇譚クラブ』から『裏窓』へ』一七〇ページ、前掲「飯田豊一（濡木痴夢男）氏の軌跡とその仕事」

（50）沼正三「沼正三だより」「奇譚クラブ」一九六〇年一月号、一二四ページ

（51）有田和彦「無題（読者短評）」「裏窓」一九六二年一月号、一六一ページ

（52）前掲「「家畜人ヤプー」の覆面作家は東京高裁・倉田卓次判事」二二九ページ

（53）前掲「「家畜人ヤプー」事件第二弾 倉田卓次判事への公開質問状」一四一ページ

（54）前掲「「家畜人ヤプー」の覆面作家は東京高裁・倉田卓次判事」二四二ページ

（55）これに加えて、「ヤプー騒動」には印税問題が大きな影を落としていた。倉田が二〇〇五年の釈明で印税に長く言及していることからもわかるように、森下やそのほかの沼正三ファンは、天野が印税を不当に横取りしているのではないかとあからさまに疑っていた。同時代の史料には、印税の行方についてしばしば言及がある。

（56）森下高茂「五色めがね」「風俗奇譚」一九七〇年七月号、二一ページ

（57）あけぼの会の結成年次は、「SMpedia」では一九五九年となっているが（「あけぼの会事件」「SMpedia」〔https://smpedia.com/index.php/%E3%81%82%E3%81%91%E3%81%BC%E3%81%AE%E4%BC%9A%E4%BA%8B%E4%BB%B6〕［二〇二三年九月十五日アクセス］）、この会についての誌上での初出の言及は、「奇譚クラブ」一九五四年十一月号掲載の原忠正「現代マゾヒズム芸術時評」

の以下のような記述である。「去る七月十六日本項で前に御紹介した映画「妖花アラウネ」の試写会を某社の好意によって挙行することが出来ました。(略)今後、毎月一回乃至は二回、例えば古い独乙映画、伊太利映画等、(略)上映したいと思います。ひいては、在東京の方にて、マゾヒスムに興味ある方々で奇クの友の会としての集りを持ちたいと思います。現在、奇クを通じて、三十名近い方々が私の所で屢々会合を持っておりますのでこの会を更に延長してゆきたいと思っています」(一六五ページ)

(58)編集子「「私の編集ノート」より」「奇譚クラブ」一九六〇年四月号

(59)この件がきっかけになり、森下は長らく原忠正名で「奇譚クラブ」に連載していた「現代マゾヒズム芸術時評」を一九六〇年四月号で打ち切り、活動場所を他誌に移すことになる。

(60)沼正三「雑報欄 三三三 原忠正「わが性欲に鞭あるのみ」(実話雑誌四月号)」「奇譚クラブ」一九六〇年七月号、一九九ページ

(61)このほか、前掲「老法曹の思い出ばなし6「家畜人ヤプー」」では、沼は森下があけぼの会事件に際して取り締まり側に対する悪感情を募らせたことにふれ、「書いてくる文言が裁判所と裁判官に対する悪意に満ちているので、当方の正体を知ったらどうなるか心配になり」文通を絶つに至ったと述べている(五ページ)。

(62)前掲「五色めがね」「風俗奇譚」一九七〇年七月号などを参照。

(63)前掲「SMFのために」一三九―一四〇ページ

(64)鈴木真吾「沼正三と天野哲夫――ある覆面作家の素顔をめぐって」「和光大学現代人間学部紀要」第三号、和光大学現代人間学部、二〇一〇年

(65)「奇譚クラブ」などに掲載されたエピソードは基本的に空想としてとらえるべきだが、天野は例外

である。天野の実践にはいくつもの証言があり、かなりの部分が事実と見なしうる。詳細は別稿に譲りたい。

第7章　家畜の生と人間の身体
――土路草一「潰滅の前夜」「魔教圏No.8」

はじめに

「奇譚クラブ」に連載され、後年ベストセラーになった沼正三「家畜人ヤプー」が、白人による日本人の徹底的な家畜化を描いたポルノ小説であることはよく知られている。沼が自らをマゾヒストだと語っていたことから、この日本人家畜化への欲望は、日本人男性の敗戦のトラウマや男性性の危機を反映したものとして理解されるのが常であった。しかし、当時の「奇譚クラブ」には、実は沼が「家畜人ヤプー」（以下、「ヤプー」と略記）を執筆する契機になった、「ヤプー」に先行する家畜化小説が存在し、それは、サディスト男性による女性の家畜化を描くサディズム小説(1)であった。そして、この小説を起点として「ヤプー」を含む複数の家畜化小説が書かれるようになり、家畜化小説ブームとでもいうべき状況が起こっていたのである。この事態を踏まえるならば、家畜化という欲望は、マゾヒズム、そして沼正三という個人の特性だけに帰せられるべきものではなく、何らかの共通の基盤、時代性に基づくと考えるべきである。

本章では、「ヤプー」に先行する家畜化小説の書き手であり、「家畜化小説」というジャンルを成立させた作家・土路草一に着目する。土路が「奇譚クラブ」に発表した家畜化小説のうち、「潰滅の前夜」「続・潰滅の前夜」および「魔教圏No.8（エイト）」について、沼正三と比較しながら検討する。これを通じて、人間の身体を家畜の身体へと変化させることへの欲望のありよう、そして家畜の生が救済や希望として提示される事態を明らかにしたい。

1 「家畜化小説」の登場

土路草一は、「奇譚クラブ」に突如として現れ、瞬く間に超人気作家になった投稿作家である。当時女性が男性名を使って書くことはまれだったため、おそらく男性と見なしてよいが、職業や年齢は全く不明である。ただし、誌上のやりとりで戦中派の沼にかなり丁寧に応じているため、それほど年配とは思われず、沼と同世代もしくはさらに若い世代と推測される。(2) 一九五六年七月から六一年三月までの四年八カ月間、未完に終わったものも含めて四つの小説を「奇譚クラブ」に連載した（「潰滅の前夜」「続・潰滅の前夜」「魔教圏No.8」「地霊の国」）。四作品とも、外見・所作ともに日本人と区別がつかないアジア人が日本に入り込み、主に女を誘拐して家畜化する過程を描く小説である。このような、日本のかつてのアジア支配を想起させる設定を踏まえれば、土路には大陸居住歴があるか、旧植民地出身者だった可能性もある。

彼の第一作「潰滅の前夜」は、かつて日本が「虐殺をほしいままにした」「Y国」が戦後立場を逆転させ、水爆を日本に撃ち込んで無力化したうえで占領支配しようともくろむという設定である。核で殲滅するには惜しいと判断された美貌の女だけがY国人によってあらかじめ捕獲され、東京の地下で家畜として飼いならされる。Y国人は東京弁を流暢に話し、日本人と全く見分けがつかないとされ、日本社会に溶け込み、女をさらうほか、様々な工作をおこなって内側から日本を破壊していく。

「潰滅の前夜」で描かれる家畜化は徹底したものであり、非常に激しい肉体的暴力描写を含む。このような暴力は、戦後の民主化に逆行するものとして「奇譚クラブ」でもそれほど好まれていなかった。にもかかわらず、本作はほとんど絶賛といえる評価を受けた。まず沼正三が一九五六年九月号に「家畜化小説の登場を喜ぶ」を寄稿し、「潰滅の前夜」は、日本人種の完全な家畜化を描いた初の作品だとして絶賛した。さらに翌月の十月号には、肥満体を愛好する異性愛のマゾヒスト麻生和夫が「「家畜化小説の登場を喜ぶ」に共鳴して」を発表、「読者通信」欄にも「潰滅の前夜」を称賛する声がサディスト・マゾヒスト双方から寄せられ、誌上はにわかに家畜化小説をめぐって盛り上がりを見せ始める。そして一九五六年十二月号から、「家畜人ヤプー」と、真木不二夫（飯田豊一）の「黄色オラミ誕生」という二つの日本人家畜化小説が、一九五七年六月号からは、佐川増夫による「L・T商会」がスタートする。このブームは後発誌「裏窓」にも波及し、そこでもいくつかの家畜化小説が掲載された。

「家畜化小説」とは沼の造語であり、牛馬など家畜動物そのものに転身する小説のことではなく、さらには、家畜として扱われる人間をただ描いた小説のことでもない。沼は、土路以前の「マゾヒズム小説」がどれも「女主人対奴隷という類型」（傍点は原文）を脱していない点に不満を抱いていたという。この類型は、「世間の無数の男女結合の中」の一対であり、あくまで私的関係にすぎず、「二人きりの時いくら犬や馬にしたとて」女主人は奴隷が本当は人間であることを完全に忘れることができない。そのためこの類型の本質は「サド・マゾ・プレイを合意でやっているのと大差なく」「何より嫌なのは、女の側に罪障感が免れ得ないこと」であるという。そして以下のようにいう。

> この罪障感を生ぜしめないためには男が本当の家畜になるしかありません。（略）あの慎しやかな「細雪」の雪子さえ兎の耳なら足の指でつまむのです。サド・マゾ・プレイの不純な遊戯感は家畜と飼主との間には生じようがないのです。家畜になりたい！
> （沼正三「家畜化小説の登場を喜ぶ」「奇譚クラブ」一九五六年九月号、四四―四五ページ）

人間を奴隷視することの罪悪感を取り除き、女性の品性と両立可能なかたちで、真の人格無視を可能にする方法が、相手から完全に家畜視されることなのである。しかし自分たちは人間の身体をもっているため、「馬や犬への転身空想に喰い足りぬ」。馬や犬の体は我が物としてリアルに空想することが難しいという意味だろう。したがって沼が求めるのは「人間家畜」、すなわち「人間の肉体を備えつつしかも家畜と同様に取り扱われる存在」であることであり、これを可能にする唯一の方法が、「制度として人間の家畜化が認められた社会」を想定することだという（同記事四五ページ）。すなわち、沼がいう家畜化小説とは、このような社会での人間家畜のありようを描く小説のことであり、「潰滅の前夜」は「前夜」にとどまるとはいえ、それを達成した初の作品だという。

土路作品で家畜化されるのはほぼ女だが、これは土路が異性愛のサディストであり、彼の小説が基本的にはポルノ小説であることに起因すると考えられる。にもかかわらず、彼の作品は沼をはじめ、様々なセクシュアリティの持ち主を魅了した。沼は、「関心圏を日本人全体にまで広げて」読むため、性別は大してじゃまにならないと述べている。このような受け止められ方は、土路作品が、単なる女性虐待ポルノにとどまらない奥行きをもっていたことを示すものである。

好意的な反響を受け、土路は一九五七年三月号から「続・潰滅の前夜」の連載を開始する（以下、正続を合わせて「潰滅の前夜」シリーズと呼称する）。本作にも熱烈な称賛の声が「読者通信」欄にみられる。

> 圧巻は何といっても「潰滅の前夜」です。発刊を得で（ママ）ち焦れ、そして入手と同時にこの作品の最後の「未完」の二字に、ほっと安堵するのは私だけでしょうか。
>
> （「奇譚クラブ」一九五七年七月号、一七三―一七四ページ）

「読者通信」の掲載方針は、様々な好みをなるべく偏らず掲載することであったため、特定の作品に言及が集中することは少ない[4]。一号に一、二程度の言及があればその作品は十分に人気作と判断できる。しかし土路作には一号に四、五の言及があり、圧倒的な人気をうかがわせる。沼もしばしば、おおむね絶賛である感想と要望（汚物描写を入れてほしい、男の家畜を登場させてほしいなど）を述べており、土路は実際に男の家畜も登場させている。

しかし、土路の作品は、既述のとおりどれも容赦ない徹底的な暴力行為を描いており、それは現代の目からみてかなり残虐なものである。読者をＳＭ愛好者に限ったとしても、万人受けするとはとても思われない。にもかかわらず、当時熱狂的に受け入れられ、次々と類似の小説を生み出していったのはなぜだろうか。この点を時代背景から検討したうえで、土路作品が何を描いているのか、そして彼の家畜化小説には一体何が賭けられているのかを検討したい。

2 最初の家畜、最後の家畜

まず、「奇譚クラブ」誌上で、家畜および家畜化がどのように議論されていたのかを確認したい。

近年、動物論が様々な分野で盛んになっている。これらは動物と人間の境界の恣意性・政治性に着眼し、ある種の人間がときに動物と見なされ、そのことによって残酷に排除・殺害されてきたことを指摘・批判するものである。こうした議論では、人間の動物化という事態は、人間による動物への暴力が人間に対して転用されたものだとしばしば見なされている。例えばチャールズ・パターソンは、「最初に人間が動物を搾取し屠畜する。次に人間が他の人びとを動物のように扱い、動物に対するのと同じことをする」[5]と述べている。本論に関わるものとして、戦後文学における動物の主題を検討した村上克尚もまた、「人間の人間に対する暴力の背景には、人間の動物に対する暴力が存在している」というJ・M・クッツェーの示唆を継承して論じている[6]。

しかし、「奇譚クラブ」ではこのような前提に立たない見方が影響力をもっていた。すなわち、事態はむしろ逆であり、人間の人間に対する暴力こそが動物に転用されているという見方である。そこで参照されたのはアドルフ・ヒトラーである。

沼は、一九五五年一月号掲載のエッセー「あるマゾヒストの手帖から 第七十九 最初に犂を引いたもの」で、石川準十郎『ヒトラー「マイン・カンプ」研究1[7]』から、ヒトラーの「最初の家畜」に対する見解を紹介している。いわく、先史時代、人間――もちろんこれはアリアン族だけを指す――が有色人種を「家畜化」した経験が、のちに牛や馬の家畜化に生かされたとし、「被征服種族が奴隷として使役されてから後に始めて、同一の運命が動物の上にも降りかゝり始めたのであって」「決してその逆であったのではない」「始めに先ずこの被征服者が犂を引いた」(同記事一九九ページ)。労働力として有色人種が牛馬に及ばぬことは明らかだが、それでも馬が使用されるようになるまでの間、有色人種は犂を引いたのだという。沼は続けて以下のようにヒトラーの主張をまとめる。

かようにして有色人は人類（つまり白人(アリアン)）の「最初の家畜」となった。然しそれは有色人にとって幸福な運命だったであろう（そうヒトラーはいうのだ）。（略）有色人達はアリアン族の家畜となったことを後悔せず、むしろ感謝したであろう。それは彼等にとって「ヨリ良き運命」であった。

かりに彼等が犂を引く重労働に苦しんだとしても、なお彼等は感謝すべきであった。何故なら無意義に終るべかりし生を、（略）アリアン族の文化建設に役立つことができ、有意義な生を送ることができたからだ。（同記事二〇一ページ）

ヒトラーに従えば、動物ではなく有色人種こそが家畜の「原型」である。さらにこの家畜化は、有色人種にとって「ヨリ良き運命」であった。なぜなら、野生のまま、ただ生きるだけの生は「無意義」だが、家畜化され使役されることで、より高次な存在の「文化建設」に貢献することができるからだ。

この「最初の家畜」説の真偽、そして家畜の運命への評価の是非はともかくとして、沼はこれを、「白人の物の考え方」としては理解できるとしたうえで、一九五四年に起きたビキニ事件に言及する。周知のとおり、マーシャル諸島のビキニ環礁でアメリカの水爆実験がおこなわれ、ビキニの住民、日本の漁船第五福竜丸の乗組員を含む多くの人々が被曝した事件である。乗組員の「原爆症」発症、「死の灰」による食品汚染がセンセーショナルに報道され、日本はパニックに陥った。日本

政府はアメリカに説明と補償を求めたが、アメリカはこれを相手にしなかった。(8)

> 原爆は何故日本にだけ投下されたのか、ナパーム弾は何故朝鮮でだけ使用されたのか。（略）
>
> 広島、長崎の原爆は日本人の十数万人にとって死の苦しみであった。然し数千人の米国兵士の生命はヨリ尊いが故に「その損耗を防ぐためには原爆使用は有用な処置であった」と大統領は言明している。ビキニ環礁の原住民達は、墳墓の地を爆砕されて死の灰と化せしめて頭上から降り注がれることの苦しさを訴えた。まるで生地獄だ。だがストローズ委員長は水爆は自由国家にとって有用であるからとの理由で、実験続行を言明した。水爆が必要である限り、そしてそんな生地獄が白人の国土に現出すべきでない限り、ビキニ環礁における実験は疑いもなく米国にとって有用であり、進んで彼等原住民の被爆症状データが後に白人達の治療にプラスする限り、原住民の苦しみが大きいほどますます、その生体実験は有用である。
>
> （同記事二〇三ページ）

沼は、原爆の投下、朝鮮戦争、そしてビキニ環礁での水爆実験は、いずれも白人が有色人種を家畜視しているからこそおこなわれたのであり、日本人は「人類」のための実験用家畜だとする。そして、これらの出来事におけるアメリカの振る舞いを、ヒトラーの家畜観によって解釈する。沼にとって、アメリカとナチスの間にはいささかの違いもないのである。彼の解釈がそれほど突飛だったとは思われない。アメリカ、ソ連、イギリスなどがおこなった核実験は、多くの場合マーシャル諸島のような信託統治領や先住民の居住地でおこなわれ、核実験の強行には明らかな人種差別思想があったことが指摘されている。[9]

ヒトラーの見解は「人類」の「最初の家畜」に関するものではあるが、ビキニ事件を踏まえれば、「「最後の家畜」も有色人」だろうと沼は書いている。沼のこの文の末尾には、編集部によって別の読者からの、白人優位の心境を述べる投稿が挿入されており、沼の見解に対する肯定的姿勢がみえる。

沼は、ヒトラーの家畜観とビキニ事件に見いだした「苦しくはあるが」白人にとって「有用な」家畜の使用を、のちに「家畜人ヤプー」の骨子として用いている。作中のヤプー、すなわち日本人の利用方法は多種多様でありきわめて残酷だが、これらは全くの空想ではなく、多くが奴隷制に関する文献から着想を得ている。[10] つまり実際には、人間が人間におこなった暴力と支配の技術を参照している。沼にとって家畜とは本質的には人間の種類なのであり、土路もこの考えにふれていたはずである。「魔教圏No.8」には沼の言及部分とは異なるものの、ヒトラーの主張が引用されてもいる。この発想に立てば、歴史的に劣等人種に対して付与されてきた「獣性」、すなわち動物的とされる様々な性質は人類本来の持ち物であることになる。以上を踏まえたうえで、土路作品の検討に入りたい。

3　小説の構造

「潰滅の前夜」は「奇譚クラブ」一九五六年七月号・八月号に掲載されたが、土路はこれを二年前の夏、すなわち五四年の夏に執筆したと述べている。作中世界が、水爆による日本潰滅「前夜」とされていること、登場人物が捕らわれた女たちを救出しようとするその瞬間、日本への核ミサイルのスイッチが押されるところで物語が終わり、末尾に核戦争に対する警句が付されることなど、本作でもビキニ事件の影響をみることはたやすく、水爆による日本の潰滅は、作中で重要な意味をもたされている。

加えて、作中で誘拐されるのは、決まって裕福な暮らしをし、仕事をもつ「近代娘」「ビジネス・ガール」である。ここには、家柄やコネクションによって戦後を生き延び、朝鮮戦争特需で潤った日本経済を謳歌する女たちへの嫌悪がみられる。さらに、「潰滅の前夜」の主役・御法川伶子が働く会社は、「兵器を作る会社」で「原子誘導機」を受注していると説明される。「タイピストの白い指先は、汚れた靴は、戦争を無意識にメカニックに推進している。口口に平和を唱えながら……」(一九五六年七月号、一一一ページ)と、地の文でも批判的に語られる。「魔教圏No.8」の主役・比奈地路子は、化学工業の研究室に勤めているが、この研究室ではＩＣＢＭ(大陸間弾道ミサイル)と人工衛星に用いる固体燃料の開発をおこなっている。

さらに、「潰滅の前夜」の副題は、「私は悪いことをしません」だが、これが作中で用いられるのは一度だけで、それは第一の犠牲者・多摩圭子が、Y国人の尋問中に発する言葉である。圭子は拷問にかけられて翻意し、自らの犯した「悪いこと」を告白しはじめるが、その一つはY国人を「ちんぺろ」という蔑称で呼んだことであった。圭子は善良な女性として造形されているが、拷問されるまでこのことを「悪いこと」だと認識していない。このような意識さえされない差別意識や権力性が、土路作品では繰り返し指摘・糾弾される。家畜化された女たちの前には、本人の認識では「親切にしてあげた」はずの「愚鈍な」社員、雇い入れた女中などが、異人種の正体を現して登場し、彼女たちを容赦なく苛む。そして女たちの「親切」が目下の者を哀れむ傲慢さからきていることを糾弾し、彼女たちのほうこそが下等な獣畜であることを、苛烈な暴力で証明してみせる。このように、日本人のアジア人差別、さらにいえば家畜化が、因果応報として女たちの身に襲いかかっているのである。このように、土路は家畜化される女たちには一見するとそれにふさわしい「罪」があるように書いている。

しかし、作品構造はそれほど単純ではない。なぜなら、本作は日本が水爆によって潰滅する「前夜」を描いているのであり、家畜化された女たちは、潰滅後を生き延びる存在でもあるからだ。彼女たちは人間のままでは水爆に焼かれるしかないが、家畜になることによって生を与えられる。その生がどれほど苦しく、みじめなものであっても、家畜の生は救済として設定されているのである。(11)この構図は「魔教圏 No.8」でも変化していない。

一九五八年三月号から計十四回連載された「魔教圏 No.8」は、「潰滅の前夜」シリーズを上回る傑作として絶賛された作品である。「続・潰滅の前夜」完結から半年の間、じっくりと練られたであろう本作は、ポルノ小説とは思えない壮大な構想のもと、日本人種ではなく人類全体の家畜化をもくろむ架空の異人種イーダビー人を登場させている。彼らは中東の山岳地帯に住み、「黒天使」を信仰する人々だが、彼らの外見・習慣は日本人と酷似しているという。その理由として、土路は「高天原民族」の中部アジア起源説を持ち出し、両者が実は共通の祖先をもつことを示唆する。そして、イーダビー人と日本人の違いは、「神を信じるか悪魔を仰ぐか」の違いだけだという。この神とはもちろん天皇を指すと見なせる。連載初回は、このイーダビー人の起源神話と彼らの信仰の説明にかなりの紙幅を費やしている。

神話の内容はこうである。人類の祖であるところのアダムとイブが、彼らの子どもの所有権をめぐって争い、それぞれの「生命液」を素焼き壺に封じて単性生殖を試みる。結果、イブの素焼き壺のなかには塵しか生じなかったが、アダムの素焼き壺のなかには、萎びてはいるが男の赤ん坊がいた。以後、イブはアダムに屈し、その後は積極的に有性生殖をおこない、人類の祖を生み出していったという。しかしこのとき、アダムの素焼き壺のなかにイブとは無関係に生じた男児こそが、イーダビー人の始祖だという。

この神話はウィリアム・B・シーブルック『アラビア奥地行』(12)所載のヤジディー人起源神話に基づいているが、オリジナルの神話では、アダムとイブによる有性生殖によって誕生した者が人類の祖とされている。この点を踏まえれば、イーダビー人がアダムの単性生殖によって生じた者を始祖とすることは、彼らが現存する人類とは起源を異にする人々であることを意味し、つまり土路は、彼らを人類の他者として登場させていることを意味する。事実、イーダビー人は、彼らが仰ぐ「黒天使」を信仰しない人々を異教徒と呼ぶが、それは彼ら以外の全人類を指している。

重要なのは、イーダビー人は第二次世界大戦にも関与せず、原水爆の開発にも関わっていないと説明されることである。彼らは水爆を日本支配に用いるが、それを彼らのもとに持ち込むのは「戦争商人」と呼ばれる白人種族ユーマ人である。彼らは彼らなりの思惑によってイーダビー人に武器や弾薬を供給するが、両者はそれほど良好な関係ではない。イーダビー人は原水爆の開発競争を「異教徒」の「邪しまな争い」と呼び、近い将来核戦争によって滅びる人類に代わって、新たに地上を統治する存在として自らを位置付けている。つまり、イーダビー人は、原爆投下や水爆実験などによって発生した様々な悲劇に対して全く罪がない存在であり、核を用いざるをえない人類を批判・断罪する正当な資格をもつ存在として設定されているのである。この罪なき他者は、しかしながら苛烈に人類を断罪し、楽しみながら家畜化する、邪悪な他者でもある。すなわち、既存の道徳を超越した神のような存在であって、そのためか、彼らの人間的な日常や社会は作中でほとんど描かれることがない。

この点は「ヤプー」との大きな違いである。家畜とは、人間の実用に資する存在であり、通常では何らかの目的のために飼養されているものである。したがって「ヤプー」では、家畜・ヤプーの多種多様な用途がふんだんに提示される。しかし、土路作品では、女たちに一体どのような実用性があるのかほとんど示されず、「出荷」後の用途も、行き倒れの死体を回収して葬る墓掘り家畜など、美しい女である必要が全くないものである。むしろ土路の関心は、家畜の受苦の詳細な描写にあり、女たちが受苦を通じて成し遂げる、家畜の身体への「真の」転身にある。この点について、作中の家畜化プロセスに着目して検討してみたい。

4 家畜への道程

現代では、女性家畜化のファンタジーは、性奴隷化と同義であることが多く、この場合、家畜化とは徹底的な性的モノ化を意味している。しかし、土路作品での家畜化は決して性奴隷化ではない。「潰滅の前夜」においては、家畜化の理由は、日本を潰滅させたあと進駐してくるY国兵士にあてがうためだと一応は説明される。しかしながら、作中でおこなわれるのは性奴隷化には全く不要かつ過剰な肉体的虐待だけである。女たちは人間とは別種の卑しい動物として扱われ、一般的な意味での性的魅力ははっきりと否定されていく。もちろん、「獣姦」として性的凌辱を描くこともできたはずだが、土路にはそうした意図が全くない[13]。土路が描くのは、男女双方にとって明確に苦痛であるだろう身体の酷使であり、それは例えば、何十時間も休みなく走らせる、重い荷物を引かせる・乗せる、睡眠・水分・食糧を制限する、といったものである。その際に女たちから絞り出される悲鳴は、「ああお！あわあ！」「ぎゃお！」といったおよそ女性らしくない「獣のうなり」として表現される。

この傾向は「魔教圏No.8」でより顕著になる。本作では、女たちの美貌を、家畜としての美しさ・良質性と連続させることで、彼女たちのエロス化を防いでいる。作中で最も美しいと設定されている路子は、調教師に家畜としての価値を値踏みされる際、豊かな胸や白い肌、ボディーラインを「逸品」と評価される。しかしその際には「皮膚質」「肉質」などの表現が用いられ、性的魅力として評価しているのではないことが示される。

Y国人、イーダビー人ともに、調教の目的は彼女たちの「人間脱却」であり、「少しでも人間的なものが顔を出したら容赦なく罰する」と語られる。「潰滅の前夜」では、家畜化は刑罰として課され、胎内巡りに相当するであろう地下道の通過を経て、女たちは新たに家畜として生まれ変わったとされる。しかし「魔教圏 No.8」ではこの設定は変更され、彼女たちは「生れついて以来の家畜」だが、信徒の負担を軽くするため、黒天使が「体が成育するまで、放牧」しておいたものとされる。このため、本作でも描かれる胎内巡りでは、より浄化に重きが置かれ、人間社会で身に付いた人間らしさを洗い流すことが企図されている。[14]

生来の家畜であることに加えて、彼女たちには罪もある。それは家畜であるにもかかわらず、美しい顔、すばらしい肉体をもち、あまりにも豊かな生活を送っていたことである。その生活ぶりは、黒天使の信徒よりもはるかに豊かな生活だとされる。家畜化の道程で彼女たちが被る苦痛は、必要な受苦であると同時に贖罪を兼ねている。

女たちは「捕獲」されると、鼻輪を装着させられ、口と腕を封じられる。舌を口腔内に縫い留めるか、奥歯に穴を穿ち通したバネ式の鉄棒で舌を押さえるなどして、人間の言葉を発することを封じられる。両腕は後ろ手で拘束され、それが調教中の基本スタイルとなる。この拘束は、脱走防止といった行動制限のためではなく、人間の身体を家畜の身体へと変化させるためにおこなわれる。

機能を禁じられている手や足。（略）置かるべき首や手足の位置が、意外な場所で封じこめられると、正に人間の肉体ではなく、新しく造りだされた、家畜の肉体として写ってくる。

（「潰滅の前夜（二）」「奇譚クラブ」一九五六年八月号、一一三ページ）

以上は「潰滅の前夜」の描写だが、「魔教圏No.8」の調教でも同じことが意図されている。身体の機能を強制的に別のものに位置付け直すとき、その身体は必然的に別種の、この場合は家畜の身体として機能しはじめる。さらに女たちの調教師は、家畜である彼女たちが生まれ持った正しいあり方として、意思は鳴き声で伝えること、指よりも口を使うことを徹底的に強制するが、その理由は以下のように説明される。

言葉が云えれば、直ぐ不満を訴え、不平を呟き、胡麻かしたり、嘘をついたりする。肉体と云うものは、動けば汗をかく呼吸が速くなる。喘えぐ。限度迄来れば気を失うだろう。この方が正しい意思表示だと私は思う。（略）手が使えるとつまらないことをする。引掻いたり、殴ったりな。

（「潰滅の前夜（一）」「奇譚クラブ」一九五六年七月号、一二〇ページ）

人間は言葉が話せることによって、不平不満を訴え、嘘をつく。だから人間の言葉は信用ならない。手を自由にすれば、他人に危害を加えもする。イーダビー人はこのように、人間らしい振る舞いをことごとく悪しきものとして否定していく。人間とは、虚飾と嘘にまみれた悪しき存在であり、だからこそ人間から脱却しなければならないのである。身体の新しい機能をマスターすることは非常に大きな苦痛を伴うが、その先にある家畜の生は、しばしば正直でよきものだと想定されている。

苦痛はもちろん女たちが自らとる行動も激変させる。どんなことをしてもこの苦痛から逃れたいという「獣の本能」が浮上することで、どれほど屈辱的なことでもいとわずおこなうようになる。例えば、ラジオ局に勤めていた「才媛」美加子は、極限まで水分を制限された結果、嫌い抜いた男の足元に自発的に額を擦り付け、足の甲に口づけして水を懇願するようになる。願いが通じ、男が履いている汚れた靴下を口のなかで洗うことを許され、美加子は靴下に飛びつく。

> 美加子は我を忘れて汚布を噛みしめると、ちゅうちゅうとジュースを啜るように靴下の垢水を吸った。（略）
> 　慈悲で再度濡らして貰った靴下を、美加子はまるでチューインガムを噛むように、口中に納めたり、口端にはみ出したりさせながら丁寧に揉みほぐした。
> 　唇から顎に、薄黒く汚れた涎水が滴り零れる。恐らく、口腔は垢の臭気やぎとぎとした汗脂のねばりが拡がっているであろうに、家畜は美味（うま）そうに眼を細め、与えられた水気を味っていた。
> （「魔教圏 No.8（七）」、前掲「奇譚クラブ」一九五八年九月号、一五一ページ）

汗脂が染み込んだ靴下を洗った汚水を喜んで味わう美加子を、イーダビー人は「どうです？家畜の本性が出て来ましたぜ」（同誌一四九ページ）と評する。このように「魔教圏No.8」では、極限状態で現れた姿は彼女たちの真の姿なのであり、その際に彼女たちが「人間のプライド」を放棄できることこそが、彼女たちが人間ではなく実は家畜だったことの証拠とされるのである。

わずかではあるが、土路は作中で、苦痛に屈しなかった女の存在を匂わせている。このような女たちは、イーダビー人の価値観では、悪しき人間性に染まった不良畜であり、「処分」＝殺害されることになる。わずかとはいえそのような存在がいる以上、彼女たちと美加子の間には違いが存在することになる。「人間」ならば、汚辱の生よりも名誉ある死を選ぶというわけである。[15] 美加子の行為は、美加子が自ら選んだことであり、それは彼女が動物だからおこないえたとされるのだ。

動物的な行動という言葉は、しばしば容赦ない他者への殺戮や攻撃の比喩として用いられるが、ここでは逆である。人間こそが、水爆を創り、邪悪な戦争を始めた。家畜の本性とは、ここまでみてきたように、自らの生存のために懸命になることである。これは決して悪しきことではない。家畜になることは、邪な争いを繰り返す人間であることから降り、ただ懸命に苦しみが多い生を生きることである。

この家畜の生は、主体性を放棄して、生存だけを目的にすることとも異なる。身体の人間的機能を家畜の機能に上書きするのと同時に、人間としての主体性もまた、家畜としての主体性、「獣のこすからさに置き替え」ていくことが目指される。[16] 重要なことは、土路が家畜へのこのような転身を、文字どおりの人間からの脱却、真の動物への転身として描いていることである。

「魔教圏 No.8」の「鼠捕り競技」の場面を参照したい。この競技の目的は、第一に「敏捷性のテスト」、第二に「口の使用法を覚えさせる訓練」である。家畜たちは、直径五メートルほどの穴にそれぞれ一匹ずつ入れられ、穴に放たれた鼠をすべて口で捕まえるように命じられる。制限時間があり、完遂できなかった家畜には電気鞭による懲罰が加えられ、完遂するまで何度でも繰り返すという。

鼠を口で捕まえることだけでも人間にとってはかなりの難題だが、加えて女たちは後ろ手に拘束されている。そのため彼女たちはざらざらしたコンクリートの床に顔をぶつけ、膝はあざだらけになる。しかし驚くべきことに、「鼠捕り」は懲罰としての無理難題ではなく、あくまで達成可能な訓練として実施されているのである。完遂するまで繰り返しおこなわれるからには、家畜たちはいずれ、後ろ手のまま、猫のように敏捷に鼠を口で捕まえられるようになるということである。調教は虐待の建前ではないのである。

同様の展開はほかにもある。「ポケ」と名付けられた路子は、担当の調教師イレに、汚れた靴下のなかから、臭いだけを頼りに女主人の靴下を選び出すよう命じられ、それをやり遂げる。

〝でかしたぞ！〟
助教士は胸裡で叫んだ。そして、この家畜に、こよない愛着を覚えた。（略）
イレは蹰って、ポケの目隠しを取ってやりながら、馬を愛するように柔かい腮から頰を軽く叩きながら撫でた。

路子の胸にも、ざわめきが走る。（略）

乱暴に、畜生らしく愛されていることもそれほど気にならなく、己れの嗅覚の確かさを誇りたいような気持でさえあった。

（「魔教圏No.8（十三）」「奇譚クラブ」一九五九年四月号、一三五―一三六ページ）

イレは、路子が優れた嗅覚をもっていることを大いに喜ぶ。この訓練があくまで路子の人間性を蹂躙するためのものならば、このような反応はありえないはずだ。ここでは、社長令嬢だった路子が、犬のように飼い主の臭いを嗅ぎ分けられるようになること、そのような真の家畜化が、路子、調教師双方に真剣に望まれている。

このほか、家畜は決して衣服を与えられないが、畜舎には暖房がなく、冬が訪れたとき、人間の身体のままではただ生存することさえ危うくなることが示される。しかし調教師たちは、衣服によって肌を甘やかしていたからだとし、真に家畜になりさえすれば冬を越えられると当たり前のように語る。

「潰滅の前夜」シリーズの主役・伶子は、物語の終わりごろ、調教がほぼ完了した家畜・ペロとして登場する。ペロはこの際に、声の高低・アクセントだけを用いる「獣語」で、ほかの家畜と意思疎通ができるまでになっている。そして、二頭立ての「馬車」の「馬」になったとき、もう一頭の馬が最愛の妹・多穂子であることに気づいて猛然と暴れだすが、その際、彼女は本物の暴れ馬さながらに、鞭の嵐をものともせず馭者を圧倒し、馬車の轅（ながえ）にヒビを入れる。伶子の暴走の理由は、妹までもが家畜の境遇に至ったことへの衝撃であり、それ自体は人間的な動機であるわけだが、そのとき彼女は「ぐわあお！」という「動物的喚声」を上げながら、人間の女にはとうてい不可能な力を発揮するのである。飼い主の鞭を必死で避けようと、ありとあらゆる卑屈な努力をしていた弱々しい女の姿はもはやそこにはない。現実にはありえないことだが、土路作品で家畜化される女たちはみなこのように、家畜への真の転身を遂げると観念されているのである。

人間は責められれば窶れます。そして、毎日連続して責められれば、みるみる衰弱して了うことでしょう。併し、私はヒロインを責められても責められても瑞々しさを保つ、美しい肉体として描きました。

（土路草一「無題（読者通信）」、前掲「奇譚クラブ」一九五七年十月号、一七二ページ）

土路は、家畜の肉体を、何度責められても萎れない、いわば何度でもよみがえる美しい肉体として意図的に描いたという。美しい肉体とは、人間の女性としての美しさというより、ペロになった伶子の身体が示すような、家畜としての強さ・美しさであると考えるべきだろう。家畜たちは、適正な肉付きになるまで運動させられ、裸のまま冬を越えていくことで、鞭をものともしない強い肌を得る。そして、動物並みの嗅覚と猫のような敏捷性をもち、人間の女性のそれとは全く別の、家畜としての強さ・美しさを身に付ける。恐ろしい苦痛の果ての、そのような別種の動物への転身を、土路は描き出そうとしているのである。

5　唯一の生

土路はサディストを自称しており、一般的に考えれば、Y国人やイーダビー人に自らを置き換えてこの小説を書き、読んだと考えられる。しかし、Y国人はともかく、人類の正当な裁定者であるイーダビー人に、自らを投影できるものだろうか。土路は、わずかではあるが作中に男の家畜を登場させていて、自らの分身を家畜としてそこに登場させることも可能だったはずである。「魔教圏No.8」では、路子の弟・正哉が家畜化される展開が計画されており、本格的に男の家畜化が描かれた可能性があるが、これは果たされなかった。「魔教圏No.8」は絶賛を受け、読者の関心が最高潮に達しようとするところで、物語途中のまま突然作者によって打ち切られる。

土路が自らの分身を家畜として描き出さなかったということは、結局彼が女性蔑視者だったことを示すのかもしれない。土路の家畜化小説は、女が男に「調教」され、男に都合よく「正直」になる物語とも解しうるからだ。[17]しかしながら、この解釈は、家畜化を性奴隷化程度にとらえる際にはふさわしくとも、切実に、土路が描いた意味での家畜化を理解しようとする際にはそぐわない。女を貶めるためだけに、ここまで手の込んだ舞台設定は不要なはずである。

この点を考えるため、作中に登場する死者について検討したい。「魔教圏No.8」には、捕獲された女の戦死した兄の亡霊が地獄から現れ、自分は信じる神を間違えたと訴え、妹に家畜になることを勧めるシーンがある。

「志津子！　僕は今、十大地獄をさ迷っている、いつ果てるともしれぬ苦しみだ！」

兄はぼろぼろと涙を零して云った。（略）

「黒天使様の御教えは絶対だ。僕は帰依しなかったばかりに、この永劫の苦難を受けねばならない」（略）

「お前は幸せ者だ、（略）黒天使様に衆畜として仕えるのだ。それがお前を現世、来世ともに幸せにしてくれる。いゝか、家畜になるのだ。（略）」

（「魔教圏 No.8（五）」「奇譚クラブ」一九五八年七月号、一五三ページ）

志津子の兄は、戦死したにもかかわらず英霊にならず、地獄にいると自らを語る。彼が地獄に落ちたのは、黒天使に帰依しなかったためであり、それは言い換えれば、天皇を信じたためである。つまり兄の罪とは、戦争で人間を殺害した罪であると想像することができる。そしてこの兄は妹に、イーダビー人が仰ぐ黒天使を信じていれば、お前は現世でも来世でも幸福になれると、家畜の生こそが救済だと説くのである。

この挿話からは、土路が家畜の生を生きることさえできなかった死者に目を向けていることが読み取れる。とするならば、本作での作者の立ち位置とは、水爆で殺され絶滅する男側であると考えることもできる。「家畜人ヤプー」もまた全く同じ構造をもっており、ヤプーという家畜の生は、それさえ選ぶことができず死んだ多くの死者の屍を越えた先に設定されている。家畜化小説のすべてがそうであるわけではないが、少なくとも土路と沼が想定する家畜の生は、人間としての「尊厳ある死」を回避した先の唯一の生として設定されているのである。

おわりに

沼正三によれば、家畜とは「人間の種類」であった。沼が史実を多く参照したように、家畜に割り当てられ、その生を生きる人間が現に存在することは、古今東西、明らかなことである。土路が旧植民地出身者だった可能性を踏まえれば、土路はそのような生を現に経験したかもしれない。沼や土路にとって、家畜の生もまた人間の生であることはおそらく明らかなのである。例えば土路は、そんな生を生きた過去がある者を、支配者側の人間として登場させるが、彼女たちは、伶子や路子が無邪気に想定する「人間の尊厳」が、現に家畜の生を生きる人間にとっていかに傲慢で暴力的なものかをあらわにしていく。汚水をすすり、床に這いつくばって鼠を捕るところから始まる生に、意義を見いだそうとしているともいえるだろう。

言い換えれば、土路の作品は、家畜の生を生きる人間を、引き上げようとするのでもなくただ哀れむのでもなく、あってはならない状態として否定するのでもなく、そんな生を懸命に生きようとする者だけを生き延びさせようとする小説だということができる。しかも家畜になった女たちは、ただ長く苦しみ死んでいくのではなく、苦しみに耐えうる身体を獲得し、今後を生き延びていくと観念されている。そのような生があるとすれば、それは確かに救済であり、希望だといいうるだろう。そのような未来を夢想することに土路は熱中した。この夢は、ビキニ事件を経験し、その後の核時代を生きる人々にとって、確かにリアリティをもち、同じ夢を見、描く人々を多く生み出したのである。

注

(1)本来、サディズムもマゾヒズムも男女双方に使用可能な概念だが、当時の「奇譚クラブ」では、女性が凌辱される小説をサディズム小説、男性が凌辱される小説をマゾヒズム小説と呼ぶことが一般的だった。

(2)土路が「奇譚クラブ」に公開した個人情報をそのまま記せば、彼の職業は文筆に関わるものではなく、資産家でもない。エッセーに獣医師雑誌や酪農雑誌を引用していることから、これらに関連する職業の可能性がある。引用の雑誌記事は北海道に関するものであり(北見市、網走市)、北海道出身の登場人物もいることから、北海道は彼の居住地候補である。なお土路は、一九五七年七月号掲載の「通信」で、東京都新宿区在住の土路ファン・甲斐仁参に「近々、仕事の関係で貴宅の近くに転居することになるかもしれませんので、その節はよろしく」と述べている(一四三ページ)。

(3)人種概念はすでに生物学上否定されて久しいが(C・ローリング・ブレイス「「人種」は生物学的に有効な概念ではない」瀬口典子訳、竹沢泰子編『人種概念の普遍性を問う——西洋的パラダイムを超えて』所収、人文書院、二〇〇五年)、本章では歴史的用法として「奇譚クラブ」に確認できる表現をそのまま用いている。

(4)浮家鷹三/編集子「黒髪論争に寄す」「奇譚クラブ」一九五三年四月号、七四ページなど

(5)チャールズ・パターソン『永遠の絶滅収容所――動物虐待とホロコースト』戸田清訳、緑風出版、二〇〇七年(原著二〇〇二年)、一六二ページ

(6)村上克尚『動物の声、他者の声――日本戦後文学の倫理』新曜社、二〇一七年

(7)石川準十郎『ヒトラー「マイン・カンプ」研究1』国際日本協会、一九四一年

(8)丸浜江里子『原水禁署名運動の誕生――東京・杉並の住民パワーと水脈』凱風社、二〇一一年

(9)竹峰誠一郎『マーシャル諸島――終わりなき核被害を生きる』新泉社、二〇一五年

(10)「奇譚クラブ」一九五七年一月号から一九五八年二月号掲載の「ある夢想家の手帖から」を参照。

(11)家畜の生か、人間としての死か、という選択の提示は「家畜人ヤプー」にもみられるもので、「潰滅の前夜」の影響も考えられる。「ヤプー」もまた、核戦争による地球滅亡を前提にして、宇宙に進出して生き延びた白人の家畜として生きるか、人間として地球にとどまって死ぬかという選択を間接的に主人公リンに迫る。そしてリンは、家畜の生を自ら選び取る。

(12)W・B・シーブルック『アラビア奥地行』斎藤大助訳、大和書店、一九四三年

(13)その理由の一つとして、直接的な強姦描写は、当時の出版状況では不可能だった、という事情も考慮すべきである。同時代の「奇譚クラブ」に、具体的な強姦描写がある作品はない。しかし、例えば土路と入れ替わりに「奇譚クラブ」に登場する団鬼六の作品には、具体的に描写されずとも展開上強姦が想定されていて、文章が省略されていても(これは編集部によって一方的になされることも多い)、読者は想像でシーンを補える。性的暴行をファンタジーとして重視する作品はほとんどがこの

ような処理をおこなっているが、土路作品にそのような余白はない。また、動物に服は必要ないとして女たちは全裸で過ごすため、読者がこれを性的凌辱ととらえ、エロス化することは可能である。しかしそれはあくまで作品を読む側の態度であり、作中のイーダビー人は一切エロス化をおこなわない。なお、このように、作中での脱エロス化は本作がポルノ小説であることと矛盾しない。

(14) ヤプーもまた、人間と瓜二つだが実は「知性猿猴」という動物だったと白人に判断されて家畜化される。

(15) 女たちが自殺をしない理由は以下のように説明される。「砂漠の水を求めて彷徨している者が、果たして己が手で己が首を縊るだろうか？　彼は意識のかすむ瞬間迄、水を求め這いずっているに違いない。路子にしても、その自殺考は、まだまだ虚栄のための死だ」(「魔教圏 No.8（十一）」「奇譚クラブ」一九五九年一月号、一五五ページ)

(16)「魔教圏 No.8（七）」「奇譚クラブ」一九五八年九月号、一五二ページ

(17) 土路は支配者側としても多く女性を描いている。しかし彼女たちの位置付けは、レズビアンが性的対象として消費されてきた歴史の範囲を出るものではない。

第8章　近代性を否定する

――古川裕子「囚衣」とマゾヒストの愛

はじめに

アメリカでのSM論争の検討を通じて女性のマゾヒズムを再考した日合あかねは、マゾヒズムの男女での非対称性について、次のように述べている。いわく、男性が性生活においてマゾヒストであった場合、日常生活では権力者であるという見方がしばしば許容されるのに対し、女性が性生活においてマゾヒストだとされる場合、日常生活でもマゾヒストだと見なされる。その背景には、マゾヒズムを女性の本性と見なすフロイト以来の考え方があり、性的領域と日常生活のこうした分離不可能性が、女性のマゾヒズムを擁護することを困難にしてきたという[1]。

確かに、女性とマゾヒズムの結び付きは、女性は本質的に男性よりも受動的であり、しばしば支配されたがっているという思い込みを広め、男性による女性への加害を免責する機能を果たしてきた。これに対してフェミニストは、支配や暴力を求めるとされるマゾヒスト女性という存在そのものが、家父長制的支配から発生した虚構であると批判してきた。[2] もし仮に、支配や暴力への欲望が現に女性に抱かれることがあったとしても、性的領域と日常生活とがこのように連続的である女性にとっては、日常生活の女性への抑圧支配がその性的欲望に影響しているはずである。すなわちそれは家父長制を内面化した正しくない欲望であって、容認することはできない、と主張してきたのである。

このような女性のマゾヒズムの否定にはフェミニスト内部からも反論があり、日常生活と性生活の分離、および暴力・支配それ自体とその模倣の相違が強調されてきた。[3] 近年、個人の自由意思と同意に基づく限り、マゾヒスティックな実践の自由も尊重されるべきという考えが、欧米を中心に支持を広げつつある。[4] いずれの議論にせよ、日合が指摘するような日常生活と性生活の分離、そして同意の有効性は、最も大きな争点を形成してきたといえる。

日本では、具体的な実践を念頭に置いたうえで女性のマゾヒズムを論じる研究は乏しいが、[5] SM愛好者自身の議論であれば存在する。本書でここまで検討してきたように、「奇譚クラブ」の誌上では、吾妻新＝村上信彦に先導されるかたちで、民主的で近代的な「よき」サディズム・マゾヒズムのあり方が盛んに議論されていた（第2部を参照）。本章では、同じく一九五〇年代に「奇譚クラブ」で活躍した古川裕子という匿名のマゾヒストと、吾妻新との間で戦わされた「女性のマゾヒズム」論に着目する。本書第3章で詳しく検討したように、吾妻はサディズムの近代化を主張し、戦後民主主義に立脚した、対等な関係性に基づく同意のうえの実践を提唱した。その過程で、吾妻は、古川と自身をモデルにした小説「夜光島」を執筆するに至る。本章では、本作をめぐる古川・吾妻の誌上での対話を分析し、女性解放論者であった村上＝吾妻が、女性のマゾヒズムをフェミニズムの文脈でどのようにとらえていたのかにもふれながら、古川が、吾妻のサディズム論と決別することで最終的に導き出すことになる「マゾヒストの愛」について検討したい(6)。

1　吾妻新と古川裕子

吾妻新の第一作は、「奇譚クラブ」一九五三年三月号掲載の「サディイズムの精髄——古川裕子氏の「囚衣」を読んで」であった。吾妻は本作で、一九五二年十二月号掲載の古川裕子「囚衣」を絶賛し、本作を読まなければ、自身の「性癖」を告白することなど生涯なかっただろうと述べている。吾妻によれば「囚衣」はヨーロッパの文献にもみられない完全な「サディズムの精髄」を描いており、彼が提唱する「新しいサディズム」の理想が描かれているのであった。

新しいサディズムとは、同意と安全性、そして日常生活における男女の対等関係を必須としたうえで、日常生活とは分離されるところの性生活においてのみ、サディズムを行使するというものである。吾妻は、猟奇殺人や拷問・ファシズムから、同意のうえの「遊戯」までがすべてサディズムというカテゴリーに入れられている状況に抗議し、これらを区別することを主張した。そして、後者を「近代化されたサディズム」と名付けて脱病理化しようとした（第3章を参照）。

吾妻のサディズム論は、サディズム・マゾヒズム・SMが暴力ではなく遊戯として成立するための最低限の穏当な条件を提示しているかのようであり、異論の余地はないかにみえる。しかしながら、当時ただ一人、これを批判した人物がいた。その人物こそが、吾妻が絶賛した古川裕子だったのである。

古川裕子は、情感たっぷりの一人称の〈告白〉で人気を博した投稿作家である。初登場作の「囚衣」は、[7]サディストである夫との性生活の記録という体裁であったが、二作目の「続・囚衣」では、夫は事故で他界したとされ、パートナーの不在と満たされない性欲を嘆き、過去の夫との遊戯を回想するか、新たに巡り合ったサディストとの逢瀬を語るという内容に変わる。以後これが古川の作品の基本的形式になり、一九五五年十一月号までの約三年間にわたり、計十四作を発表した。「古川裕子」は明らかに創作されたキャラクターであり、その作品も記録や告白という体裁をとってはいたが、明らかに虚構を含むものだった。

一九五三年末から「奇譚クラブ」に寄稿を始めた濡木痴夢男は、「奇譚クラブ」初期に活躍した女性名の寄稿家のうち、本当に女性だったのは松井籟子一人だけだったと述べている。[8]濡木は「奇譚クラブ」の一寄稿家にすぎず、編集部の人間ではないため、作家の正体に精通していた人物とはいえないが、時代背景を踏まえれば、古川が女性ではなく男性マゾヒストであった可能性は否定できない。古川の正体を明らかにする手段はきわめて乏しく、性別を確定させることは困難である。男性の可能性がある作家の作品から女性のマゾヒズムの論理を抽出することに様々な問題があることは論をまたない。

しかしながら、本章はあくまでも言説を分析するものであり、さらに、女性のマゾヒズム論に着目するものの、支配を受け入れる主体自体は、女性に限られるものではない。そして戦後という、とりわけ女性の自立や男女対等が強調された時代に、支配されることへの欲望が議論されたというそのこと自体もまた注目に値すると考えている。古川は筆者の知るかぎり、吾妻のサディズム論のような同意と対等性のロジックを用いずにマゾヒズムを擁護しようとした日本で最初の存在である。この点は重要であるし、古川の主張をあくまで言説として扱う限りにおいて、女性の欲望を語る者が必ず生得的な女性である必要はない。したがって本章では、古川裕子というマゾヒストが架空の存在であることは十分に認識しながらも、男性中心的な主張を含む可能性があるからといってこれらを一律に否定することはせず、その論理に着目して検討することにしたい。

2 「夜光島」という思考実験

吾妻と古川は、当初はお互いを称賛しあう関係にあった。「サディズムの精髄」以後、古川もすぐに吾妻に対する称賛を表明するようになり、以後およそ三年弱の間彼らは誌上での親密な対話を続けた。その関係は次第に恋愛的な様相を帯びていき、一九五四年十月、吾妻は、自身と古川をモデルにした小説「夜光島」の連載を開始するに至る(一一九五五年四月号、全七回)。これは吾妻の二作目の連載小説であり、ストーリーは、妻に先立たれた主人公・健次郎が、雑誌上で知り合ったマゾヒスト登枝とサドマゾヒスティックな夫婦生活を営むというものである。二人が吾妻と古川の分身であることは誰の目にも明らかであった。

「夜光島」は単なる誌上の恋の産物ではなく、吾妻のサディズム論を検証・補強するための実験小説であった。吾妻は執筆の動機について、「自由の極限状況におかれたサディストとマゾヒストが、どこまで解放されるか、されないかを描きたかった[9]」「この空想小説はまた実験小説でもあったのです。サディストとマゾヒストが二人だけの世界でどんな生活を営むことができるかという設定です[10]」と述べている。

吾妻のサディズム論は、基本的に片方が「ノーマル」であるカップルを想定していた。なぜなら彼は欲望の一致よりも、性格や人格的な相性を重視していたからである。愛し合うようになった男女がたまたまサディストとマゾヒストだったという偶然はめったに起こりそうにない。ましてや、欲望の具体的内容までもが一致するサディストとマゾヒストの夫婦を想定するのは彼にとって非現実的であった。このような考えに基づき、彼は一作目の連載小説「感情教育」で、マゾヒスティックな欲望を全くもたない妻との間における、幸福で持続的なサディズムの実践を描いてみせたのである。

しかしながら、たとえ非常にまれな確率だとしても、欲望がぴたりと嚙み合うカップルが誕生する可能性はゼロではない。そしてこうしたカップルの場合、行為の歯止めが利かず、同意や対等な関係を基礎としてもなお凄惨な暴力が発生する可能性がある。吾妻の主張によるなら、通常のサディズム実践では、近代的主体が暴力の抑止を保証するはずだが、それはこの場合とうてい確実とはいえなかった。そのためこの組み合わせの可能性は、彼のサディズム論の隠れた、しかし大きな懸念材料だったのである。

おそらく吾妻は古川との交流が深まるにつれ、この点について考え始めたのだろう。というのも、吾妻と古川は猿ぐつわへの愛着など、多くの点で欲望を同じくしており、吾妻は二人の関係を「鍵と鍵穴」に例えてもいる。つまり、あくまで誌上に現れた架空の人格同士のことではあるが、彼らは奇跡のように理想的なカップルだったのである。このようなマゾヒストとの出会いは、彼が棚上げにしていたサディストとマゾヒストの危険な出会いを否応なく想起させたにちがいない。

吾妻は、既存の社会規範や道徳が欲望の推移を妨げることがないよう、「夜光島」の舞台を孤島に設定した。外界の影響なく、サディストとマゾヒストが欲望のまま愛し合った場合、どのようなことが起こるのか考えようとしたのである。彼らは持続的な幸福を手に入れることができるのか、それとも次第に暴力的になり破綻を迎えるのか、この点を検証しようとしたのが実験小説「夜光島」であった。

「読者通信」欄や編集部による言及からみて、本作はかなりの人気を博したようである。しかし誌上の評価とは裏腹に、吾妻は「あの小説は失敗した」[11]「なんとなく気がさして、もう少し続ける予定を切り上げてしまった」[12]と述べている。吾妻は失敗の原因を、自分が次第に登枝を愛し始めてしまったためとも説明している。

「夜光島」で健次郎と登枝は、いったんは過度な「遊戯」に耽溺するものの、次第に遊戯を「薄く引き伸ばし」「生活に密着」させることによって持続的なものにする。毎夜激しい遊戯にふけるのではなく、日常生活のなかにちょっとした拘束や「折檻」を持ち込むという方法によって。二人の生活する島は、サディストとマゾヒストの幸福なユートピアとして描かれる。しかし、島を訪れた新聞記者に目撃されたことで事態は急変する。健次郎は妻を虐待する危険人物として警察の取り調べを受け、登枝は健次郎を守るために自身がマゾヒストであることを告白する。健次郎は憤激するがどうすることもできず、新聞は大々的に二人の「歪んだ関係」を報道する。このような展開は、吾妻が自身のサディズムを公表した際に起こりうることとして、何度も想像していたものであろう。健次郎が島外で友人と面会している間、発端になった目撃者の新聞記者は、登枝が「被害者」ではなかったことに腹を立て、ひそかに島に渡り登枝を襲う。そのことを知った健次郎は嵐の夜にボートで海へ漕ぎ出すが、波にのまれる。新聞記者が立ち去ったあと、島に独り取り残されるだろう登枝の死を予感させて、この小説は終わる。

　このように、「夜光島」はサディストとマゾヒストの持続的で幸福な生活の成立を描く一方で、それに悲劇的な結末を与えている。ただし、健次郎と登枝の関係を破綻させたものは外在的要因であり、サディズムとマゾヒズムそのものではない。吾妻は最初から島を完全な孤島として設定していない。島は国有地だったため買い取ることができないとされ、そのために彼らは訪問者を拒むことができず、遊戯を目撃されてしまうのだが、つまりこの結末はあらかじめ用意されていたものだと考えられる。吾妻は執筆開始当初、おそらく健次郎と登枝の関係性そのものは成功させるつもりで、その幕引きとなる仕掛けを潜ませておいたのである。したがって「夜光島」の結末は予定調和の範囲内であり、二人の関係性そのものはうまく展開したと解せる余地もある。事実、吾妻はのちに「夜光島」ではサディストとマゾヒスト同士でも幸福な夫婦生活が可能であることが示されたとして、実験が成功したかのように振る舞っている。[13] しかし既述のとおり、連載終了直後に彼はこの小説は失敗だったと述べているのである。その理由を次節にて検討したい。

3　ユートピアの成立

「夜光島」に出現した幸福な夫婦生活は、吾妻のサディズム論に照らせば、いくつかの深刻な問題を含んだうえで成立していた。それは第一に、吾妻が主張した日常における対等な関係が、実際には成立しているとはいいがたいことである。吾妻はしばしば、サディズムの行使には日常生活での完全な対等関係の構築が不可欠だと主張してきた。マゾヒストは寝室においてはサディストの奴隷であっても、それ以外ではサディストと対等の人間として尊重されなければならない。そのため登枝は、日常生活では男性と対等に振る舞う近代的女性として造形され、初登場時には短髪に鳥打ち帽、そして女性解放の象徴であるズボン姿で健次郎の前に現れる。

しかしながら、「夜光島」後半部では、サディズムとマゾヒズムを「生活に密着」させた結果、登枝は猿ぐつわを一日中はめられ、両足を短い紐でくくられつづけることになる。

彼女が返事しないのは、できないからである。汚れて変色した布が鼻と口を掩っていた。それは息苦しいほどではないにしても、完全な猿轡であることに相違はなかった。それといまひとつ、ズボンの裾と裾とがみじかい紐でつながれているので、立ち上って茶の支度をするにで(ママ)小刻みに歩かねばならなかった。

(「夜光島(五)」「奇譚クラブ」一九五五年二月号、二九七ページ)

登枝は食事のとき以外はこの状態に置かれ、しばしば健次郎の気の向くままさらに両手を縛られたり、「折檻」されたりする。吾妻は登枝が近代的な女性であり、本当にいやなのであればいつでもこれを拒否することができる、孤島の生活では寝室の枠がないだけだと主張したが、健次郎は作品中でこの行為を、サディズムを「ふだんの生活に変えてしまう」とも表現している。対等性を保証するはずの日常が寝室と一致してしまっているのである。

筆者がみるかぎり、作中で両者の対等性を保証する唯一のものは、「鳥打帽とズボン」という服装に象徴される登枝の近代性である。彼女が「新しい女性」であり、暴力と遊戯を区別できるという前提によって、健次郎の行為は免罪されている。しかしながら、実はこの登枝像は、モデルである古川とはかけ離れていた。古川は、しばしば自身が着物を愛し、古風な考えをもつ女性であると書いている。古川は登枝の造形に違和感を表明し、小説前半部には冷ややかな気持ちと反発とを感じたと述べている。このような人物像の変更は、健次郎の行為がきわめて限定された条件でしか免罪されえないことを示すだろう。

第二の問題は、愛の起源をめぐるものである。吾妻は、まず男女の人格的な結合＝（精神的な）愛が成立したうえで、初めて欲望のすり合わせの問題が浮上すると主張していた。これは、サディズムが野蛮な本能・衝動であるのに対し、愛は人間の社会的活動のなかで形成されるものだという当時の社会通念を土台にしている。吾妻はサディズムを愛と理性によって馴致・統御できるとしてサディズムを擁護したが、それは両者の起源を完全に分離させるこの考え方に立脚している。人格的結合に基づく愛はサディズムの安全弁であり、男女の対等性と並んで、吾妻のサディズム擁護に不可欠の要素であった。しかしながら、健次郎と登枝は、欲望で結び付いた夫婦である。二人の間には、欲望に先行しなければならないはずの、人格的結合に基づく愛が存在しない。

「夜光島」には、二人の間にどのようにして人格的結合を成立させるかという課題に吾妻が苦心した形跡が表れている。健次郎は登枝に、欲望を満たすための道具になるのではなく、まず愛し合う基礎を築く必要があると説く。そのために健次郎がとった方法は、膣ペニス性交を含む「ノーマル」なセックスで二人の初夜を始めることだった。健次郎の驚くべきこの「愚かさ」は登枝の怒りを買い、健次郎は挑発されて結果的に欲望のままサディズムを行使する。すべてが終わったあと、健次郎は登枝との関係が欲望に支配された動物的関係になることを覚悟するが、登枝は逆に彼に心を開き、彼を愛し始める。「なぜだかわからない。しかし登枝は変っていた」[14]。そんな登枝を健次郎は「〔死別した前〕妻に似てきた」と評し、登枝に対する愛情の芽生えを暗示させるが、登枝豹変の理由は不明のまま残される。二人の関係を愛情関係に移行させたのは事実上彼の「動物的な」サディズムであったが、この点については全く説明はなされない。以上、「夜光島」には、吾妻が必要だと主張した日常生活の対等性と、人格的結合に基づく愛がどちらも欠けていると評価できる。

しかしながら、この点が直ちに本作の失敗を意味するのではない。興味深いことに、「夜光島」前半部に反発を覚えたという古川は、小説が展開していくにしたがって「「夜光島」の生活に陶酔し始め」「「一日猿ぐつわを嵌められている生活が始まってから、私は何ど作者に愛の言葉を囁いたか知れません」[15]と述べている。「一日猿ぐつわを嵌められている生活」が始まったときとは、夫婦の日常生活と性生活が混ざり合い、彼らの対等性が失われたときを指す。つまり古川は「夜光島」において、吾妻の理論が崩壊しはじめたその瞬間に、皮肉にも作者・吾妻を愛し始めたのである。

さらに古川は、連載が進むにつれて、吾妻もまた登枝を、そして古川自身を愛し始めたと確信したという。これは吾妻の「登枝を愛し始めた」という発言と対応しているため、古川の妄想と直ちに片付けることはできないだろう。吾妻が愛したのは古川という架空のマゾヒストだが、これを受けて古川は、吾妻に向けて執筆した「告別」(「奇譚クラブ」一九五五年十一月号)で、「古川裕子というペンネームを使う女」として、吾妻に対して熱烈な愛の告白をおこなう。そして、この告白を最後に古川は雑誌から姿を消し、吾妻もまた古川の告白に応えることなくほぼ同時に姿を消した。ただし吾妻は五年後の一九六一年五月号に「古川裕子への手紙」を寄せ、古川の告白を「よろこんで百パーセント受けいれます」と述べたが、「この誌上で、お互いの仮面の下に」として古川を事実上拒絶した。古川がこれに反応することはなく、誌上の恋はここで完全に終わりを迎えた[16]。

健次郎と登枝、そして吾妻と古川は、対等性も人格的結合も存在しない「夜光島」を通じて互いに愛を抱くに至る。「夜光島」が吾妻の思惑を離れて示したのは、対等ではない男女関係も、人格的結合に先行する欲望も、一部のサディストとマゾヒストにおいては幸福な夫婦生活を妨げないことがあるかもしれないという可能性である。「夜光島」は、客観的にみて吾妻のサディズム論を裏切っているが、この孤島は、吾妻・古川双方に「愛」を感じさせ、陶酔させる確かなユートピアでもあった。この事実は、吾妻の理論を根本から破壊するものである。したがってこの可能性を見いだしたことこそが、吾妻がいう本作の「失敗」だと考えることができる。古川の愛の告白は、ほかならぬマゾヒストから突き付けられた、吾妻のサディズム論の否定であった。そして連載終了後、古川はあらためて吾妻に、彼が「夜光島」の連載を切り上げることで向き合うことを避けたこの問題を突き付ける。

4　マゾヒストの愛

古川は「告別」のなかで、愛に対する自身の解釈を語っている。愛は吾妻にとっても重要なテーマであり、彼は古川の「囚衣」に、相互の愛と信頼に基づいた夫婦関係をみた。古川もまた、愛のある関係を望んでいると確かに書いている。しかし古川は、次第に愛について、吾妻とは異なった考えを表明するようになる。吾妻が小説執筆を通じて自らのサディズム論を深めていったように、古川も執筆を通じて、そして「夜光島」を読むことを通じて様々な思考実験をおこなっていたといいえよう。そして古川は、自身が考える愛が、吾妻が定義するものとは最初から全く異なっていたことに気づくのである。

古川は、確かに「人間の愛情が欲しい」と何度か作品内で述べている。[17] しかしそれは、必ずしも人格的結合から発する愛ではなかった。実は吾妻が絶賛した「囚衣」の内容からして、それは吾妻がよしとする愛や、それを基盤とする「近代化されたサディズム」とは似ても似つかないものだった。

口の中はカラカラに乾き、すぐにはものも云えない有様でした。しかし心の中には今まで感じたことのない夫への限りない愛情に溢れてきたことに気ず(ママ)できました。(略)縛られた身のまゝ夫の胸ににじりよりながら「嬉しかつたわ、私は貴方のもの、あなたの好きなようにしていいの」と想いをこめて申しました。

男性に心からの愛情を感じたのは、これが生れてから最初でした。(「囚衣」一一九ページ)

これは、古川が結婚後初めて夫に緊縛、猿ぐつわ、鞭打ちを強要された際の描写である。古川夫婦は、これ以前にサディズムやマゾヒズムについて話し合ったことはなかった。つまりこの行為は突然におこなわれ同意もなく、現代の定義に照らせば明確に暴力と認められるものだったが、古川はこれによって「夫への限りない愛情」があふれ、生まれて初めて男に心からの愛情を感じたと述べている。ここでは、古川の夫への愛が、人格的結合とは無関係に、支配と暴力を通じて形成され、同意さえも不要だったことが示されている。

マゾヒズムという欲望から生じる愛を、古川はその後も作品として描き続ける。その愛は、しばしば相手からの愛や、自身の欲望の尊重さえ必要としないものである。誌上で知り合ったサディストTとの逢瀬をつづった「夕暮の窓辺にて」には以下のようにある。

マゾヒズムというものは「肉体の愛情」なのだろうか。又精神の愛情なのだろうか。私はT氏に対し初対面の時から悪感情を持たなかった。(略)でも裕子はT氏からどれ程の「意見」をきいたろう。(略)この人の心づかいや思想や感情のうごきについて、私はどれ程の観察をなし得たろう。その答はことごとく「否」である。私の知ったのはT氏の一〇%にも満たない、いわば彼の性癖の面だけではないか。それなのに私はこんなに女らしく優しくなっている。(略)私が求めたのは、要するに「男」の行為だけだったのだ。たとえどのような男にしろ、昨夜のT氏の位置で私に対したならば、私は手もなく満足したのだろうか、今のように満ちたりた、優しい女になったのだろうか

(「夕暮の窓辺にて」「奇譚クラブ」一九五四年十月号、一二〇ページ)

古川は、Tとの行為のあとに芽生えた「女らしく優し」い感情が、彼の「性癖の面」だけに起因していることから、マゾヒズムとは「肉体の愛情」なのか、「精神の愛情」なのかと自問する。そして自分が求めたのは、Tの精神、すなわち人格とは無関係の「「男」の行為だけだった」と考える。このような自問自答は、吾妻の一連の主張を受けてなされたものであろう。古川は、吾妻の主

張に一度は合流しようとし、人格的結び付きの重要性に賛同した。しかし、ここではっきりと、吾妻がいう近代化されたマゾヒズムの要件が自身に当てはまらないことを認識したのだ。

古川はそれまで、性欲の充足だけを求めてさまよった経験を「生殖器の旅遍歴」と呼び、自身の人間性を損なう動物的行為だと卑下していた。[18] しかし古川はこの結論に達したのち、絶望するのではなく「何年にも感じたこと〔がない〕不思議な充足感のうちに」「「やすらか」に寝た」[19] という。

古川はその後、「「男」の行為」から発したこの感情が、恋であり、愛であると結論付ける。そして古川はついに「彼のために必要ならば私の本能の満足を——即ち私のマソヒスムさえ捨てゝも、いゝと思い始めた」。このように古川は、マゾヒズムから発した愛を強く肯定し、「その日から奇怪なマソヒスムの女の恋が真の意味で始った」[20] と高らかに宣言するに至るのである。

古川の「告白」は、どこまでが真実なのか判別することが難しい。Tとの逢瀬が実際の出来事なのかは全く不明であるものの、全作品を通じて古川の「愛」をめぐる思索の経過は明瞭である。「「やすらかに」寝た」という表現から、吾妻のサディズム論に基づけば「生殖器の旅遍歴」にしかならない自身の欲望の軌跡を、「マゾヒストの愛」として認めてやることで安息を得た、と理解することができる。

さらに古川は「告別」のなかで、性生活を離れてなお、古川自身は「骨の髄までマゾヒスト」であり、マゾヒズムこそが自身の本質であるとし、日常生活の様々な出来事を挙げながら、それらにマゾヒストとしてどのように感じたか、対応したかを述べていく。この記述は、マゾヒズムがいかに古川のすべてを規定しているかの説明であり、吾妻が主張した性的欲望と人格の分離に対する反論と解しうる。そのうえでさらに、古川が恋うのは「人格や学問や教養」ではなく、「裸の、すべての肩書を剝ぎとった一人の「男」」[21]であると述べ、吾妻が人格から切り離し、人類普遍の本能と位置付けようとしたサディズムこそを、吾妻そのものとして愛していると強調する。[22]そして、「吾妻というペンネームの男」＝村上に、「古川というペンネームの女」＝「現実の私」から以下のように訴える。

> 裕子は——いいえ現実の私は、マソヒストです。異常性欲者です。私にほこるべき何物も、自分では見つけることが出きません、でもマソヒスト（ママ）でにも愛することが出来ます。私は今、その哀れな愛を、おろかな愛を貫きたいと思っているのです。
>
> （「告別」二二一ページ）

「彼女」は自己を「異常性欲者」、すなわち病者であり、狂人であると規定する。このような「彼女」は「正常」な判断力をもたず、したがって近代化されたマゾヒズムの担い手たりえない人物である。しかしそんな異常者にも、愛することはできる、そしてこの愛は、吾妻が劣位に置いた欲望から発する愛、マゾヒストとして見いだした愛、すなわち、マゾヒストの愛ということができる。この愛は哀れで愚かな愛かもしれないが、しかしこれを肯定し、貫きたいと「彼女」は村上に訴えたのである。

「現実の私」が「異常性欲者」、マゾヒストであるという主張は、実は「彼女」にとって非常に大きな転換である。なぜなら古川は、自らの半身に古川裕子という名を与えたと述べており、[23]「現実の私」は、ときに「知性的」「理性的」とも評される普通の女だと述べていたからである。吾妻の言葉でいえば、「現実の私」はマゾヒズムを統御する理性であり、近代的主体に連なる日常生活の人格、そして「古川裕子」は、マゾヒストとしての人格であり、寝室の人格だということになる。古川作品では、この二つの人格は決して相いれないものとされ、「このように全く相反した二面をもつ女を妻とする人は、結局二人の女を妻にするようなものだ[24]」と述べられている。「現実の私」は、欲望に支配された「獣のような」マゾヒスト古川裕子に対立し、「彼女」の人間性を守る砦であり、美点として位置付けられてきた。つまり、「現実の私」がマゾヒストであるという認識の転換は、分離していなければならない理性と欲望を統合し、日常生活と寝室を一致させることを意味する。

ここで主張されたマゾヒストの愛は、日常生活と性生活の分離という、SM擁護にあたって疑われたことがない前提を破棄するものであり、現代でも寛容されることがほとんどないものである[25]。分離を放棄するということは、日常生活の抑圧支配の影響を否定せず、マゾヒズムが正しくない欲望である可能性を否定しないということである。そのようなマゾヒストの愛は、吾妻の女性解放論と真っ向から対立しただろう。しかしだからこそ、吾妻が悩み、馴致して近代化しようとした彼のサディズムごと彼を肯定することを可能にしたともいえ、この点は吾妻にとって救いにもなりえたはずである。そもそもなぜ古川が吾妻と「吾妻というペンネームの男」を愛したのかといえば、彼が「夜光島」で、まさに暴力から健次郎を愛し始めた登枝を描き、その登枝を愛する健次郎を描いたからにほかならないだろう。吾妻の信念とは明らかに齟齬するこの展開を描いたことは、彼がきわめて誠実に思考実験に向き合ったことを示すものである。女性解放論者として、サディストとして、彼はこの愛をどのように受け止めたのだろうか。

5　近代性の要求と免罪

五年の熟考の末、吾妻は「古川裕子への手紙」で、古川の告白が、「マゾヒストであるあなたが、この私に生涯、すべてを捧げ」「甘んじて私の意志に一切をゆだねることを望[26]」むものであること、すなわち日常生活と性生活双方に及ぶ支配を欲望するものである可能性を正確に指摘したうえで、しかしそれを「遊戯」に矮小化しようとする。「あなたもそうだと信じたいが、私も性だけに生きる人間ではない」（同記事八二ページ）として、古川のマゾヒズムを同意のうえでの性生活に限定し、「異常性欲者」だという古川の自己規定を否定してノーマライズしようとする。そして、我々は「特殊な性心理の一断面」しか知らない間柄であり、そんな二人が運命をともにすることは不誠実だと述べ、再び日常生活と性生活の分離と人格的結合の優位を説き、マゾヒストの愛を否定する。さらに、以下のように述べる。

現実の問題としては、その表現は遊戯のかたちで現われざるをえないのです。（略）ノーマルに見えなければ見えないほど、それが実際の憎悪や怒りとは無関係なのだということを理解させなければならないのです。
これが実際です。それ以外のものは「暴力」であって、たとえ一つのおなじ原始本能から生れたにしても現在の文明社会ではゆるされないし、持続もしません。
（「古川裕子への手紙」八〇ページ）

吾妻は、古川が望む日常生活にも及ぶ支配と服従は、現実には「遊戯のかたちで現われざるをえない」とし、マゾヒストの愛を認めた際の、社会での持続可能性を持ち出す。マゾヒストの愛自体が、民主的な男女平等社会と対立するものだとみているのである。この認識は正しいだろう。

このように吾妻は五年後も、「夜光島」で破綻したはずの近代化されたサディズム論に、とりわけ人格的結合の優位にこだわっているようにみえる。それは、実は吾妻もまた、単なる対等性と同意だけでは、愛と暴力を区別できないことに自覚的だったことに基づくと思われる。この主題は何度も吾妻の作品に登場する。「感情教育」には、暴力的な男とその暴力を甘受する女性、さらには夫を誘導して暴力を振るわせて快感を得る妻が登場し、彼らと自身との違いについて主人公・章三郎が悩む場面がある。

もしも彼等がそれで満足しているなら、どうグロテスクにみえようと結局はおなじではないか。たとえ男の平手打ちが容謝なく、つねりかたが血の出るほど痛かろうと、女がそれを望んで歓喜を感ずるならいいではないか。それがお前の持論だつたではないか。（略）お前の眼の前で演じられた不愉快な姿はお前自身なのだ。だからお前はあんなにも怒りに燃え、相手を殺したいほどの気持になつたのだ。抹殺したいのはお前のサデイステイツクな性格だつた。心の底のふかくでは、お前はそれを恥じている！

（「感情教育（五）」「奇譚クラブ」一九五四年三月号、一二三ページ）

これは、電車で遭遇した男女に関する章三郎の独白である。その男は女を平手打ちし、膝を思いきりつねるなどの行為を「猫が鼠を弄ぶように」おこなっていた。章三郎は怒りに燃えて男を殴り倒すが、その後、彼らは同意のうえで楽しんでいたのではないかという疑念にとらわれる。そして、同意と愛だけを基準にするなら、自身と彼らとの違いは何もないと考える。文中の「性格」という表現から、理論のうえで章三郎が切り離そうとしたサディズムと人格が、彼自身においてもしばしば感情的に癒着していたことが知れる。この主題は「感情教育」に繰り返し登場し、「夜光島」にも現れる。章三郎のこの独白は、吾妻自身の偽らざる心境だったと見なせるだろう。つまり吾妻にとってのサディズムの近代化とは、このように暴力と区別がつかない愛と同意の真偽を検討し、それを腑分けすることであった。

村上の女性論を考えるうえで興味深いことは、「感情教育」の章三郎が、最終的に自身と彼らを明確に異なる存在と結論付けるその論理である。彼は、「度重なる遊戯の結果が、愛する妻を伊東京子のような女に追いこんでゆくとしたら、一切の夢は破れるだろう[27]」として、作中に登場させた、夫が暴力を振るうよう誘導する妻・伊東京子のあり方をおぞましいもの、病的なものとする。そして、「豚のような無頼漢」である、暴力的な夫と夫婦生活を続けているのは、「愛や信頼や、感じたり考えたりすることに共通の地盤をもたない」あり方であり、それが成立するのは、「彼女が性のよろこびをひろい生活から切りはなし、単なる刺戟、単なるテクニックとして求めているからだ[28]」とし、それを悲劇だと位置付ける。自立的な女性が主体的に判断するならば、彼女が日常生活の対等性を捨てて、「豚のような無頼漢」を愛することはないと判断しているといえる。

最終的に章三郎が、暴力的な夫と自身を異なる存在だと結論付ける最大の根拠は、妻・由紀の発言である。章三郎は由紀に、電車で遭遇したこの男と自身の違いを問いかける。そして由紀がなんのためらいもなく前者を「気狂い」、章三郎を「やさしい夫」と評したことで、「何もかもが保証されているような気持」になり、「彼の抑圧は一度に消えてしまった[29]」。由紀は「夜光島」の登枝と同様に、章三郎のサディズムを裁定する役割を担う。

このように、吾妻の作品では、男性のサディズムを暴力から切り離し、愛と名付けるのは一貫して女性の役割であり、このことは、彼がサディストでありながらラディカルに女性解放を推進した事実と関連していると思われる。現代でもしばしば主張されることだが、封建道徳に飼いならされた女性は、愛と暴力を適切に区別することができないとされる。彼女がそれを肯定したとしても、彼女は単にそう思い込まされているだけかもしれないからである。近代的主体を獲得した「新しい女性」だけが、愛と暴力を適切に区別することができる。つまり、女性に近代的主体が獲得されないかぎり、男性のサディズムは決して愛に連なることができないわけである。吾妻には、自身の行為が暴力か愛かを裁定するために、どうしてもこのような女性が必要だった。すなわち、彼にとっての女性解放は、自身の救済だったことがわかるのである。

以上を踏まえれば、吾妻がなぜ「囚衣」を誤読し、さらにはあれほど感銘を受けたのかを理解することができる。吾妻は、「囚衣」はマゾヒスト古川の筆によるものであるにもかかわらず、一貫してそこには「サディズムの精髄」が描かれていると称賛した。吾妻の視点は常にサディスト側、つまり古川の夫側にあったことは、彼が「この夫の知性と洗練された趣味」「もし妻がいやだと言ったらおそらく二度と暴力に訴えたりしないでしょう(30)」などと、夫側の行為を常に称賛していることから明らかである。すなわち「囚衣」は、男性のサディズムを女性側から愛へと変換する救済の物語として、吾妻＝村上に読まれたのである。

このような古川と吾妻のやりとりからは、同意がない暴力を容認・肯定する古川の主張よりも、リベラルな民主的平等論者である吾妻の主張の内部にこそ利己的な動機が抽出できる。しかし言い換えれば、吾妻はサディズムを肯定する方法を女性による免罪以外に見いだすことができなかったし、それさえも彼にとっては確実な方法ではなかった。吾妻の作品にこのテーマが繰り返し書かれたことは、吾妻がこの免罪を疑いなく信じていたわけではなかったことを意味するだろう。彼は常に自分が「豚のような無頼漢」ではないかと自問し恐れていた。村上の妻がかつて村上家の女中であった事実も、現実世界で彼の行為を正当化することをほとんど不可能にしただろう。

おわりに

女性に近代性を要求し、愛の裁定者として育てようとすることは姑息である。しかし、およそ七十年前にすでに吾妻が露呈させたこの問題構造は、現代に至ってもほとんど変化していない。現在、サディストの行為を暴力や病から切り離すシステムは、必ず相手となるマゾヒスト（女性とは限らないが）の同意と正気さに依存しており、だからこそ同意の有効性が最大の論点になるのである。この構造はサドマゾヒズムの実践にとどまらず、同意が必要とされるありとあらゆる性的実践の文脈で機能しているとみることができる。例えば近年、性的同意は非常に重視されており、とりわけ、女性の性被害防止のためというロジックがその推進の根拠とされる。しかし江口聡が指摘するように、同意が「通常では許されないような行為、あるいは危険で有害な行為を道徳的・法的に許容されるものにする力をもつ[31]」ものである以上、同意を焦点化する議論は、近代的主体による「加害者」の免責という仕組みから逃れることはできない。この問題に、古川のマゾヒストの愛がどのような示唆を与えるのかを最後に述べたい。

吾妻が「感情教育」で示した、「猫が鼠を弄ぶように」女性を苛む「気狂い」と、「やさしい夫」との区別について再び考えてみたい。重要なことは、作中で章三郎は、近代化されたサディズム論では、両者を区別することができないと結論付けることである。章三郎は、仮に電車で遭遇した男女に同意があったとしても、「自分とあの男との類似を絶対に拒否する」として、直感的に両者が違うものだと確信している。しかし、妻の由紀の裁定以外に、その違いを確たるものとして説明することができない。現代的にいうなら、SMと性暴力の違いを確信していても、それを説明することができないのである。

ところが古川はよく似た状況で、いとも簡単に両者を区別する。古川は、「わが心の記」(「奇譚クラブ」一九五四年六月号)において、偶然観た映画のなかのサディスト男性について述べている。それは、「女の手に煙草の火をおしつけて、女が悲鳴をあげて泣き叫ぶのを喜ぶサデイスト」である。このサディストはさらに、「煮えたぎつた、コーヒーを女の顔にぶつ掛けて、女の半面をおそろしい瘢痕にしてしまう」(同記事七五ページ)。古川はこれらの行為に不愉快さを感じ、そこに女への愛がないと判断する。古川はこの判断を「マゾヒストとしての「感」」によっておこなう。「愛がないSMはただの暴力である」とは現代のクリシェであるため、古川の語り口は一見陳腐なものにも映るが、このクリシェにおける愛とは多くの場合、マゾヒストの身体への配慮を暗に含んでいる。つまり安全性に配慮し、あくまでもマゾヒズムを「遊戯」にとどめ、その後の日常生活に影響が出るような傷・後遺症を残さないことが含意されている。吾妻と同様に、持続可能性を考慮に入れているのである。

しかし古川は、このサディストの行為が、持続性を考慮せず、行き過ぎているから愛がないと判断したわけではない。「愛するが故に女を虐めるということは充分あり得る。愛情の表現として、そのような行為をする場合」もありえるとしたうえで、そこにマゾヒストとして、愛があるかどうかを感じ取ろうとするのである。そして、このサディストが残虐な悪人として描かれているという映画自体の構造にもふれながら、「それから切り離しても、この男性の女に対しての愛情は信じられない」と判断する（同記事七五ページ）。おそらく古川は、コーヒーを顔に注ぐような実践だったとしても、そこに愛が見いだせるなら肯定するのだ。このようなマゾヒストが現にいたとすれば、穏当なクリシェの信奉者どころか、きわめて病的な存在として浮上するだろう。しかしこのような「病的」な人物が愛と暴力を適切に区別できるとしたら、どうだろうか。

古川による愛の判断基準そのものはわからない。暴力や支配を絶対悪の言い換えとして理解するかぎり、決して理解することはできないだろう。しかし具体的な判断基準はさしたる問題ではない。人間が誰かを愛し始めたとして、その始まりが別の人間関係に応用可能であることなど、ほとんどないからである。そうではなくて、同意・対等性・安全性という、現代における規範的な価値基準、すなわち、万人に共通すると見なされがちな判断基準で臨んだ吾妻が区別することができなかったものを、古川がマゾヒストとして軽々と区別しえたことこそが重要である。古川が規範を吟味したうえで決別し、マゾヒストの愛を選び取ったことを踏まえればなおさらである。おそらく、愛と暴力を切り分ける現代の規範は、何かを取りこぼしているのである。それをマゾヒストの愛はとらえている。ここには、同意や対等性を超えた、マゾヒストの倫理があるのではないだろうか。その倫理に基づき、マゾヒストたちはすでに愛と暴力を適切に区別している可能性があるのではないか[32]。

古川の倫理、古川の生は、現在マゾヒズムが許容される条件を全く満たしていない。このようなあり方は、現実のSM実践において深刻な事態を招きかねないうえ、性暴力を法的に免罪する方向にはたらきかねない危険なものである。決して主流にはなりえず、また古川が望みどおりの愛を得たとしても、それは持続可能性もなく、誰を成長させることもないだろう。しかし、「マゾヒストにだって愛することはできる」と、「古川裕子というペンネームを使う女」が主張するとき、その意味と重みを、我々は引き受ける必要があるのである。

注

（1）日合あかね「Mの女はフェミニズム的にNGか？「女性のマゾヒズム」再考――アメリカにおけるSM論争を中心に」「女性学年報」第二十六号、日本女性学研究会『女性学年報』編集委員会、二〇〇五年

（2）Robin Roth Linden et als, *Against Sadomasochism: A Radical Feminist Analysis*, Frog in the Well, 1982, Paula J. Caplan, *Myth of Women's Masochism*, University of Toronto Press, 1985.

（3）パット・カリフィア『パブリック・セックス――挑発するラディカルな性』東玲子訳、青土社、一九九八年、Lynda Hart, *Between the Body and the Flesh: Performing Sadomasochism*, Columbia University Press, 1998.

（4）河原梓水「現代日本のSMクラブにおける「暴力的」な実践――女王様とマゾヒストの完全奴隷プレイをめぐって」「臨床哲学ニューズレター」第三号、大阪大学大学院文学研究科臨床哲学研究室、二〇二一年

（5）前掲「Mの女はフェミニズム的にNGか？「女性のマゾヒズム」再考」。ほか、専論ではないもの

の、坂井はまな「海外BDSM界における〈日本〉イメージ——快楽の活用とジェンダー」（川村邦光編『セクシュアリティの表象と身体』〔ビジュアル文化シリーズ〕所収、臨川書店、二〇〇九年）は、日本のSMシーンにおける女性マゾヒストについて言及している。そのほか、フェミニストが女性のマゾヒズムを比較的肯定的に論じたものとして、白藤花夜子編『ニュー・フェミニズム・レビュー vol.3 ポルノグラフィー』がある。

（6）「奇譚クラブ」には同性間のサドマゾヒズム論や、女性サディストと男性マゾヒストのカップリング論ももちろん多数存在するが、吾妻にとって性別は入れ替え不可能なもので、一貫して男性から女性へのサディズムだけを論じていることから、本章ではこれらについてのみ扱う。

（7）古川は最初期には「大野咲子」名で「読者通信」欄に登場し、これは「囚衣」に先行するが、本書ではこれを検討対象に含めていない。

（8）濡木痴夢男『「奇譚クラブ」の絵師たち』（河出文庫）、河出書房新社、二〇〇四年

（9）吾妻新「きいたふう」「奇譚クラブ」一九五五年五月号、一三〇ページ

（10）吾妻新「古川裕子への手紙」「奇譚クラブ」一九六一年五月号、八一ページ

（11）吾妻新「孤独の広場——古川裕子さんへ」「奇譚クラブ」一九五五年五月号、二八八ページ

（12）前掲「きいたふう」一二一ページ

（13）前掲「古川裕子への手紙」

（14）吾妻新「夜光島（三）」「奇譚クラブ」一九五四年十二月号、九七ページ

（15）古川裕子「告別」「奇譚クラブ」一九五五年十一月号、二〇—二一ページ

（16）本章では、誌面に現れた彼らの交流だけを検討材料にしているが、前掲「古川裕子への手紙」によれば、吾妻は偶然の事情で古川作品の肉筆原稿を入手したとあり、彼らの間に誌面を介さない交流が

あった可能性は残る。

(17) 古川裕子「裕子とお仕置き」「奇譚クラブ」一九五四年二月号

(18) 古川裕子「孤独」「奇譚クラブ」一九五五年四月号、一三六ページ

(19) 古川裕子「夕暮の窓辺にて」「奇譚クラブ」一九五四年十月号、二二〇ページ

(20) 古川裕子「愛恋の日に」、前掲「奇譚クラブ」一九五四年十二月号、二六〇、二六二ページ

(21) 前掲「告別」二二ページ

(22) 古川は「告別」で、「夜光島」の主人公・健次郎を、一貫して「感情教育」の主人公であり吾妻のもう一人の分身・章三郎の名で呼んでいる。ほぼすべての箇所が章三郎に置き換えられているため、誤記ではなく故意だと見なせるだろう。

(23) 前掲「孤独」一三四ページ

(24) 古川裕子「美しい五月に」「奇譚クラブ」一九五四年八月号、二二一―二二三ページ

(25) 古川が主張したマゾヒストの愛のうち、具体的実践をSMプレイと見なすならば、このプレイは現代のSMコミュニティでは Consensual non-consent（同意のある不同意）という論理を用いることで許容されうるものになっている。しかし、この同意はいつでも翻意可能だとされ、何より、服従する者が正気であることが必要不可欠の条件である。したがって古川は同意の担い手たりえず、「同意のある不同意」によってこれを肯定することはできない。

(26) 前掲「古川裕子への手紙」七八ページ

(27) 吾妻新「感情教育（八）」「奇譚クラブ」一九五四年六月号、一五七ページ

(28) 同記事一五七ページ

(29) 吾妻新「感情教育（五）」「奇譚クラブ」一九五四年三月号、一二三―一二四ページ

(30) 吾妻新「サデイズムの精髄——古川裕子氏の「囚衣」をよんで」「奇譚クラブ」一九五三年三月号、二一ページ

(31) 江口聡「「ノーはノー」から「イエスがイエス」へ——なぜ性的同意の哲学的分析が必要か」「現代社会研究」第十九号、京都女子大学現代社会学部、二〇一六年、六九ページ

(32) この論理は、実はマゾヒストだけがもつ特殊なものとは見なせない。「感情教育」で、由紀が章三郎のサディズムを裁定したことを、吾妻は以下のように書いている。「妻はなんの先入見も持つていなかつた。本能と肉体とをもつてこの困難な問題を解決してしまつたのだ」(前掲「感情教育(五)」一一三ページ)。つまり由紀の裁定は、吾妻が提起した近代化の理論ではなく、彼女の「本能」と「肉体」、すなわち古川が「マゾヒストの「感」」と呼んだものと類似の価値判断に依拠したものだと章三郎に理解されているのである。吾妻は実際には、サディズムの近代化論が女性の「感」に敗北するさまを、そしてその敗北こそがサディストを救済するさまを作品内で描いていたのである。

おわりに

本書では、史料論に加えて、一九五〇―六〇年代初頭に「奇譚クラブ」で展開した、サディズム・マゾヒズムを介することで形式された、支配と暴力をめぐるいくつかの立場について論じてきた。最後に本書が明らかにしたことを整理し、今後の展望を示したい。

第1部では、これまで「変態雑誌」とグループ化され史料として利用されてきた一九五〇年代の雑誌群を、新たに「戦後風俗雑誌」として位置付けしなおし、基礎的な書誌情報、雑誌の系譜関係、模倣関係、警察の取り締まりの推移について明らかにした。はなはだ不十分なものであるが、これをたたき台として研究が進展することを望んでいる。

第2部では、まず日本において、欧米では一九七〇年代以降に活発化するSM擁護論が、五〇年代に早くも登場し、サディズム・マゾヒズムの超早期の脱病理化が成し遂げられるということを明らかにした（第3章）。これを成したのは、女性解放論者であり、サディストでもあった吾妻新（村上信彦）であり、吾妻は、対等な男女間における、信頼関係と同意に基づく持続性のある実践を、「近代化されたサディズム」として提唱した。男女の対等性や同意を重視する視点は、これまでの封建的価値観を克服し、近代的自律性を確立することを説いた戦後日本の民主化・近代化論と親和的であったため、絶大な影響力を誌上に及ぼし、しっかりと定着する。一般社会にも六〇年代後半にかけて広がり、七〇年代には日本社会全体での脱病理化をおおむね達成した。このような後世の展開については別の論証が必要であるが、この点について筆者はそれなりにはっきりした見通しを得ているため、別書を用意する予定である。

吾妻はさらに、自身の「ライフワーク」であった服装研究、そして女性解放論も議論に取り込み、既存の男女の権力関係を模倣しないやり方で、サドマゾヒスティックな実践を楽しむことを可能にする服装として、女性のズボンスタイルを位置付けた（第5章）。

吾妻の提唱以降、「奇譚クラブ」では、当時流行していた生活記録運動の理論と実践を土台にするかたちで、狭義の変態性欲の告白を通じて近代的主体へと到達しようとする実践が活発化した（第4章）。この実践においては、狭義の変態性欲を肯定的に語ることと、近代的主体となることがほぼ一致することになり、読者のなかに告白する人々を多く生み出した。

以上は第2部で論じた内容であるが、これら、民主的・近代的思想によってサディズム・マゾヒズムを「馴致」しようとする発想、対等性や同意、持続可能性をサディズム・マゾヒズム実践の安全弁とする考えは、現代においても広く定着しており、現代人にとっても理解は難しくないはずである。言い替えれば、サディズム・マゾヒズムの脱病理化・近代化論が提示する愛の規範・人間関係の規範は、現代における人間関係の規範とほぼ一致しており、それがこの時期にすでに示されていた事実は重要である。

このような、ある意味穏当な方向性に対して、逆の方向の欲望を語り、描いたのが、第3部で取り上げた沼正三・土路草一・古川裕子である。沼正三の「家畜人ヤプー」と、土路草一の「潰滅の前夜」シリーズおよび「魔教圏No.8」は、ビキニ事件という共通の背景をもち、両者とも水爆や核戦争が作中世界の前提に組み込まれている。このような彼らの「家畜の生」への欲望は、戦争やビキニ事件という悲惨な出来事の体験、トラウマによって生み出されていると考える向きもあるだろう。例えば、角川書店版『家畜人ヤプー』の解説を担当した前田宗男は「私は、著者の世代が蒙らざるをえなかった内面的傷口の深さをまのあたりに眺めたような気持ちがして、しばし暗然となった[1]」と述べ、「家畜人ヤプー」という作品を、むき出しにされた痛ましい傷口のように見なしている。

沼や土路の欲望が、トラウマによって生み出されているとするなら、トラウマから適切に回復することによって、このような暴力に満ちた欲望は消失すると見なされるかもしれず、またそちらのほうがいいことであると見なされるかもしれない。沼が「家畜人ヤプー」でみた、かつての日本への愛着、すなわち「悪しきもの」への愛着は、現在、よき人間性とは共存できないものと見なされつつある。

しかしながら、例えば前田のヤプー評価は、いわば当人が傷と認識していない傷を、他人が発見し指摘しながら、本人がたどり着き実践した対処／「回復」方法を「痛ましい」と評価しているようなものである。無数に存在するはずの「傷」のなかから、一つ二つを恣意的に選び出し、「あなたは傷を負っている」と他人が指摘するとき、一体その者は何をしようとしているのかと、まずは問うべきではないか。傷と回復のメタファーで人間の経験や生存が語られるとき、そこに立ち現れるのは、回復を目指す前向きな主体やサバイバーの生きざまというよりもむしろ、傷つけられる前に存在したと見なされている無傷で健全な心身であるように思われる。傷を傷として認識させ、決して忘れさせないのは、このように傷を名指す者が前提とする無垢な人間像であり、この人間像は、そうでない人間を傷つき、病んだ者として、ときにその主体性を剝奪する機能を果たしているように思われる。

さらにいえば、筆者はそもそも、沼と土路の作品は、逆説的に倫理的なものを描き出していると考えている。沼は主に男性への、土路は女性への支配と暴力を描いており、彼らが欲望する対象は異なる。しかしながら両者の作品は、人間としての「尊厳」を保って死ぬことよりも、家畜として生き延びることを選んだ人間の生を肯定している点で一致している。現代的に言い換えれば、彼らは、例えば「尊厳」の語のもと人間の生の「質」が説かれる際に、しばしば無意識に前提とされてしまう「死んだも同然の生」こそを選び取り、そこに希望や救済を見いだすことを欲望しているのである。しかも彼らは、人間らしい生の下部構造として、そのような家畜の生を位置付けるのではない。人間らしい生を謳歌する人々を「潰滅」させたうえで、家畜の生を生きる者のみを生き延びさせる未来を待望している。この態度は、筆者にはきわめて倫理的だと感じられる。女性蔑視や皇国・日本への愛着といった「悪しき欲望」が、サディズムやマゾヒズムを介することできわめて倫理的な態度に結び付くこの事態は興味深い。少なくともこれらは、例えば被殖民地人としての生、奴隷的存在としての生、その他様々な苦しみの多い生を生きることに対する、一つの、リアリティをもった態度として、十分に意義をもつと考える。少なくとも土路や沼の作品は、支配や暴力を欲望することが、実のところ一体何を求めるものであるのか、それがいかに個人の内において機能しているのかについて、より繊細な議論が必要であることを示すと考える。

第8章で取り上げた古川裕子のマゾヒストの愛は、第2部で取り上げた吾妻新によるサディズムの近代化論と、それを土台にする穏当な「SM」擁護論の見立てを古川が拒否するさまを浮き彫りにし、これを通じて、同意や対等性に基づかない何らかの基準で、マゾヒストが「愛」と「暴力」を区別している可能性を主張するものである。このような「愛」を正当化する論理を現状我々はもっていない。しかしだからといって、古川が提示した「マゾヒストの愛」を病理化し、既存の社会秩序を守るだけで本当にいいのだろうか。吾妻の敗北は、同意や対等性という、これまで疑われたことのない前提が抱える限界を示したはずである。

本書では、「奇譚クラブ」から、性というよりも、支配と暴力に対するいくつかの立場を取り出したつもりである。これらは戦後という時代の文脈にはっきりと属しており、これまで光が当てられたことのない面における戦後思想の一端であるとも評価できるが、やはりより重要なことは、これらがサディスト・マゾヒストを自認する当事者から起きた議論・作品であるという点である。本書で取り上げることのできた作家／思想家はわずか四人であり、時期・テーマも限られたものであるが、まずは、この分野の一里塚として、何らかの研究意義を示すことができていれば幸いである。

注

(1) 前田宗男「逆ユートピアの栄光と悲惨」、沼正三『家畜人ヤプー 限定愛蔵版』所収、角川書店、一九八四年、五二三ページ

初出一覧

いずれの章も、書籍にまとめるにあたり加筆・修正を施している。

はじめに　書き下ろし

序　章　書き下ろし

第1章　書き下ろし

第2章　書き下ろし

第3章　「病から遊戯へ――吾妻新の新しいサディズム論」（井上章一／三橋順子編『性欲の研究――東京のエロ地理編』所収、平凡社、二〇一五年）を大幅に改稿のうえ、「現代日本のＳＭクラブにおける「暴力的」な実践――女王様とマゾヒストの完全奴隷プレイをめぐって」（「臨床哲学ニューズレター」第三号、大阪大学大学院文学研究科臨床哲学研究室、二〇二一年）、「村上信彦の『奇譚クラブ』における匿名テキストを解読する――戦後の民主的平等論者の分身について」（補論1初出）から一部を抜粋。

第4章　「セクシュアリティの生活記録運動——戦後日本における「変態性欲」と近代的夫婦生活」「Antitled」第一号、Antitled友の会、二〇二二年

第5章　「吾妻新と沼正三によるズボン・スラックス論争——一九五〇年代『奇譚クラブ』における日本的サディズムの萌芽」「年報カルチュラルスタディーズ」第四号、カルチュラル・スタディーズ学会、二〇一六年

補論1　「村上信彦の『奇譚クラブ』における匿名テキストを解読する——戦後の民主的平等論者の分身について」、立命館大学人文学会編「立命館文学」第六百四十七号、立命館大学人文学会、二〇一六年

第6章　「マゾヒズムと戦後のナショナリズム——沼正三「家畜人ヤプー」をめぐって」、坪井秀人編『戦後日本文化再考』所収、三人社、二〇一九年

補論2　「沼正三・倉田卓次・天野哲夫——『家畜人ヤプー』騒動解読」、立命館大学人文学会編「立命館文学」第六百八十二号、立命館大学人文学会、二〇二三年

第7章　「家畜の生と人間の身体——土路草一「潰滅の前夜」「魔教圏No.8」論」、昭和文学会編集委員会篇「昭和文学研究」第八十七号、昭和文学会、二〇二三年

初出一覧

第8章　「狂気、あるいはマゾヒストの愛について――一九五〇年代『奇譚クラブ』における「女性のマゾヒズム」論を読む」、小西真理子／河原梓水編著『狂気な倫理――「愚か」で「不可解」で「無価値」とされる生の肯定』所収、晃洋書房、二〇二二年

おわりに　書き下ろし

あとがき

まずは、私の三人の師、本郷真紹先生、井上章一先生、小泉義之先生に深く感謝を申し上げます。本郷先生には、卒業論文から博士論文までご指導いただき、史料の読み方、扱い方をはじめ、歴史学者として独り立ちするための技能をすべて教わりました。

井上先生は、私が日本学術振興会特別研究員ＰＤに採用された際の受入教員です。加えて、先生が主宰する性欲研究会に参加したことで、私は、私の研究を理解したうえで批判的に検討してくれる仲間を初めて得ました。ＳＭ研究は、歴史学のディシプリンのみでは実施不可能なものであるため、本研究会で、社会学、文学など、分野の異なる研究者と交流できたことも大きな財産です。

小泉先生は、私がＳＭの研究を志した際に指導を仰いだ先生です。当時も現在も、判断に悩んだり、行き詰まりを感じたりしたときにはいつも小泉先生の本を開きます。そうすると必ず何か閃きがあり、研究や人生が動きだします。私にとって先生の本は、仏教徒にとっての経典のようなものです。

いつも研究報告をさせていただき、貴重なご意見をたまわっている性欲研究会の石田仁さん、斎藤光さん、鹿野由行さん、澁谷知美さん、古川誠さん、三橋順子さん、光石亜由美さん、吉川孝さんにお礼を申し上げます。特に石田仁さんには、お忙しいなか草稿を検討していただきました。Antitled(アンタイトル)友の会の猪原透さん、田中誠さん、寺澤優さん、眞杉侑里さんにも、第1部について検討していただきました。同会の許智香さんには、韓国語論文の読解について貴重なご教示を受けました。ありがとうございました。なお、Antitled友の会は、二〇二一年にこのメンバーで結成した、いうなれば「学際的」研究者のための「アンチ学際」歴史研究の会で、年に一回、オンラインジャーナルを発行するとともに研究大会を開催しています。詳細は公式サイトをご覧ください。

本書は、風俗資料館の存在なくしては不可能でした。このような資料館を開設し、いままで維持してこられたすべての人々に心から感謝を申し上げます。早いもので、私が「奇譚クラブ」やSMの研究を本格的に始めてから十五年以上になろうとしています。長らく同館の「若手研究者会員制度」に助けられましたし、同館現館長・中原るつさんにはいつも貴重なご教示をいただき、研究を助けていただいています。ありがとうございました。

SM研究の先達である坂井はまなさんは、二〇〇五年に急逝され、生前にお会いすることはかないませんでした。詳細は省きますが、坂井さんの訃報をめぐるあれこれが、私がSM研究を始めるきっかけの一つです。そして、のちに坂井さんの友人から譲り受けた坂井さんの蔵書の一部、具体的には「風俗奇譚」と「えろちか」は、研究を進めるうえで大きな助けとなりました。

私の研究は、古雑誌を買い集めることが何よりも必要であり、常に資金の問題を抱えていました。その際に、日本学術振興会特別研究員奨励費(17J09381)、同会若手研究(B)(17K18242)、同会若手研究(21K17987)、サントリー文化財団二〇二二年度・二〇二三年度研究助成「学問の未来を拓く」に採択していただいたことは、非常に大きな助けとなりました。本書はこれらの成果でもあります。おかげさまで、現在私の手元には、三百二十五冊の「奇譚クラブ」と、「人間探究」「あまとりあ」「風俗草紙」「風俗クラブ」「風俗双紙」全冊、十四冊の「風俗科学」に、百六冊の「裏窓」があります。加えて、サントリー文化財団二〇二二年度助成によって、丸善雄松堂「社会文化史データベース」を購入できたことで、どうしても入手することができていない最後の数冊も読むことができ、「りべらる」「デカメロン」「怪奇雑誌」「奇抜雑誌」などの同時代雑誌も通覧できたことで、本書を書き上げることができました。

本書は、福岡女子大学の研究奨励交付金・研究Cの助成を受けて刊行されます。

本書の出版を依頼してくださった出口京香さん、その後担当していただいた矢野未知生さんにもお礼を申し上げます。ありがとうございました。

[著者略歴]
河原梓水（かわはら あずみ）
1983年、岡山県生まれ
福岡女子大学国際文理学部国際教養学科准教授
専攻は日本史、サディズム・マゾヒズム・SMを中心とする近現代日本の性文化・思想
共編著に『狂気な倫理――「愚か」で「不可解」で「無価値」とされる生の肯定』（晃洋書房）、論文に「現代日本のSMクラブにおける「暴力的」な実践――女王様とマゾヒストの完全奴隷プレイをめぐって」（「臨床哲学ニューズレター」第3号）など

SMの思想史（しそうし）　戦後日本における支配と暴力をめぐる夢と欲望

発行――2024年5月14日　第1刷
2024年9月30日　第2刷
定価――3000円＋税
著者――河原梓水
発行者――矢野未知生
発行所――株式会社青弓社
〒162-0801 東京都新宿区山吹町337
電話 03-3268-0381（代）
https://www.seikyusha.co.jp
印刷所――三松堂
製本所――三松堂

ISBN978-4-7872-1058-6　C0010